布莱切利园（Bletchely Park），一座位于英格兰米尔顿凯恩斯（Milton Keynes）布莱切利镇内的宅第。二战期间，曾是英国政府主要进行密码破译的地方。

“脸—酒杯”图片，一种心理学上的双关图，是指根据选择的知觉对象的不同，可形成不同感官印象的图形，主要反映了人的注意力的选择性。

是脸还是酒杯？

1963年5月，奥列格·潘科夫斯基（Oleg Penkovsky，1919—1963）因间谍活动在莫斯科的军事法庭被判死刑。

SS–7洲际导弹是苏联研制的第二代洲际弹道导弹。它具有威力大、射程远、精度高、威慑力强等特点。

阿道夫·希特勒（Adolf Hitler, 1889—1945），奥地利裔德国政治人物，1921 年成为纳粹党党魁，1933 年被任命为德国总理，1934 年成为德国元首。他被公认为是二战的主要发动者。

埃德加 · 胡佛（Edgar Hoover，1895—1972），美国联邦调查局第一任局长，任职长达 48 年。

艾伦·杜勒斯（Allen W. Dulles, 1893—1969），1953—1961 年出任美国中央情报局局长，是该局历史上任职时间最长的局长。

“俾斯麦”号战舰（Bismarck），是一艘在第二次世界大战中闻名于世的德国战舰。

理查德·M.赫尔姆斯（Richard M. Helms，1913—2002），在诺申科叛逃克格勃时担任中情局秘密行动分局负责人，1966—1973年担任第八任中央情报总监，并兼任中情局局长。

恩尼格玛密码机（Enigma），二战中被纳粹德国广为使用，为其赢得了通信安全的极大优势。然而，在经历重重困难后，对这种密码机的成功破译，成为盟军在情报战中取胜的关键转折点。

费利克斯·捷尔任斯基（Feliks Dzierzhinski，1877—1926），苏联克格勃的前身全俄肃反委员会（即“契卡”）的创始人。

伏龙芝军事学院（Frunze Military Academy），校址在莫斯科。它是苏联武装力量培养诸兵种合成军队军官的高等军事学校，研究诸兵种协同作战和集团军战役问题的科研中心。

广岛市原子弹爆炸事件，是第二次世界大战末期，美国于1945年8月6日在日本广岛市投掷世界第一颗用于实战的原子弹的事件，结果导致近20万日本市民丧生。

哈罗德·亚德利安·罗素·费尔比（Harold Adrian Russell Philby，1912—1988），是苏联在冷战时期潜伏在英国的间谍，暗中替苏联内务人民委员会和克格勃效力、提供情报。

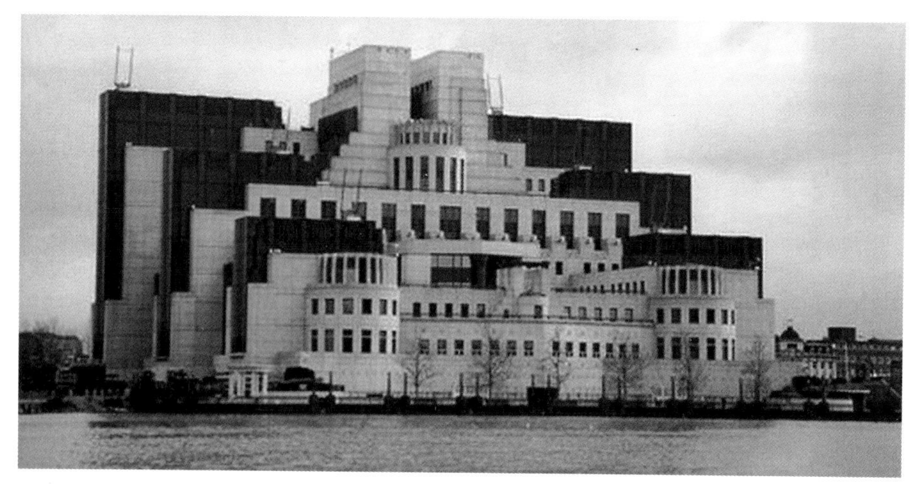

军情六处（MI6），是英国负责海外谍报工作的部门，英国三大情报机构之一。亦有译作“军情六局”。

军情五处（MI5），是世界上最具神秘色彩的谍报机构之一，主要负责英国的国家安全和反情报事务。亦有译作“军情五局”。

库尔斯克会战（Battle of Kursk），是第二次世界大战东线战场中，德国与苏联于库尔斯克爆发的一场会战。双方共投入了超过250万名士兵和6000多辆坦克，是史上规模最大的坦克会战。

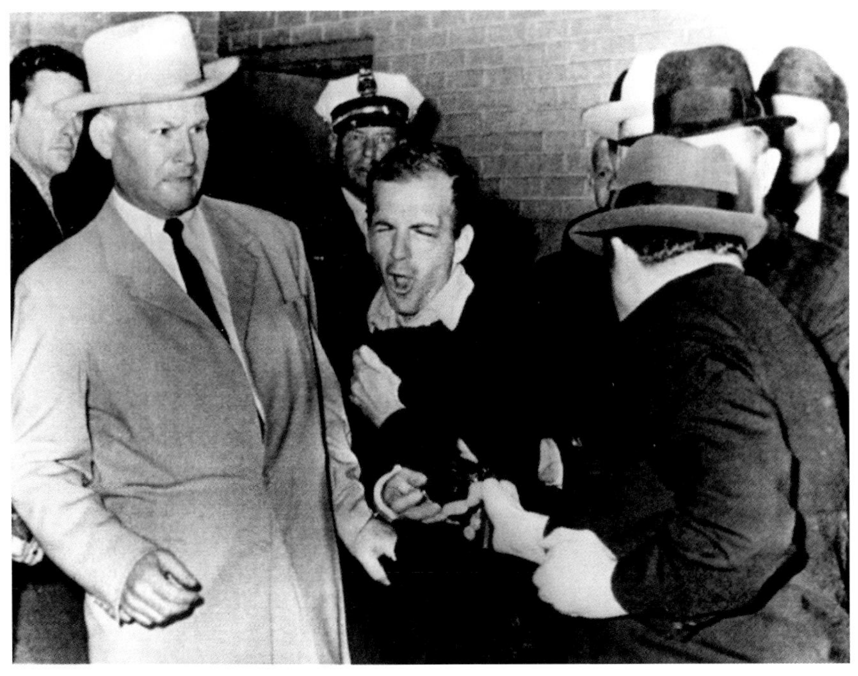

李·哈维·奥斯瓦尔德（Lee Harvey Oswald, 1939—1963，中），美籍古巴人，被认为是肯尼迪遇刺案的主凶。

列宁（1870—1924），原名弗拉基米尔·伊里奇·乌里扬诺夫。无产阶级革命家、政治家、思想家、理论家，布尔什维克党创立者、苏联缔造者。

U–2战略侦察机，是一种单座单发动机的高空侦察机，在20世纪50年代被美军投入使用。

米哈伊尔·尼古拉耶维奇·图哈切夫斯基（M. N. Tukhachevsky，1893—1937），苏联红军总参谋长、苏联元帅，后来在肃反运动中被斯大林处死。

尼基塔·赫鲁晓夫（Nikita Khrushchev，1894—1971），苏联最高领导人，曾任苏联共产党中央委员会第一书记及苏联部长会议主席（政府首脑）等重要职务。

诺曼底登陆（Invasion of Normandy），标志着第二次世界大战中盟军对欧洲西线战场的正式开辟，战役发生在1944年6月6日早6时30分。

威廉·多诺万（William J. Donovan，1883—1959），二战时期美国战略情报局（中情局前身）局长，当之无愧的现代情报机构之父。

夏尔·戴高乐（Charles de Gaulle，1890—1970），法国将军、政治家，曾在第二次世界大战期间领导自由法国运动，在战后成立法兰西第五共和国并担任第一任总统。

休·盖茨克尔（Hugh Gaitskell，1906—1963），英国政治人物，1955年当选为英国工党领袖。

亚历山大·谢列平(Alexander Shelepin，1918—1994)，出生于俄罗斯的沃罗涅日（Voronezh)，曾任苏联克格勃主席。

以赛亚·伯林(Isaiah Berlin，1909—1997)，20世纪英国著名学者，在欧美哲学和政治学领域享有“思想大师”的盛誉。

约翰·肯尼迪（John F. Kennedy，1917—1963），美国第35任总统，后被暗杀身亡。

尤里·诺申科（Yuri Nosenko，右一），负责苏联反间谍活动的克格勃第二总局的官员，后从克格勃叛逃至美国，引发冷战时期美国情报界重要争论的关键人物。

詹姆斯·杰西·安格尔顿(James Jesus Angleton，1917—1987)，1954—1974年担任美国中央情报局反情报部负责人。

“珍珠港事件”，是指1941年由日本政府策划的一起偷袭美国军事基地的事件，太平洋战争由此爆发。

骗中骗

克格勃与中情局的无声战争

DECEPTION

The Invisible War between the KGB and the CIA

[美] 爱德华·爱泼斯坦（Edward J. Epstein）著
杨哲 译

图书在版编目（CIP）数据

骗中骗：克格勃与中情局的无声战争 /（美）爱泼斯坦（Epstein, E. J.）著；杨哲译. —北京：金城出版社，2014.8

书名原文：Deception: The Invisible war between the KGB and the CIA

ISBN 978-7-5155-1012-5

Ⅰ. ①骗… Ⅱ. ①爱… ②杨… Ⅲ. ①克格勃－史料 ②中央情报局（美国）－史料 Ⅳ. ① D751. 236 ② D771. 236

中国版本图书馆 CIP 数据核字（2014）第 015128 号

骗中骗
PIANZHONGPIAN

作　　者　[美] 爱德华 · 爱泼斯坦
译　　者　杨　哲
责任编辑　朱策英
文字编辑　李晓凌　齐雅轩
开　　本　710 毫米 × 1000 毫米　1/16
印　　张　18.5
字　　数　285 千字
版　　次　2014 年 8 月第 1 版　2014 年 8 月第 1 次印刷
印　　刷　北京金瀑印刷有限责任公司
书　　号　ISBN 978-7-5155-1012-5
定　　价　55.00 元

出版发行　**金城出版社** 北京市朝阳区广泽路 2 号院（东区）14 号楼
邮编：100102
发 行 部　(010)84254364
编 辑 部　(010)64271423
投稿邮箱　gwpbooks@yahoo.com
总 编 室　(010)64228516
网　　址　http://www.jccb.com.cn
电子邮箱　jinchengchuban@163.com
法律顾问　陈鹰律师事务所　(010)64970501

[译　序]

真实的边界

有一个洞穴，里面住着一群囚犯。他们身体被缚、动弹不得，只能背对洞口，面朝穴壁。囚犯的身后是一群被操纵的木偶，而木偶的后面是一堆燃烧的篝火。这群人从未走出过洞穴、从未见过外面的世界，他们终日看到的只是被篝火投射到面前穴壁上的木偶影像。在他们的世界里，影像是唯一真实的，影像就是一切。

因为，对他们而言，这些虚假的影像就是现实。

在《理想国》里，柏拉图用这个经典的洞穴隐喻惊醒了芸芸众生：也许，现实并不如其名字那般真切，每个人眼中都有一个世界，它被呈现给你的样子就是你的现实。但真相却是唯一的，它原本就在那里。

而真相似乎在某处，却又永远在别处。每个人都以自己为圆心划定真相的疆界，自负地把圆圈外的世界贴上假象的标签。每一个自以为的真相同时又是他人眼中的假象。也许，真的反面并非是假?

在你接下来要读到的故事里，无论是“我”在安格尔顿家的草地上看到的萤火虫，还是费尔比、诺申科或尤尔琴科的高超“演技”，抑或德国与同盟国、苏联和资本主义阵营的政治游戏……每一个间谍、每一种伪装、每一次叛逃、每一场骗局，都在建构假象的同时解构了真相，都在编织现实的同时被现实制造。在这场尔虞我诈的国家游戏里，没有胜利者，因为每个人都是参与者。真相的反面并不必然是假象，因为现实无所谓真假；信任的反面也并非是怀疑，因为现实不允许选择。在《骗中骗》的世界里，真实没有边界。这就是爱泼斯坦的回答。

你也许不接受他的答案，没有关系，一个好的作者并不强迫所有读者发出和他同样的声音。因此，在本书中，作者的角色更像是一位洞穴探险的导游，他的工作只是高举火把为身后的游客照亮前方的黑暗，至于游客面对洞穴里的动物残骸或者偶尔飞出的蝙蝠是惊声尖叫还是不以为然，他不会有任何干预。一方面，作者以知情者的姿态为读者搭建自由言说的场域，另一方面，他又从叙事者的视角为听众下放话语的权力。

这种互动性、开放性与客观性相得益彰的阅读感受也是促使我从众多情报题材的作品中决心挑选此书进行译介的主要原因。此外，本书第一人称的叙事主体和双线并行的行文结构进一步加深了这种阅读感受：作者不仅充当故事的讲述者，更是情节的参与者，带领读者跟随他的调查和采访接近并了解每一个人物，并代替读者和他们对话，通过历时性的行进路线为读者呈现了跳跃却又不乏明晰的时间线索。同时，作者又借助"尔虞我诈"、"国家意图"和"不战而胜"三部分的划分，展示了"骗中骗"这一宏观范畴的三个相对独立、兼而递进的剖面，用"帘幕无重数"的情节起伏不断激发读者"庭院深深深几许"的阅读欲望。无论是时间上的连续，抑或情节上的起伏，一幅亦真亦幻的情报战场素描图已经赫然展现于眼前。

某种程度上，作者能在真实性与故事性之间自由行走得益于他的特殊职业。也许您并没有听过爱德华·J. 爱泼斯坦的名字，但您或许知道：他的《好莱坞电影经济的内幕》（*The Hollywood Economist: The Hidden Financial Reality behind the Movies*）曾是美国《商业周刊》（*Business Week*）评出的2005年年度最佳商业图书；他对2012年轰动法国政坛的卡恩性侵案[1]的深

[1] 译注：2011年5月，前国际货币基金组织（IMF）总裁斯特劳斯·卡恩因涉嫌性侵犯酒店女服务员在纽约被逮捕，受到强奸未遂等7项罪名指控，随后辞去了IMF总裁职务。该案件因其政治复杂性在世界范围内引发了争议。

入采访和疑点披露令法国大选再掀波澜。他的真实身份就是美国资深新闻记者，他的职业不仅为他提供了掌握第一手资料的便利渠道和接触当事人的丰富机会，更为此书带来了严谨翔实的写作素材和精准深刻的评判眼光。

换言之，爱泼斯坦“记者—作家”的双重身份使得本书兼具新闻调查、人物纪实和历史小说的特点。这为读者提供了理解书中人物、事件的多重视角，但也同时提醒了读者：如何批判地看待作者呈现出的材料？对书中的人物而言，他们经历的事件虚实相映；对书外的读者来说，我们面对的作品也未必“诚实”。正如爱泼斯坦在本书后记中所言，每一位记者在进行采访、获取信息的同时都不得不受职业要求的限制而与被采访对象或信息来源达成一种保密共识。我们不否认本书是一部诚实、诚恳的作品，每一个字都出于作者如实相告的本心，但其中也不乏有心无力的无奈。因此，这坦诚相待背后的难言之隐恰恰成为作者和作品的开放性场域，有待每一位读者的辨明与体会。

作为一名译者，我首先是一名读者，译介的过程更希望是与其他读者交流沟通的过程，其中的不当之处相信可以借由读者的慧眼得到进一步完善。

译者

“骗局，你我就在其中。”

——詹姆斯·杰西·安格尔顿（James Jesus Angleton）

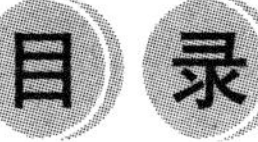

目录

第二部分 国家意图

前　言

苏联是否值得信赖，即使在其“坦诚相待”的公开化时期[1]？国家之间，微妙的骗局上演，在这场古老的政治游戏里，戈尔巴乔夫[2]又扮演着怎样的角色？是何种心理催生了国与国的谍战，这些国际骗局背后又渗透着怎样的国家意识形态和政治考量？为了探寻这些问题的答案，一位美国资深调查记者走进了双重间谍、虚假情报、伪装暗杀和连环骗局的世界。

在这个世界里，既有臭名昭著的“鼹鼠”[3]金·费尔比[4]，也有闻名遐迩的反间谍头目詹姆斯·杰西·安格尔顿[5]。基于对安格尔顿和苏联叛逃者长

---

[1] 译注：最初指前苏联戈尔巴乔夫于20世纪80年代末实施公开化政策，准许民众对政府官员进行批评，也允许媒体更自由地传播新闻和信息的时期。后指代苏联实施该政策的时期，详细解释见第十七章。

[2] 译注：全名米哈伊尔·谢尔盖耶维奇·戈尔巴乔夫（Mikhail Sergeyevich Gorbachev, 1931—　），苏共中央总书记（1985—1991），第一位也是最后一位苏联总统（1990—1991）。

[3] 译注：20世纪60年代，美国曾掀起一个查找潜伏在美情报界的间谍的“肃鼠行动”。这些被调查的间谍被称为“鼹鼠”（moles）。

[4] 译注：金·费尔比（Kim Philby，1912—1988），英国情报人员和苏联间谍。20世纪30年代在剑桥大学就读时加入共产党，1933年成为苏联间谍。1940年被盖伊·伯吉斯吸收到英国情报机构军情六处，成为反间谍任务的负责人。

[5] 译注：詹姆斯·杰西·安格尔顿（James Jesus Angleton，1917—1987），在1954—1974年担任美国中央情报局反情报部负责人期间，掀起“肃鼠行动”调查美国情报界的“潜伏间谍”。

达 10 年的独家采访以及其他情报来源，爱德华·爱泼斯坦将带领读者，通过他的窥镜，揭露 20 世纪 70 年代曾为中央情报局[1]众多反情报人员带来职业生涯灭顶之灾的“肃鼠行动”（war of the moles），及其背后隐藏的真实故事。

剥开层层欺诈与背叛，本书将为读者一一展现 20 世纪政治暗战的那段惊人历史：20 年代成功蒙蔽了西方政权的苏联“信任”行动究竟有何历史功绩；30 年代德国和希特勒又是如何巧妙地掩盖大规模军备而欺骗了协约国；二战双方采取了怎样的手段取代传统的暴力战争；50 年代金·费尔比又是怎样给英美情报工作造成了毁灭性打击；面对“高顶帽”（Top Hat）和“软呢帽”（Fedora）（二者均为苏联派往美国的伪装叛徒的代号）等苏联伪叛徒的误导，60 年代的联邦调查局[2]又是如何纠结于相信与怀疑之间；美苏谍战中最为著名的两位苏联间谍——诺申科（Yuri Nosenko）和戈利岑（Anatoly Golitsyn）自相矛盾的虚假情报又是怎样引发了中情局的内讧；最后，面对棘手的当代形势，欺骗又是怎样成为了解决军控问题的关键手段，“鼹鼠”又是如何代替导弹打破了公开化时期超级大国间的势力均衡。

---

[1] 译注：中央情报局（Central Intelligence Agency，简称为 CIA），美国最大的情报机构，成立于 1947 年，现直属美国国家情报局，总部设在华盛顿附近的弗吉尼亚州兰利市（Langley）。为表达的方便，本书后文可简称“中情局”。

[2] 译注：美国联邦调查局（Federal Bureau of Investigation，简称为 FBI），美国情报体系的重要组成部分，隶属美国司法部，是美国最早建立的现代大型情报警务机构。

第一部分

尔虞我诈

[第一章]

窥镜之见

"……我只能说问题关乎整个中情局对苏联骗局的实质的理解。"

——詹姆斯·杰西·安格尔顿

"荒野之境"

1987 年 5 月 14 日，弗吉尼亚州阿灵顿县（Arlington），华府的当权者们正聚集在一所小型公理会教堂（Congregational Church）内。这些议员、大使、内阁官员、将军以及两名前中央情报总监[1]正在向詹姆斯·杰西·安格尔顿致以最后的敬意。他们深深地凝视着一个紫兰花花环，同时诗人里德·惠特莫尔[2]正在诵读诗人艾略特[3]《小老头》(*Gerontion*) 的选段。花环

[1] 编注：中央情报总监（Director of Central Intelligence，简称为 DCI），曾兼任中情局局长，在 2005 年 4 月前是情报界的总管，此后被国家情报总监（Diretor of National Intelligence，简称为 DNI）取代。

[2] 译注：里德·惠特莫尔（Reed Whittemore，1919—2012），美国诗人。

[3] 译注：托马斯·斯特恩斯·艾略特（Thomas Stearns Eliot，1888—1965），英国诗人，文学评论家。代表作有《小老头》(1919) 等。

来自安格尔顿生前在战略情报局[1]的同事们（早在他间谍生涯开始的44年前，该机构就已存在），而那首诗则出自他的友人艾略特，其中关于“荒野之镜”（wilderness of mirrors）的描写对安格尔顿来说无疑暗示着中情局和克格勃[2]之间的情报战争。40分钟后，追悼会结束了。

11年前，我第一次见到安格尔顿。当时是1976年，我对他的神秘情报世界一无所知，也从未听说过“虚假情报”、“诱饵”、“幌子”、“渗透”或“操纵”这些情报领域的核心概念。我们的首次接触仅仅是因为尤里·诺申科——一个在肯尼迪（John F. Kennedy）总统遇刺两个月后逃至美国的克格勃成员。

那时我刚刚着手写一本关于李·哈维·奥斯瓦尔德[3]的书。尽管他已经接受了沃伦委员会[4]、联邦调查局和其他情报机构的调查，但就像七巧板上缺失的最后一块，整个调查仍存在一处漏洞——在奥斯瓦尔德1962年返回美国、前往达拉斯[5]之前的近两年时间里他都在苏联，那段时间究竟发生了什么？他和苏联情报机构有何牵连？返美是否受到了克格勃的资助？他又是否肩负着克格勃的任务？

后来《读者文摘》（*Reader's Digest*）的编辑就这本书向我提出了他们的想法并为我安排了一次采访，采访对象正是可以解开这一切疑团的

---

[1] 译注：战略情报局（Office of Strategic Services，简称为OSS），美国在二战期间成立的一个情报组织，局长一直为威廉·约瑟夫·多诺万。该组织为后来中央情报局的前身，二战结束后杜鲁门总统将其解散。

[2] 译注：国家安全委员会（Komitet Gosudarstvennoy Bezopasnosti，简称为KGB，中文简称为克格勃），苏联负责间谍、反间谍和国内安全的机构。1954年成立，曾是世界最大的秘密警察单位和间谍组织，后来在戈尔巴乔夫的统治下丧失权力。

[3] 译注：李·哈维·奥斯瓦尔德（Lee Harvey Oswald），刺杀美国总统肯尼迪的凶手。1963年11月22日，他从一座七层大楼的第六层临街窗口向肯尼迪总统发射三枪，致肯尼迪当场身亡。

[4] 译注：沃伦委员会（Warren Commission），1963年为调查肯尼迪被刺而设立的委员会，主席由最高法院首席法官厄尔·沃伦（Earl Warren）担任。该委员会一年后做出结论，凶手为李·哈维·奥斯瓦尔德，背后无阴谋。

[5] 译注：达拉斯（Dallas），美国德克萨斯州东北部的一个城市。

诺申科。诺申科是负责苏联反间谍活动的克格勃第二总局（Second Chief Directorate）的官员，据称1959年他曾被指派负责奥斯瓦尔德在莫斯科的案子。就在肯尼迪被刺之后的1963年12月，也就是他叛逃美国之前，诺申科还曾看过奥斯瓦尔德在克格勃的所有档案材料。1976年1月，我开始了对诺申科的首次采访。6个小时之后我发现，面对我的提问，他言语模糊、刻意回避，甚至让人生疑。因为他关于克格勃审讯奥斯瓦尔德的几处说法明显与沃伦委员会提供的事实不符。比如，他断然宣称，奥斯瓦尔德在苏联停留期间从未与克格勃联系。但是大量证据，包括被截获的信件和美国大使馆的报告（里面记录了奥斯瓦尔德曾提出要求，作为他向苏联提供美国情报的条件），都表明诺申科的说法缺乏可信度。

采访结束后，我和唐纳德·詹姆森（Donald Jameson）——《读者文摘》为协助我对诺申科的调查而提供的中情局的联系人——就这些矛盾之处做了探讨。杰米——詹姆森喜欢人们这样叫他——正坐在轮椅里，至于为何失去了双腿他则不愿多谈。他自称是诺申科的密友，并且非常确定诺申科言谈中的矛盾之处都是源于他那蹩脚的英语。他向我保证“诺申科在奥斯瓦尔德的事情上是完全可靠的，他能全面地接触到克格勃的所有记录”。说完，他坐着轮椅离开了。

然而我的疑惑并没有完全消除。同一周内，我又和驻华盛顿的苏联外交官伊戈尔·阿果（Igor Agou）一起吃了午饭，希望他能帮我搞到一张去莫斯科和明斯克[1]的签证。我跟他说，我要去那儿采访一些认识奥斯瓦尔德的俄罗斯公民。但他一边摇头一边低声说：“有些话我只跟您说……事实上您没有必要去俄罗斯。关于奥斯瓦尔德逃亡苏联的最好消息源其实就在美国……就是尤里·诺申科。”听到这话我不禁疑惑起来，为什么这位苏联大使会向我提到这个苏联叛逃者？而且和中情局推荐我去采访的还是同一个人！

这种巧合令我不安。我决定再次探访詹姆森，追问他如果诺申科真如他所说那般可靠，沃伦委员会又为何不将他作为证人。毕竟他叛逃美国也

[1] 译注：明斯克（Minsk），白俄罗斯首都。

不是什么秘密，克格勃必定早已知道他能接触到关于奥斯瓦尔德的材料，传他作证也不会危及到任何秘密情报。

但杰米告诉我，也是第一次向我透露，最初诺申科身上是存有一些“小问题”的，“美国方面大约花了一年的时间才澄清关于他叛逃的种种怀疑——当然，这都是些细节问题。”

然而，当我问及这些所谓的“细节”到底是什么的时候，杰米却说“这是敏感问题”，“无论如何这些和你的书无关，你无须知道”。

但我必须知道！后来我联系过的所有中情局和联邦调查局官员都拒绝谈论诺申科。那么唯一的方法就只有找到一位参与过诺申科案件的中情局的前成员了。而就是那一年的早些时候，就在西摩·赫什（Seymour Hersh）于《纽约时报》上曝光中情局的非法活动之后，一批中情局行政长官被公开辞退了。其中最有名的莫过于反间谍人员头目——詹姆斯·杰西·安格尔顿。1964 年，他和他的手下作为中情局和沃伦委员会的联络线而活动。这使他名声大噪，但也提示了我，也许，他能够解释为什么诺申科没有被委员会用作证人。

寻找安格尔顿

找到安格尔顿其实不难：他的联系方式就印在弗吉尼亚州的电话簿里。给他打电话的时候，我告诉他我已经采访过诺申科了。他说：“我原以为他们不会这么快就把他放出来——但我很想知道他究竟说了些什么。”当时我完全不知道安格尔顿口中的“他们”到底是谁，“把他放出来”又意味着什么。为了打探更多关于诺申科的事情，我邀请他一起吃饭。他建议我们把就餐地点选在华盛顿麦迪逊大饭店（Madison Hotel）的餐馆内，他说那里有个“安全车库”，非常方便。

会面之前，我对这位安格尔顿做了些初步了解。尽管他的名字赫然显示在文件上，但有趣的是，他的真实履历一栏却相当简略：詹姆斯·杰西·安格尔顿，1917 年 12 月 9 日生于爱达荷州首府博伊西市（Boise）。他的父亲詹姆斯·休·安格尔顿（James Hugh Angleton）是爱达荷州国民警卫队（Idaho National Guard）的骑兵队队员，在约翰·J. 珀欣（John J. Pershing）策划的美国对墨西哥的报复性空袭中，他遇到并带走了安格尔顿的母亲——卡门·杰西·莫雷诺（Carmen Jesus Moreno，杰西这个名字正是取自他的母亲），当时她还是一个美丽的墨西哥少女。在安格尔顿 15 岁那年，他的父亲成为全美现金出纳机公司（National Cash Register Company）的欧洲区代表，全家随即搬去了米兰。在意大利待了一年之后，他被送到了英格兰伍斯特郡（Worcestershire）马尔文镇（Malvern）的一家公立精英学校。后来由于欧洲战争的紧张局势，1937 年他去了耶鲁大学。在那里，他遇到了里德·惠特莫尔，并创办了一份关于原创诗歌的季刊《狂怒者》（*Furioso*），还说服了埃兹拉·庞德[1]、阿奇博尔德·麦克利什[2]、爱德华·埃斯特林·卡明斯[3]和托马斯·斯特恩斯·艾略特等众多著名诗人为刊物供稿。1941 年耶鲁大学毕业后，他去了哈佛大学法学院继续学习，却没能拿到法学学位，而是自愿加入了战略情报局——美国第一个中央情报服务机构（被人们戏称为“Oh-So-Social”[4]。因为该机构的新成员都是招募自常春藤盟校[5]，新旧成员之间往往存在校友关系，社交往来密切）。

很快安格尔顿就被派去了反情报部门，也就是所谓的 X–2，并帮助

[1] 译注：埃兹拉·庞德（Ezra Pound，1885—1972），美国诗人和评论家。

[2] 译注：阿奇博尔德·麦克利什（Archibald MacLeish，1892—1982），美国诗人和剧作家。

[3] 译注：爱德华·埃斯特林·卡明斯（Edward Estlin Cummings，1894—1962），美国诗人和画家。

[4] 译注：因与 OSS 含有相同的首字母，中文译为“噢，如此社会化”。

[5] 译注：常春藤盟校 (Ivy League colleges)，美国东北部在学术上和社会上享有盛名的 8 所高等学府。原指始于 19 世纪 70 年代的校际橄榄球比赛体育联合会的成员。这些学校分别是哈佛大学、耶鲁大学、宾夕法尼亚大学、普林斯顿大学、哥伦比亚大学、布朗大学、达特茅斯学院和康奈尔大学。

结束了罗马的战争。1947 年，他加入刚刚成立的中央情报局。从此直到 1974 年被解雇的近 30 年间，他几乎完全消失在公众的视线里。

安格尔顿来赴宴的那天戴了一顶黑色小礼帽，整个造型很符合他的间谍身份，比专门饰演反情报角色的演员还像反情报头目。安格尔顿身高超过 6 英尺，但当他穿过走廊向我走来时，佝偻着的身子让他看起来又矮又老。他瘦骨嶙峋，拱形眉毛下一双深陷的眼睛异常突出，嘴角闪烁着神秘的笑容。后来我才了解到，原来他那雕塑一般的立体五官已经被半玩笑半认真地当作了中情局的标志。

我们在桌旁坐下，他点了一支维珍妮牌香烟，却忍不住咳嗽起来。他略带歉意地解释道，他患有肺气肿和溃疡，但始终没能戒掉烟酒。投身情报工作长达四分之一个世纪必然要付出些健康上的代价。事实上在我们第一次的会面中，我完全没意识到，正是我想要和安格尔顿谈论的那个叛逃者导致了他事业的衰落，也不知道，诺申科曾经是中情局内部一场鏖战的中心，但这场内斗没有被解决而是被掩盖了起来，随之结束的还有很多人的情报生涯。当时我仅仅想知道，质疑诺申科关于奥斯瓦尔德在俄罗斯的活动的叙述是否有什么依据，于是我开始询问 1964 年 1 月份，当诺申科叛逃时，他在中情局担任什么职务。

“当时我是反情报部门的主管——现在早已经为公众所知，还真是多亏了西摩·赫什和《纽约时报》。”他一边说着一边流露出一丝苦涩，“但是这 20 年里，我的所作所为始终是个秘密，就连我的妻子也不知道我到底是干什么的。”

“你需要对付叛逃者吗？”我忍不住问他。

“我们需要与这些叛徒们建立诚意，这是我们的职责，至少在那时是。”所谓的“诚意”（bona fides），是中情局一种惯用策略的术语。当中情局收到已经永久离开国外机构且不再受其管制的叛逃者或情报来源时，就会使用这种策略。换句话说，一个被建立了“诚意”的叛逃者就是被认可的真正可靠的信息源。

“那有没有不可靠的叛徒呢？”也就是说那个所谓的叛逃者并没有脱离原情报机构的管制，只是假装叛逃，最终目的还是继续为旧东家服务。

安格尔顿轻声应道：“在他们身上，真相总是很复杂。”他笑了笑，“有一些叛徒，在他们身上是根本找不到诚意的。”

“那诺申科的诚意呢？”我进一步追问。

“我没法具体解释。”他耸了耸肩，就这样突然结束了我们的讨论，把话题从诺申科轻易地转向了我毫无兴趣的“兰花”上。

“按类划分的话，总共有超过一万种的兰花。”这时他已第二瓶夏布利酒下肚，然后就开始大谈特谈兰花的种类，由于生长地不同而拥有充满异域色彩的名字，比如蝴蝶兰、石斛兰、卡特兰、大花蕙兰、长萼兰和齿舌兰……但此时此刻我怎么会有心情听他传教式的科普？我多次试图把他带回刚才的话题：我书中人物的原型，那个苏联叛逃者是不是在耍诈。但我的努力都以失败告终。

每次我企图打断，他都像挥赶苍蝇一样轻易就把我打发了。直到最后要离开时，他才对我说：“如果你真想知道现实世界中的骗局是怎样的……你最好看看这些兰花。”

仅仅过了一周，我又和他见面了——这次是在马里兰州肯辛顿（Kensington）一个热气腾腾的兰花房里。我们在温室里边走边说，他就好像植物园里的讲解员一样。“在众多兰花中，往往不是最强健的，而是最具欺骗性的种类能最终存活。”原因就在于丛林里的兰花过于分散以至于不容易接收到风中传播的花粉，因此它们主要依靠昆虫或鸟类来完成这一关键性的步骤。但兰花又无法为这些传播媒介提供任何食物或营养，所以它们只有靠欺骗才能完成繁衍。

看起来，安格尔顿格外乐于向我细致地讲解兰花的“骗术”。“兰花可以利用昆虫的贪婪、欲望或者恐惧。”这时他指了指一个管状的圆柱，上面环绕着一朵5英寸长、像蜘蛛一样的花瓣，牌子上写着这种兰花属于美洲石斛类。“这种兰花可以诱骗蚊子上钩。”随即他一步步地解释了这场骗局。首先，这种兰花会散发出香味，来模仿一种平常蚊子会觅食的花蜜的味道。然后，蚊子循着气味就会从花瓣被吸引到那个狭窄的腔管里。如此一来它便进入到兰花的花粉槽里，眼睛上被粘满花粉。最后，从这朵兰花上飞走的蚊子又会遇到其他石斛兰并且再次被花香欺骗，进入狭窄的腔管，这时它就会把附着在眼睛上的花粉储存在此。于是一次传播就算完成了。

“其他种类的兰花惯用的手法，是利用伪交配来诱发昆虫的性机能。”比如，三角兰的花朵上就长有类似于雌蝇阴部的立体状物，几乎能达到以假乱真的地步。它上面长有毛发并能发出苍蝇的气味，甚至可以直立起来。雄蝇看到这个“复制品”后会停留在上面并试图交配。如此一来，雄蝇就接触到了花粉槽，花粉就能附着于它的下体。飞走后的苍蝇碰到另一株三角兰时就会重复这个过程，从而成功地传播花粉。随后，安格尔顿又把我的注意力带到另一种迷人的兰花上，其花朵上的图案像极了蜜蜂的头部。安格尔顿说，黄蜂看到这个图案会误以为看到了天敌，然后就会本能地展开攻击。黄蜂的螯针会因此刺入花瓣到达花粉槽并粘上花粉。当它再次经过其他同类兰花时，这种虚拟攻击会被重复，由此授粉就实现了。

安格尔顿说以上这些骗局都是建立在“刺激的过程”上的。受害者受骗上当是因为它们会本能地对自然界的特定信息做出回应；而且昆虫是无法区分真假的。

兰花房着实是一个奇怪的教学场所。但很明显安格尔顿醉翁之意不在酒，他可不是仅仅谈谈兰花、聊聊昆虫那么简单。这些都是对他所曾经身处的那个世界的隐喻。在那个世界里，欺骗是正常的而不是反常的。在那里，任何情报人员都会犯和昆虫们同样的错误，分不清真假虚实，都有可能被煽动、唆使、引诱而误入歧途或是被蒙蔽，从而变成毫不知情的傻子。

安格尔顿最终还是回到了诺申科的话题，他问我：“为什么你觉得诺申科沉寂多年，现在会决定向你吐露真言？”

据我所知，诺申科只是走进《读者文摘》在华盛顿的办公室并且和一个编辑混熟了关系。然后他就提议说他愿意谈谈奥斯瓦尔德，再然后这个编辑就联系了我，就是这样。解释完之后我犹豫了一下，因为我分明看到安格尔顿嘴角上翘，看起来十分疑惑。他说："我知道一个记者兴许不会对他手头的采访对象挑肥拣瘦，但是……你怎么确定他的一切举动只是心血来潮？"

我一时语塞。一个苏联叛逃者为无名作者无私地提供大国机密，这在当时看来确实难以置信。但我随即把话锋丢回给他，"那你是否相信诺申科联系《读者文摘》仅仅是其个人意愿？"

"我只是建议你应该调查一下他的动机。"他故作轻描淡写地回答我，"我不知道他的身份是什么，但有些叛逃者对某些政府机构是有合同义务的。这些机构可没那么好心，轻易让他走进一家杂志社还自愿接受采访。"显然，安格尔顿话里有话。

这次谈话就这样结束了。返回华盛顿后，我开始着手调查诺申科与《读者文摘》到底有什么瓜葛。正如安格尔顿所暗示的，诺申科确实和中情局有合同在身。后来我拿到了诺申科和中情局的合约的复本，合约禁止他向任何人泄露有关中情局和他的情报关系，除非是和"政府授权的代表或是其他特批的人员"。照此说来，诺申科和《读者文摘》联系必定经过了中情局的批准，他向我提供的信息也必定得到了中情局的授意。这种被允许的信息就是所谓的"简报"。

杰米·詹姆森，那个安排我和诺申科见面的"中间人"原来是中情局的顾问。尽管名义上脱离了中情局，但杰米的工作却是使诺申科这样的苏联叛徒与记者建立起联系，从而让他们借由记者之口放出政府授意的简报。这是一个在杂志、报纸和书籍中宣传他们的意识形态的方式。我随后还得知，中情局这种暗中策划新闻故事的计划甚至包括了撰写整本书并以叛逃者的名义出版。1966 年由双日出版公司（Doubleday）发行的畅销书《潘科夫斯基档案》（*The Penkovsky Papers*）就是这些策划中最成功的案例。一位前捷克将军，也是一名叛逃者就告诉我说，当时中情局交给他一份完整的“自传”手稿——当然这所谓的自传并非出自其本人之手——要求他以个人名义出版；但当他要求对手稿做些修改时，稿子却马上被拿走了。这份稿子不久之后即以另一位捷克叛逃者的名义公开出版了。

这种秘密写作计划的后果无疑让人不安。这意味着大部分关于谍战历史的公开记录，即使不是出自谍战利害关系人（中情局），而是出自叛逃者本身的第一手资料，也都是经过审批和筛选的。

后来在麦迪逊大饭店，也就是诺申科被送来和我见面的地方，当我在和安格尔顿的又一次会面中把这些告诉他时，他一点也不感到惊讶。显然对这一套东西他自始至终都是心知肚明的。我忍不住想，也许保守地说，诺申科所说的一切尽管是被中情局授权的，甚至还被那里的审查官检查过，但并不必然意味着就一定是不真实的。

“很对。”安格尔顿也认同我的推理，同时在权衡还有什么能告诉我的，这期间他点了一大杯雅文邑（Armagnac）白兰地。随后他说：“这意味着中情局现在已经决定公开诺申科了。我猜想他的传记已经着手在写了。”（事后证明安格尔顿确实是对的，杰米已经向《读者文摘》的编辑提过此书了。）

“那为什么他的故事需要被公之于众？”在那次观赏兰花一个月之后，我决定这次一定要问个水落石出。所以我步步紧逼安格尔顿，“他的故事有什么可疑之处？”

他以安静而又严谨的口吻回答了我的疑问：“直到我离开中情局时，所有基于诺申科口供的报道都带上了我刻意制造的标签。这个标签就意味着所有一切都‘来自一个尚未和我们建立诚意、不被我们取信的信息源’。”

对我来说，1964 年就已经叛逃的诺申科在进入美国 10 年之后仍不被信任是难以置信的。于是我便问他：“你是说诺申科是一个伪叛徒吗？”“我要告诉你这样一个事实：1974 年 12 月 31 日，我的手下仍不能确认诺申科的诚意，于是在得到长官同意之后，诺申科提供的所有信息都被我们贴上了不可信的标签。”他喝完最后一口酒，补充道，“这项政策现在已经明显改变了。”这时他明显累了，他的声音已经疲倦了。

但我已经慢慢明白，安格尔顿上面讲的这些，包括他给诺申科贴上的“标签”，都只是冰山一角，背后隐藏的才是导致安格尔顿和他手下突然离开中情局的真正原因。我追问道：“问题是不是在于诺申科关于奥斯瓦尔德说了些什么？”

“不仅仅是奥斯瓦尔德……我只能说问题关乎整个中情局对苏联骗局的实质的理解。”这时他看了看表，暗示我他要走了。

既然我已经决意继续对诺申科进行采访——当然前提是中情局能允许他和我再次会面——我决定向安格尔顿问问清楚，这个所谓的“实质”究竟是指什么样的问题。可是他却借口离开了，一会儿便披着外套从衣帽间走了出来。正当我以为我们的谈话就此结束时，他让我拿出一支笔，然后一口气列举了与诺申科有关的 13 个关键性问题。[1]

这些问题涉及了某些苏联的人物、关系以及克格勃的部门，所有这些我都闻所未闻。而且这些问题在当时看来似乎和奥斯瓦尔德没什么关系。（几年之后，当再次回顾笔记本上的问题时，我才明白，它们间接表明了安格尔顿本人关于肯尼迪被暗杀的推论。）

记下问题之后，我请他解释一下这些问题和诺申科有什么联系。我不明白：莫非诺申科的身份有假？还是在奥斯瓦尔德问题上误导了沃伦委员会？安格尔顿是否认为叛逃 10 年之后的诺申科仍受克格勃控制？中情局的信息来源那么多，难道会上诺申科一个人的当？

而安格尔顿只用一句话就回答了我这一连串的疑问：“你知道‘信任’（Trust）行动吗？”我茫然地看着他，因为在此之前，我从未听说过什么“信任”行动。

“如果你想要了解苏联的骗局，你就要回到‘信任’行动上去。这是一个缩影。”“去找洛克（Rock）吧，除了苏联人，没人比他知道得更多了。”安格尔顿一边说着一边走向他停放的奔驰车，然后离开了。

---

[1] 译注：详见后记。

[第二章]

苏联的“信任”组织

“……诱饵、伪叛徒和幌子远不是问题的全部。”

——詹姆斯·杰西·安格尔顿

“信任”行动

洛克本名雷蒙德·罗卡（Raymond Rocca），是个60出头、长着胡须的高个儿男人。他看起来更像是一个教授而不是情报人员。安格尔顿告诉我，过去的20多年里洛克一直是他调查小组的手下。他和洛克的第一次碰面还是在二战时期的意大利，那时他们在战略情报局的反情报部门共事。洛克以修道士般的虔诚投入到浩繁的档案记录筛选工作中，安格尔顿对此印象深刻，并决定把此人纳入麾下辅佐自己的情报事业。在中情局，安格尔顿分配给洛克一个极其费力的任务，就是保存材料——那些悬而未决的零碎情报。这些情报最初也只有三五张卡片而已，安格尔顿还曾试图像玩拼图游戏一样把这些情报归类。“但问题在于我们无法确定哪张卡片属于哪个拼图。”安格尔顿如此解释道。1974年12月，中情局对安格尔顿的清算时刻来临，随着安格尔顿被解雇，洛克也随他一起离开了。

洛克住在弗吉尼亚州福尔斯彻奇（Falls Church）一栋整洁的郊区小屋内，离安格尔顿在阿灵顿的家并不远。当我到达那儿时，马上就发现了两株巨大的卡特兰。和他的长官安格尔顿一样，洛克对他亲手栽培的兰花很是得意。他向我解释说，他刚做完心脏手术，目前正处于恢复期，身体虚弱，很少出门，但还是很乐意解答我的疑问。虽然没有问过他，但是我猜想，安格尔顿已经就我的来访提前知会过他了。

洛克一边点燃他的烟斗，一边打开了话匣子，"'信任'行动是苏联政权一手策划的一场规模浩大的骗局。"而这个耗费了他 20 多年精力搜集整理的故事，始于半个世纪以前。

根据西方情报机构的说法，时间要追溯到 1921 年 8 月下旬。那时，一个级别很高的苏联官员——亚历山大·亚库舍夫（Aleksandr Yakushev）——在去往挪威参加国际贸易会谈的途中，路经当时仍独立的爱沙尼亚共和国时和他的代表团失去了联系。之后他找到一名在革命之前就认识的反苏流亡者。他说，他和其他苏联官员一致认为俄罗斯的共产主义实践已经完全失败。苏联经济正处在崩溃的边缘，农民不上交粮食，军队濒临兵变，列宁的布尔什维克政府在数月之内就会自行灭亡。

这个消息极大地刺激了这名流亡者。他问亚库舍夫有什么计划：他会不会叛逃?

亚库舍夫告诉他说没有必要叛逃，而是打算在布尔什维克倒台时，伙同他亲近的一批官员和技术人员篡取权力。由于他们还在秘密警察、军队和关键部门内部招募了其他对现实具有同样幻灭感的官员，亚库舍夫和他的同伙丝毫不惧怕布尔什维克。尽管仍在秘密组织中，但他们已经俨然成为一个事实上的政府。

亚库舍夫离开后，这个反苏流亡者立即将这个惊人的消息报告给了其他流亡集团，并一直传到了英法等其他支持反苏活动的情报机构。亚库舍夫关于俄罗斯经济正在崩溃的断言似乎非常合理，也符合俄罗斯境内西方观察家的评估。

对布尔什维克已经风雨飘摇的判断其实也是西方一贯的共识。当年的早些时候，列宁推行的新经济政策在某种程度上就是对共产主义的背离，该政策使得自由企业、私有农场、银行和俄罗斯的外国工业特权合法化。甚至持不同政见的地下出版单位也出现在苏联各大城市里。问题就在于，亚库舍夫的阴谋是否已经进展到他宣称的程度——或者他是否夸大了他手中现有的权力。

几个月前，其他6位苏联高层、外交官和军队长官暂时叛逃并与欧洲的反苏分子取得联系，也传达了布尔什维克政权即将垮台的类似消息。此外，他们声称也参与了亚库舍夫颠覆现任政府的阴谋活动，这个政府自称为中央俄罗斯君主主义联盟（Monarchist Union of Central Russia）。从这些人口中还渐渐传出：他们用来掩护这次政变的办公大楼是位于莫斯科商业区的市政信用协会大厦；为了防止被苏共窃听，这次政变组织者的代号就叫“信任”。

1922年亚库舍夫在柏林现身，他要求与欧洲反苏运动的其他领袖取得联系，劝说他们参与政变，因为“信任”能够让他们受益。该组织可以作为他们在俄罗斯的内应，通过内部成员的关系网将他们的亲属、财产，其他异见论者和这些流亡集团所需的任何秘密文件偷渡出去。同年内，这种“益处”被传达到了欧洲所有主要的反苏集团。作为“信任”组织的代表，亚库舍夫为巴黎、柏林、维也纳和赫尔辛基的反苏集团提供了使用苏联境内“信任”组织所有设施的特权。

尽管亚库舍夫和他的同谋者貌似的确有些行动力，但最初一些流亡者对“信任”组织仍抱有怀疑，他们要求对方提供证据证明他们的确有如自己所宣称的影响力。为了证明这点，“信任”组织将这些流亡者的家人偷渡出了俄罗斯，为他们在俄罗斯境内的党羽提供了武器和物资，并约定同他们一起承担在莫斯科和彼得格勒的破坏和暗杀任务。“信任”组织甚至为流亡者头目伪造了护照和签证，方便他们潜入俄罗斯参与秘密任务。当这些国外流亡集团的领导人亲眼见证警察局爆炸、有组织的越狱之后也慢慢开始相信“信任”组织了。

随后他们便开始接收“信任”组织传来的苏联经济和军事文件，再转手给西方情报机构。这些文件引起了法国、德国、英国、澳大利亚、瑞典和芬兰等国极大的兴趣，自然也能开到一个好价钱。伴随着这种三角贸易的壮大，苏联的机密就这样通过“信任”组织和反苏集团到达了西方情报机构手中。

截至20世纪20年代中期，已有超过11家西方情报机构完全依靠“信任”组织为其提供俄国情报。该组织甚至为流亡作家安排秘密出行，让他们参加莫斯科的反苏分子集会，与其他反动期刊的编辑会面。

所有经由“信任”组织搜集汇总传达的情报都不断地向西方巩固了这样一种观点：共产主义在俄国已经行不通了。无论是通过亚库舍夫蓄谋已久的政变还是“新经济政策”这种相对温和的改革，苏联都将放弃它最初的革命目标。

然而20年代末，“信任”组织内部却出现了问题。国外反苏流亡集团领导人在赴莫斯科执行任务的途中，要么突然被绑架，要么就完全消失。像辛迪尼·赖利（Sydney Reilly）和鲍里斯·萨温科夫（Boris Savinkov）这种在“信任”组织的保护下回到俄国的顶级间谍都遭到了逮捕。他们被摆样子公审并被判处死刑。国外反苏集团收到的、“信任”组织提供的苏联秘密文件也被证实并不可信甚至含有错误。新经济政策默默下台了，地下刊物也渐渐消失了。苏联政权没有如预期般倒台，而是愈加巩固了。

1929年，一个名叫爱德华·奥珀普特（Edward Opperput）的组织高官逃往芬兰。在赫尔辛基停留期间，他曝出自己曾经作为苏联情报官员而非异见论者参与过“信任”组织，直接受命于列宁的情报部门长官费利克斯·捷尔任斯基（Feliks Dzierzhinski）。他还承认，亚库舍夫和其他同谋只是假装谋反而已，这些人都曾是他手下的特工，接受苏共情报部门的领导。“信任”组织的办公大楼不是谋反活动的掩护地，而是这个长达7年的骗局计划的总部所在地。它制造所谓的秘密文件，宣传所谓的叛乱者，发表反动刊物，伪造护照和行程安排，都只是为了让这一切更加可信，为此它甚至炸掉了苏联大楼。既然是他们策划了整个表演，他们也就同样能够保证走私、越狱和暗杀的成功。奥珀普特还供出了，苏联情报机构以秘密文件为交换而从西方情报机构那里得到钱之后，是如何资助派到西方的间谍、武装西伯利亚的劳改营以及支持其他活动的。他提供了如此具体的细节，包括从亚库舍夫在爱沙尼亚的那次会议以来各方联系的时间和次数，因此毫无疑问，"信任"计划从头到尾就是苏联情报机构的一次绝妙策划。

"信任"行动就这样落幕了。那些国外反苏流亡集团也终于意识到他们被耍了，不仅信誉丧失殆尽，士气也遭受重创。"信任"行动引起了各派反苏分子之间的互相不信任，也让西方情报机构陷入了混乱和猜疑，为此他们还不得不向本国政府解释，他们是如何被苏联欺骗并操控了长达8年之久的。

然而这还不是结局。令人震惊的是：奥珀普特在披露了以上种种之后便悄悄返回了莫斯科，改名换姓继续为苏联情报机构工作。"他是一个被故意派遣出去的叛徒。"最后洛克冷冷地说。所以当他解开了"信任"的秘密、完成了任务之后，他就马上回去了。

我忍不住打断他："那为什么苏联情报机构会主动曝光自己策划的骗局？"

"这才叫最后一击！"洛克忍不住流露出他对敌人智慧的赞赏。由于骗局于1929年开始慢慢暴露出问题，新经济政策也已下台，战略目标也就不存在了，所以苏联才决定以这种最有利的方式公开这一切。"其用意是把西方的视线转移到这场惨败中，从而忽略苏联背后的操作。"

"那是否意味着还有其他形式的'信任'行动？"

听到我这样问他，洛克的语气马上变得不确定了。"通过'信任'行动，苏联情报机构已经显示出了未来策划骗局的潜力。"洛克言语中显示出对对手的赞赏，就好像谈论一个魔术师仅仅通过几个花招就能证明自己下一步的魔术有多精彩一样。“这表明苏联有实力长时间地操控在境外活动的双重间谍，就像亚库舍夫。”亚库舍夫就是典型的“诱饵”。在看不见的情报战的世界，诱饵是指暗地里忠实地听命于自己的情报机构，表面上假装是叛徒来吸引敌方上钩的，就像引鱼上钩的鱼饵。诱饵也许还会假装叛逃，这种情况下就叫作“外派特工”（dispatched agent）。“苏联情报机构还表明，他们能够策划一个行动并使之持续将近 10 年时间，从而把他们手下的特工变成西方情报机构信任并依赖的信息源。”苏联的一切精心安排，包括暗杀、爆炸、追查和越狱，都只不过是为了让假的看起来更像真的。

当然还少不了“幌子”，即像“信任”组织和其他反动集团这种故意模糊自己真正的政治派别而诱敌上钩的机构。情报机构精心设计的“幌子”在谍战中几乎可以吸引到任何目标，而且其本质也决定了几乎很少有证据可供人查证这些“幌子”的真实性。

对洛克来说，“信任”行动最重要的意义在于表明，苏联情报机构已经可以熟练使用这种双重间谍的手段为西方提供秘密报告、线索和文件以造成他们关于苏联的虚假印象。被精心设计的“虚假信息”使西方情报机构相信共产主义革命大势已去、已不再构成威胁。也使得英法和其他欧洲国家向他们认为即将变成非共产主义的政权大肆进行贸易信贷、技术转让和外交认可。“他们当然是被骗了。”洛克轻轻敲了敲烟斗，结束了他关于“信任”组织的所有讲述。

“那诺申科呢？”我仍想知道他策划了半个世纪的骗局和肯尼迪暗杀又有什么关系，所以我忍不住继续追问，“他是否也传递过什么虚假信息？”

“我所了解的只是些历史事实，我所能给你的也只有这些。”洛克耸了耸肩，“至于诺申科，我没有具体参与处理过他的案子，所以我不了解。”然后他就没有再多说了。看来答案还是要到安格尔顿那里去找。

又见安格尔顿

那个月晚些时候，安格尔顿邀请我去亚利桑那州图森市（Tucson），建议我去看看“他的沙漠”。

令我吃惊的是，安格尔顿居然住在图森市区一个类似私人公园的地方。从他农场小屋的门廊你看不到任何其他房子或城市建筑。他很自豪地向我展示他自己设计和制造的家具；他还在自己的录音室里录了张音乐CD，他真的是一个很乐于营造个人世界的人。

我告诉安格尔顿我被禁止和诺申科继续见面，那13个问题也已经通过杰米·詹姆森转交给他，但是至今没有回音。

而安格尔顿却很笃定地说：“你永远也得不到回答。这本来就不是他能回答的。”周围漆黑一片，我们坐在他家草坪上聊天。安格尔顿说如果我来早一点，趁着天没黑，兴许能看到著名的“迷信山”，仿佛为了弥补我没有看到的景象，他还用手指给我一一比画出每一座山的轮廓。

我注意到远处无数闪烁的萤火虫，安格尔顿告诉我雌虫用荧光（一种类似“摩尔斯电码”的信号）可以吸引雄虫。“当然也不能确定那究竟是不是萤火虫。”为了防止我误会这次谈话又会变成一次生物教学，他又说有一种甲虫，是萤火虫的天敌，经过漫长的进化也可以发出这种荧光。“所以当萤火虫回应这种求偶信号时，他们找到的不是交配对象，而是甲虫。”某种程度上，虚假信息（disinformation）就是这么回事。

安格尔顿已经和“虚假信息”打了25年的交道，因此他很想谈论这个话题。他说：“虚假信息的本质是刺激，而不是谎言。”也就是说，尽管甲虫发出的光信号不是真正雌萤火虫发出的，但也不是假的，它就是实实在在的光，但是却可以引起萤火虫对信号的回应从而落入圈套。安格尔顿觉得这件事本身倒是谈不上什么正常或者反常，人类也常常使用这种伎俩，就好像主人不在家时仍然亮着灯以蒙蔽坏人，让他误以为家里有人。房屋主人并没有伪造事实，只是通过刺激来保护自己，由于这个信号，小偷们会误以为家里有人。他说，“就像‘信任’组织那样，当虚假信息的传播网络建立起来，虚假情报主导一切时，苏联利用自己的情报机构一笔一笔地描绘出看似真实的图画，而这幅图画却是可以诱导敌人做出错误判断的。”当然，这其中也少不了苏联情报机构在挑选并传播虚假信息上的重大作用。“和平年代，虚假信息就是情报机构的工作重心。”

我忍不住问安格尔顿扮演叛逃者是不是其中的一部分，诺申科是不是这样混进来的?

“你一定要记住，诱饵、伪叛徒和幌子远不是问题的全部。”他这样一说就把问题突然引向了一点：伪叛徒只是负责传递情报的最外围人员。“骗局的设置很复杂，为了维持它的存在，骗子们需要反馈，也就需要深入敌腹。”根据他的说法，要想成功实施骗局，情报机构不仅要传递虚假信息——这只是全部工作中“最容易的一部分”，还要确定这些信息是被接收了还是被拒绝了，如果被搁置了还需要哪些额外信息让整个骗局看起来更可信。

后一种任务就需要安格尔顿所说的潜入敌方的渗透者才能完成。该渗透者通常是一个间谍或者一个多年前被招募的情报人员，这个情报人员的职位要使得他能够接近本国情报机构中负责评估国外情报的核心部门。

至此，我终于明白了诺申科的案子为什么在中情局如此敏感。如果他只是苏联骗局计策中的一个小人物，那就表明克格勃在美国情报机构里还安插了更多的“内应”以便得到反馈。诺申科的问题也不仅仅是他关于李·哈维·奥斯瓦尔德的供述可不可信的问题。

骗局和渗透者之间的关联显然不仅仅是安格尔顿本人的臆测，可以说这是一个涉及安格尔顿早期情报生涯并给他带来极坏影响的大问题。接下来的两天里，他又告诉了我更多，关于他是如何被金·费尔比带进这个奇特的骗局世界的。

[第三章]

安格尔顿和费尔比的较量

"关键不在于这些行动被出卖，而在于它们居然被中情局相信了。"

——詹姆斯·杰西·安格尔顿

二人的交情

1949年10月初的一个雨天，吉姆（指安格尔顿）和金（指费尔比）在华盛顿市区的哈维海鲜店里见了面。这里距吉姆在中情局的办公室只有几个街区。5年前，他在伦敦接受反情报训练时就曾经听说过金·费尔比这个人，但仅知道，这个形容枯槁却依旧英俊的男人是西方世界反苏联情报领域数一数二的专家。安格尔顿在中情局的时候曾对他有过广泛的调查。

1912年的元旦，哈罗德·亚德利安·罗素·费尔比（Harold Adrian Russell Philby，下文皆称为费尔比）出生于印度安巴拉市（Ambala）。他的父亲——哈里·圣约翰·费尔比（Harry St. John Philby），英国驻印度的执政官——叫他"金"，取自鲁德亚德·吉卜林[1]的书中人物的名字。费尔

[1] 译注：鲁德亚德·吉卜林（Rudyard Kipling，1865—1936），英国小说家、诗人。

比在伦敦威斯敏斯特（Westminster）上学时，和他父亲过去一样，是学校的风云人物。17 岁的时候他去了剑桥大学三一学院，直到 1933 年以优异成绩毕业。内战期间他任《泰晤士报》驻西班牙的特约记者，在 1940 年敦刻尔克大撤退之前报道过驻法国的英国远征军。1941 年 1 月，费尔比加入了英国间谍机构军情六处[1]，负责伊比利亚半岛的反情报工作，评估来自驻西班牙和葡萄牙的德国外交官的大量情报的可信度，并成功识破了德国的诡计和间谍。战争末期当军情六处恢复其反苏联部门“第九部”（Section IX）的时候，费尔比被选为（反情报部）长官。在反击欧洲和土耳其的苏联情报人员的过程中，费尔比多次揭发了苏联外交官和军官的骗局，从而展示了其近乎无误的侦察能力，后来的事实也一次次证明他当时的判断确实是对的。费尔比正是凭借这一系列的功勋坐上了反苏联部门的头把交椅。随着冷战升温，费尔比又被指派负责协调美国和加拿大的反苏活动，充当着英国军情六处、美国中情局和联邦调查局以及加拿大皇家骑警（Royal Canadian Mounted Police）之间的联络员。

三个月前，安格尔顿才刚刚从欧洲回到美国，便成为了中情局反情报工作的首席专家。作为耶鲁、哈佛和普林斯顿的精英团体的一员，他被专门选拔来学习间谍和反情报工作的最机密部分，因而在反情报部门 X–2 里晋升得很快。战争接近尾声的时候，年仅 27 岁的安格尔顿成为了 X–2 最年轻的长官，负责中情局在意大利的所有反情报工作，并受到战略情报局局长威廉·多诺万（William Donovan）的器重，成为反情报人员中的明星。战略情报局解散后，安格尔顿继续服务于一个保留下来的小组——中央情报组（Central Intelligence Group），即 1947 年 7 月成立的中情局的核心部门。后来唐纳德·H. 盖洛威（Donald H. Galloway）上校于同年 11 月成立了苏联分部，负责招募苏共外交官作为情报来源并组织其他间谍活动，安格尔顿成了他的特别助手。他的工作内容就是把那些外交官的个人信息数

[1] 译注：军情六处，全名英国军事情报六处（Military Intelligence 6，简称为 MI6），是英国负责海外谍报工作的部门，英国三大情报机构之一。亦有译作“军情六局”。

量保持在3—5张登记卡的范围内，这些人由于私通纳粹或者有其他前科而可能成为招募候选人。由于工作原因，他和法国、意大利、西德的情报机构保持了密切的联系，还担任了中情局在罗马的负责人。

1949年5月，31岁的安格尔顿回到华盛顿，负责美国和其他盟军情报机构的联络工作。由于当时的中情局在战后欧洲的招募和秘密行动仍然严重依赖英法德等合作伙伴，所谓的联络工作，就是保障中情局组织反苏情报战机制的正常运转。

安格尔顿也因此和他的合作伙伴之间有很多相似之处。他们都在英国接受教育，长期居住海外，有相似的文学眼光和享乐品位。他们都喜欢英国的诗歌、法国的葡萄酒和德国的音乐，一起讨论《白菜与国王》（*Cabbages and Kings*），还有着在反苏反情报这个鲜为外人所知的领域的共同兴趣。

安格尔顿也知道，那天早上关于费尔比到华盛顿任命的简报只是例行公事。按照军情六处告知中情局的说法，费尔比不只是一个在美国休假的英国情报长官，而是英国秘密机构未来的掌门人。他的任务虽然只是暂时的，但是至关重要，它涉及当时英美在情报领域的关系。

1948年捷克斯洛伐克政变后，冷战陷入僵局，美国政府在国会两党的支持下决意要肃清苏联在东欧的影响。同时它希望通过秘密行动的方式达到这一战略目标。承担这一次秘密进攻的机构就是所谓的政策协调办公室（Office of Policy Coordination），也是中情局辅助军事活动的部门，由前战略情报局成员和美军颠覆活动专家组成，弗兰克·威斯纳（Frank Wisner）担任长官。该机构由总统直接领导，负责发展东欧社会主义国家境内的地下反共组织。这些地下组织拥有各自的游击队、破坏者和政治团体，均由中情局策划和协调。他们将被用来破坏苏联的通信、瘫痪其经济、造成苏军骚乱、煽动大规模罢工，最终借由这些有预谋的反动活动瓦解苏联政权。

英国凭借其半个世纪的东欧间谍经验以及对国外流亡集团的控制，自然成为美国发展这项雄心勃勃的事业的合作伙伴。军情六处将为美国提供它仍在东欧境内的特工和其他情报资源，并帮助协调它们同中情局的活动。因此，军情六处派出了它们最优秀、最精干的金·费尔比直接协助美方的工作。

这次进攻行动的核心是波兰的地下组织WIN，名字来源于波兰语中“自由和独立”的缩写。同年的早些时候，该组织的代表联络了伦敦的波兰流亡团体，宣称自己在波兰得到了广泛的支持并且能够动员到30 000名游击队员。照此来说，它俨然已经成为曾在1944年给德国以严重打击的波兰家乡军（Polish Home Army）的继任者。

对此言论，威斯纳的政策协调办公室开始是有所怀疑的；尽管如此，WIN组织还是以实际行动证明了其发动游击战的能力。它攻击了警察局、炸毁了军事设施，甚至和苏联坦克部队打了一场高强度的战斗——这些成果都有照片作为记录。因此，威斯纳相信WIN组织只需要反坦克武器就能“把红军赶出华沙”。随后WIN组织开始向外提供波兰境内有关苏联的报道和记录，里面呈现了苏联在东欧的战斗计划和军事能力。显然这些情报都来源于该组织渗透进波兰国防部的内奸。

费尔比抵达华盛顿的时候，中情局政策协调办公室已经开始向WIN组织提供武器装备和资金支持。中情局敦促英国情报机构，希望伦敦的波兰流亡政府作为其在波兰的内应全力支持该组织，也希望英国情报机构投入全部人力保持与该组织特工的直接联系。乌克兰、格鲁吉亚、立陶宛、阿尔巴尼亚和匈牙利境内的异见组织也要行动起来，以转移苏联对波兰的注意力，毕竟波兰是当时苏联最大的目标。以上就是安格尔顿和费尔比在哈维海鲜店会面时的全部计划。

海鲜店会面之后，费尔比简单闲聊了几句，他提到了他在伦敦的旧同事们，以及一周前搭乘“卡罗尼亚”号邮轮（S. S. Caronia）跨越大西洋的艰辛旅途。随后他开始抱怨他职业生涯的第一桩业务——“审查老纳粹”。

当时他被指派去执行一次棘手的任务——检查文件、确定之前曾秘密潜藏在加拿大的一批德国反情报人员的位置。

这些德国情报人员对此次美国在东欧的预谋有很大用处，中情局希望利用这些人作为此次行动的特工；换言之，他们是潜在的资源。这些人都是波兰或其他东欧国家的公民，在德国占领时期曾被秘密发展为密探。许多人为了活命背叛了自己的同伴，在德国的掩护下成为地下共产党的高官。已经暴露的一些人大概要么死了，要么坐了牢，其余那些隐藏得好的已经在为本国境内的共产党政权工作。现在这些人极有可能要被强制参与美国的行动，否则就会被暴露，因此他们必然选择充当美国的特工（只要不被苏联发现）。随后，他们纷纷同意协助 WIN 组织和其他地下组织发动积极有效的起义。费尔比还准备会见加拿大皇家骑警，后者能使他与加拿大的希特勒前核心情报官员取得联系，或者至少能提供关于他们的记录。

接下来的 18 个月里，安格尔顿与费尔比保持着每周一次的联系，有时是在哈维海鲜店，有时在陆军和海军俱乐部。当时费尔比已经被任命为特别政策委员会的英国代表，监督这次东欧秘密进攻行动的全过程和情报成果。他总是喜欢把所有问题都讲两遍，就好像安格尔顿讲不清楚似的。而安格尔顿总是忍不住被他关于天真幼稚的美国人的尖刻幽默和对世界政治愤世嫉俗的态度所逗乐。费尔比有时也会一本正经地直接和他讨论军情六处比较关心的问题；而作为中情局的联络人，安格尔顿就要为以上的问题提供答案（除非是向英方专门保密的信息）。他俩也会讨论其他情报问题，比如如何防御欺骗行为等等。总之，他们二人建立了非常友好的私人关系。

与此同时，中情局正在逐步加强 WIN 组织对抗苏联政权的能力。费尔比审查过的部分前德国反情报官员提供了一长串曾在波兰和苏联其他卫星国家待过的人员名单，对美国来讲这些人都可以为他们所用，其中的一部分人已经被中情局招募，负责联络 WIN 组织和其他巴尔干半岛的地下组织。他们还空投了特殊的秘密电台，以供 WIN 组织向德国境内的中情局基地发回消息，并向他们破坏活动的目标投放了精密的爆炸物和定时器。报告显示 WIN 组织已经控制了整个区域，军队的数量也日渐增多。由于英国同行的帮助，中情局事实上集结了整个波兰的海外流亡势力来支持 WIN 组织。作为回报，后者要向中情局反馈大量的情报，为此中情局不得不成立了专门的部门来追踪处理这些情报。这些零星琐碎的数据被加以集中整理，明确指出了斯大林在俄国已经陷入困境，很快将要失去他对苏联卫星国的控制。

然而 1951 年的春末，中情局自己却深陷骚乱之中。问题始于陆军安全局（Army Security Agency）偶然得到的一部分苏联二战代码簿，并从中发现苏联再次使用了原来的代码，明显是代码不够用了。这一意外发现，使得美方的密码破译者得以破译苏联从莫斯科发往其在华盛顿大使馆的零星信息。这其中有一条惊人的证据表明，美国向英国秘密传达的情报已经被苏联获知。信息直接泄露自英国大使馆，而且一直持续到战后。在索尔海姆酒店举行的一系列紧锣密鼓的会议中，面对来自联邦调查局、中情局、陆军安全局以及英国安全机构军情五处[1]的代表，英国官员终于承认，一个曾于 1945 年就职于华盛顿的英国外交官被怀疑是苏联特工。这个人叫唐纳德·麦克林（Donald Maclean），已经被安排接受相关审讯。

三周后，1951 年 5 月 25 日，麦克林从伦敦消失了，却在几天之后和另一个前英国情报高官盖伊·伯吉斯（Guy Burgess）现身莫斯科。也就是说，二者都是苏联间谍，此外伯吉斯还曾在费尔比位于华盛顿的家中住过，那时费尔比正在负责调查工作。中情局和联邦调查局在对苏联情报进行再次分析后一致相信，除了麦克林和伯吉斯还有其他间谍，而这第三个人只能是金·费尔比。

被汇集到一起的所有零散证据也让英国情报机构得出如下结论：尽管

[1] 译注：英国军情五处（Military Intelligence 5，简称为 MI5），是世界上最具神秘色彩的谍报机构之一，主要负责英国的国家安全和反情报事务。亦有译作“军情五局”。

顶多只有间接证据，而且很多关于密码的证据尚不能被揭露，但费尔比确实就是情报泄露者。1951 年 8 月，费尔比被召回伦敦。在一次没有结论的审讯之后，他被秘密逐出了军情六处。

从朋友到敌人

安格尔顿被事件的发展完全震惊了。如果费尔比确实是内奸，那过去的 18 个月里，作为中情局的联络员、回答了被放在他面前的各种各样的询问的安格尔顿则一度充当了费尔比的信息源。这种表面牵连所内含的后果则是恐怖的。因为至少苏联通过他提供的信息掌握了中情局的工作流程，对美国情报界里的各路人物也一清二楚。对这些主要对手的倾向和弱点，想必苏联方面也有了自己的评估。他们已经对中情局最常用的工作手段有了相当了解，知道它如何用于分析并检查来自信息源的报告。除此之外，苏联还掌握了安格尔顿负责的中情局与莱因哈德·盖伦（Reinhard Gehlen）情报机构（曾效力于希特勒）、法国反情报机构和意大利安全部门之间联络工作的核心机制。安格尔顿知道中情局的这些国外关系一旦公开会造成多大的尴尬，所以这次面对曾经的朋友费尔比，面对美国的伙伴英国情报机构，他是完全束手无策了。

事已至此，安格尔顿对于 WIN 组织中逐渐产生的问题就一点也不奇怪了。他有理由怀疑 WIN 组织就是另一个“信任”组织。它关于东欧的报告与通过空中勘察、通信拦截和其他来源得到的情报并不一致。此外，它宣告的军事胜利在其他证据的对照下显得越来越不可信。和 WIN 组织联系的流亡特工开始销声匿迹，他们的电台也愈加可疑。尽管如此，从 1952 年起 WIN 组织不断地对美国提出要求，增加武器、电台、资金以及用于联系波兰的特工数量，它甚至要求中情局向波兰派遣一位美国将军来领导起义。

此时的安格尔顿再也无法坐视不管了，尽管他没有这个权力——他向时任中央情报总监的沃尔特·比德尔·史密斯（Walter Bedell Smith）将军汇报了此事，认为不应该向波兰派遣美国官员，并说明了理由。

他认为，如果费尔比真如目前所有证据所表明的那样是苏联间谍，那么 WIN 组织和政策协调办公室支持的其他秘密地下组织也许已经被苏联情报部门控制，而不是如我们所想的这般被波兰反动组织控制着。不然还有其他可能吗？毕竟费尔比知道参与此次行动的所有德国特工——事实上不仅是知道，他还亲自审查了他们所有人的档案材料。因此我们完全可以假设，在中情局试图资助 WIN 组织和其他反动集团的时候，苏联方面已经掌握了这些特工的身份。这种情况下，如果 WIN 组织已经在苏联控制之下，那么后者必然会允许这些特工帮助该组织。

比德尔·史密斯认真听取了他的钓鱼伙伴（trout-fishing）安格尔顿的陈述，并随后召见了同样参与这次秘密行动的弗兰克·威斯纳。

威斯纳曾是安格尔顿工作上的竞争对手，但着实也被他的推理震惊了。不过他对费尔比仍抱有幻想，希望他从未将任何信息泄露给苏联。毕竟这也是一种可能，因为英国反情报机构并没有揭发费尔比。威斯纳认为若果真如此，WIN 组织应该还是信得过的。然而他也认同安格尔顿不应该向波兰派遣美国将军的提议。

那一年的 12 月份，关于 WIN 组织的一切谜团终于水落石出，不过是以一种连安格尔顿都为之震惊的方式。在一次有预谋的、类似“信任”组织 23 年前的爆炸行动的行动中，波兰政府在时长两小时的电台广播中讲述了 WIN 组织的来龙去脉。原来真正的波兰家乡军早已于 1947 年被国家安全机构解散。取代它的是由共产党控制的一个虚构的机构——WIN 组织。毫无疑问，WIN 组织从一开始就是一场骗局。广播里还详细描述了从美国和它的第一次联系、到现在为止所收到的所有资金和武器，接着嘲笑了美国对这个根本就不存在的组织的真诚的信任。原来一切都是波兰安全机构上演的好戏，比如故意留下燃烧的坦克外壳让中情局拍照，以此获得美方对 WIN 组织的信任。他们也同样地接管并运行了中情局提供的秘密电台，用中情局的钱骗了中情局。

1953 年初，中情局确定了，美方派出参与此次行动的所有特工的身份从一开始就被波兰识破，目前已经遭到逮捕或被控制，同样被捕的还有其他被这个虚假地下组织诱骗到陷阱里的真正的波兰异见分子。

但这些还只是冰山一角，这场骗局可不只这么简单。美国原以为的其他六个反苏地下组织结果原来也是苏联情报部门的“杰作”，即苏联制造的虚拟机构。其中诸如乌克兰的喀尔巴阡山脉游击队原本是真正的抵抗组织，后来被苏联安全机构渗透并瓦解。再如爱沙尼亚抵抗势力，就是被苏联虚构出来控制国外流亡分子的。

而 WIN 组织向中情局精心反馈的所谓情报也在再次检查中被证明为虚假信息，是为了配合来自其他地下组织和两起案例中伪叛徒提供的情报而专门设计的。现在再回过头来看那些虚假情报，安格尔顿才明白其目的就在于将美国的注意力从苏联对东欧的控制的真正弱点上转移开来，把关注焦点及有限的情报资源都浪费在这些虚假的弱点上。

威斯纳被 WIN 组织的真相震惊了。很显然，他的政策协调办公室在苏联骗局策划者的引诱下已经灾难性地误入歧途。更重要的是，他和他的手下在这一切被公开揭露之前本可以识破骗局。事到如今，比德尔·史密斯和他的副手艾伦·威尔士·杜勒斯（Allen Welsh Dulles）明白，威斯纳的秘密行动已经完全被苏联利用。

危难之下，安格尔顿被委以重任，负责分析苏联情报部门是如何成功虚构了这一完美无误的骗局，又究竟是在何种情形下虚构了所有反动集团和地下运动并维持这一幻象长达 40 年的。这时他吸纳罗卡，重建美国版的“信任”组织，一场新的骗局就此开始。

1953 年杜勒斯成为中央情报总监，他向自战略情报局就熟识的安格尔顿求助。而安格尔顿则凭借对 WIN 事件的敏锐预测，被授予了“自由出入”的特权——无须预约、全天 24 小时可以随时出入杜勒斯的办公室。

他被指派组建一个直接听命于中央情报总监的小组，该小组将负责抵御苏联策划的类似 WIN 组织的系统性的骗局。于是 1954 年 1 月，一个全新的反情报部门成立了。一方面它起着联络作用——是中情局和包括联邦调查局、国家安全局、英国秘密机构和法国反情报机构以及以色列中央情报安全研究所 [1] 在内的诸情报机构之间的联络线。另一方面该小组还要保持中情局对国外特工的核心登记权，决定哪些双重特工可以作为“有诚意”的情报来源。但是其真正的职能——根据安格尔顿的说法——即使相当一部分中情局高管也一无所知，即“提供最高级别的反情报：全面掌握敌人所思所想”。安格尔顿就是这样一个小组的负责人。他也因此一跃进入中情局的权力高层，而费尔比则去了贝鲁特（黎巴嫩首都）。1963 年，费尔比受到了进一步的审讯，叛逃去了莫斯科，在那里出版了一本《我的无声战争》（*My Silent War*），并最终承认了他长期为苏联情报部门服务的事实。

即使是多年后再次讲述这个故事，安格尔顿似乎仍着迷于他曾经的“伙伴”费尔比导演的这场骗局。我向他询问费尔比的那本书（费尔比在书中描述安格尔顿为“我遇到的最瘦弱的人之一，却也是食量最大的人之一”），他却反问我：“书？那本书是整个骗局的最后一张牌。书中的每个字都是在克格勃的严格监管下写出来的，没有一句话是他自己的。他当记者期间写的所谓‘采访’也是如此。”

《我的无声战争》的写作意图就是“进一步搅浑水”。以后见之明反观费尔比的职业生涯，安格尔顿发现费尔比多次胜利——首先是针对德国，其次是针对苏联——都是因为他掌握了其他英国情报官员所不知道的秘密情报。若果真如此，费尔比之所以能独家掌握这些情报就是因为苏联，最有可能的解释就是这些胜利是被苏联情报部门刻意制造的。换句话说，如同象棋中的弃卒保帅，苏联通过牺牲部分特工和资源，帮助费尔比在英国

[1] 译注：以色列中央情报安全研究所（希伯来语作 Mossad Merkazi le-Modiin U-letafkidim Meyuhadim，常称作摩萨德），是以色列五个主要情报组织中的最重要机构，负责国外情报搜集、间谍活动，其直接对以色列总理负责，在国际上以效率高而著称。

情报界得到迅速晋升。照此逻辑，他跃升为反苏间谍活动的核心——第九部的领导以及随后在华盛顿得到的任命远非他一己之力可以达到，而是苏联一手策划的。安格尔顿补充说："如果费尔比在苏联情报部门的协助下可以混到这个地步，其他特工也可以。"

安格尔顿还质疑了费尔比曾吹嘘的泄露了在中情局支持下渗入阿尔巴尼亚的阿反共人员的事件，认为早在费尔比汇报这些行动之前，一些异见分子事实上已经被捕。他们的组织被苏联特工渗透了。"费尔比通过宣称一次他根本不负责任的消息泄露，再次试图掩盖他在华盛顿的真实目的。"

他在华盛顿的真实目的就是"反馈"。他并不需要暴露 WIN 组织，该组织早在他到华盛顿之前就由苏联情报机构策划出来。费尔比所要反馈的只是中情局对 WIN 组织的反应。安格尔顿解释说，直到费尔比事发之前，他从未意识到，对于维持一场骗局来说，反馈是多么的重要。没有内应来反馈中情局是如何应对苏联伪装的地下组织活动的，苏联的骗局策划者们将无法持续完善他们的信息以使自身更可信。正是由于费尔比，苏联方面能够准确地判断出他们反馈给中情局的报告是否被取信，是否还需要什么其他的辅助或修正信息以增加可信度。他们还能发现中情局关于反共集团的预先想法，并按照这种想法调整所要传递的信息。安格尔顿说："关键不在于这些行动被出卖，而在于它们居然被中情局相信了。"

[第四章]

中情局的梦魇

"这个案子（诺申科一案）就是场噩梦，一场挥之不去的噩梦，除此之外我没什么好说的。"

——理查德 · M. 赫尔姆斯

经过近一年的调查，我仍然没有解开诺申科的谜团，而资助我调查的《读者文摘》的编辑也对此颇有微词。相比于我的写作主题，我反倒在质疑他们提供的第一手资料的真实性上花了太多的时间。但杂志的总编——爱德华 · 汤普森（Edward Thompson）想要继续进行对诺申科的调查，即使这样可能威胁到了另一本书的信誉。那本书也是由《读者文摘》发行并依据诺申科提供的信息写就的。总编希望我继续调查，是因为他仍然想得到来自安格尔顿以外的其他人对诺申科事件的确证，而不是一场徒劳无功的追查。

会见赫尔姆斯

我认为理查德 · M. 赫尔姆斯（Richard M. Helms）肯定可以帮我解开

这个谜团。他在诺申科叛逃时担任中情局秘密行动分局[1]负责人，随后还担任了中情局局长。汤普森也同意我的观点。但唯一的问题就是当时赫尔姆斯是美国驻伊朗大使，正身在德黑兰。

三年前，在赫尔姆斯位于德黑兰住宅内举办的一次外交接见中，我曾被引荐给他。那时我觉得他是一位声音平静的、讲话能切中要害的优雅男士。在我们会面后不久，赫尔姆斯跟我说："我知道你是记者，但请不要问我任何关于中情局的事情。"那一晚的最后，正当我还在门口徘徊的时候，他对我说："请自便来杯白兰地，不然就请离开，不要在门口逗留。"于是我又待了一个小时听他做关于伊朗政局的睿智分析。

可是我必须要问他中情局的事情，即使他之前禁止过探讨该话题。我知道这是中情局最敏感的案子之一——与肯尼迪暗杀直接相关。我打电话告知他我需要向他询问诺申科的事情，我原以为他会礼貌地挂掉电话，没想到他却建议我去趟德黑兰。

后来赫尔姆斯给我发了电报。电报中说："很期待与你在德黑兰的会面，但是我必须承认，我的记忆在你感兴趣的问题上已经变得模糊了。如果能帮到你的话我可以给你引荐其他人，但我无意于误导你，让你认为我是一座资源宝库，因为德黑兰没有任何关于过去的文件。"他还邀请我去他的大使宅邸做客。

到达伊朗后，我发现和伊朗日益严苛的条条框框打交道很是麻烦，大使馆周围全是伊朗军队。在赫尔姆斯的住处，我和大使夫妇共进了一顿轻松的晚餐，随后我们在他的书房开始讨论诺申科。

我告诉他我已经采访了诺申科——当然是在中情局的安排之下。我对诺申科关于奥斯瓦尔德的叙述有些疑问。赫尔姆斯摇摇头，对于此事再次被翻出来表达出明显的忧虑。他说，中情局"就没想让你从诺申科嘴里套出什么"。他判断（事后证明是正确的）中情局给了诺申科一份事先精心准备的报告，让诺申科在接受采访时给我。他担心正是这份报告重新揭开

[1] 编注：中情局下属的四个部门之一，亦有人译作"秘密行动处"。

了美国整个情报集团内的“旧伤”。

“旧伤？是安格尔顿的吗？”我告诉他，我和安格尔顿的谈话以及他口授给我的13个问题。“他坚称诺申科没有得到他的信任。”赫尔姆斯说：“远不止这些。”当回忆往事的时候他的声音里隐藏着痛苦。1964年，“诺申科的可信度成为了判断克格勃与奥斯瓦尔德关系的关键点。”司法部长罗伯特·F. 肯尼迪和首席大法官厄尔·沃伦对此都心知肚明，后者还考虑传唤诺申科作为他关于肯尼迪总统遇刺调查委员会的证人。这进一步加剧了情况的严峻程度。最终，赫尔姆斯去拜见首席法官沃伦。这是一次没有任何记录备案的私人见面。他提醒沃伦，关于诺申科在中情局里已然形成两派观点。一种观点认为他是真的叛逃者，在奥斯瓦尔德的案子上可以相信他；而另一派者认为诺申科仍然是克格勃的特工，受到指使，就奥斯瓦尔德案件误导沃伦委员会。甚至直到中情局的分歧解决后，他仍建议沃伦不要见诺申科——也不要把他的任何结论建立在诺申科提供的信息上。沃伦点头赞成。

于是，沃伦委员会提交调查报告时便没有采纳诺申科的证词。但事情远没有结束。赫尔姆斯极其痛苦地说：“对于中情局，诺申科就像一场噩梦，挥之不去。”

我想了想他的这个比喻到底是什么意思。在民间传说中，噩梦就是邪恶的鬼魂附身在熟睡的女人身上并和她发生性关系。莫非赫尔姆斯是指诺申科知道了什么中情局不知道的事情？

在我给赫尔姆斯打电话之前他说过：“这个案子就是场噩梦，一场挥之不去的噩梦，除此之外我没什么好说的。”当时正好有个中情局官员——约翰·哈特（John Hart）拜访他，这个人说自己正在重新调查“诺申科事件”。他想在诺申科叛逃12年后终结这个案子，于是我问赫尔姆斯都跟他说了什么。

他笑着说：“这正是我将要告诉你的，我对这个案子的细节已经记不清了。”他停了停，看着我失望的表情，随即又稍带同情地说，“你应该去问真正处理这个案子的人。”他在一张纸上草草写下一串名字，“去找他们，如果你能弄懂他们告诉你的，远比我们在这里讲这些话有用。”

名单上的第一个名字是我从未听说过的——特内特·彼得·贝格雷(Tennent Peter Bagley)。

赫尔姆斯说，贝格雷曾是中情局最有前途的特工之一，是局里最重要的、负责招募特工的苏联集团部的未来之星。年仅 30 岁就当上了该部的副主管，一度被认为是中央情报总监的未来接班人。他说：“就是那时候，他安排诺申科从瑞典叛逃。”贝格雷就成了诺申科案子的负责人和首席调查员。

“贝格雷后来怎样了？”

“应该是退休了。”赫尔姆斯颇显神秘地说，然后写了一个布鲁塞尔的地址给我，说这是约翰·哈特告诉他的。

回到纽约后，我立刻给贝格雷写信说明赫尔姆斯建议我去向他询问诺申科的事情。他没回复，于是我又写了一张便条，随后又发了电报。几周过去了，我手头这本书的截止日期也快到了。但最终我还是联系到了他。他的妻子接了我的电话，很客气地告诉我，贝格雷是不会回我电话，也不会跟我说任何事情的。

“替罪羊”沙利文

就在我放弃贝格雷之后，突然接到一个陌生人的电话，给我提供了一条意想不到的线索。这个陌生人叫威廉·C. 沙利文（William C. Sullivan），前联邦调查局局长助理，负责反间谍调查工作。这个人内心充满了对 J. 埃德加·胡佛（J. Edgar Hoover）的憎恶，因为后者在 1971 年炒了他的鱿鱼，还把他锁在办公室外羞辱他。沙利文在电话里解释说有个《读者文摘》的编辑告诉了他我正在调查诺申科的事情，还说他知道“一些诺申科案子的内幕”，这也许会对我有用。于是，应他的要求，我们在马萨诸塞州博克斯伯勒（Boxboro）一家毫无特色的大型超市的咖啡厅里见了面。我很容易就认出他来了。

他一瘸一拐地朝一张桌子走去，我马上判断出他受过伤。他说自从离开联邦调查局，他遭受过两次严重车祸，到现在也没有完全恢复。他还曾在一次听证会上遭受丘奇委员会（Church Committee）的折磨。听证会是关于他领导的联邦调查局国内反情报计划的，那实在是一场令人筋疲力尽的会议。当他痛苦地讲述胡佛是怎么把他整成调查局的“替罪羊”时，我忍不住想，又是一个被毁掉的职业生涯。

沙利文把他和胡佛的过节一直追溯到20世纪60年代末，他负责的一次调查。该调查主要讨论了苏联对联邦调查局反情报部门特工利用的可能性。他说这一切始于1962年冬天，苏联驻联合国纽约办事处的两个外交官分别接近了两个美国外交官。那两个苏联外交官都是打着外交官幌子的苏联情报部门官员，说他们一直未能完成自己的间谍任务，因此要受到上级的严厉制裁，于是提出愿意出卖苏联，从而换取向美国叛逃的机会。

沙利文因此怀疑他们可能是苏联的“诱饵”，故意和美国方面取得联系，但实际在背后受克格勃的命令和监控。因为沙利文说“这看起来太刻意、太假了”。不过胡佛还是决定接受他们的提议，把他们当作双重间谍，也就是说名义上继续充当苏联打入美国的间谍，但暗中向联邦调查局报告所有行踪。两人的代号分别是“软呢帽”和“高顶帽”。

二人随后要求联邦调查局协助填写莫斯科为他们准备的调查问卷——这也就意味着联邦调查局不得不先为苏联提供情报，以帮助他们在上级面前取得可信度。沙利文说，为了打赢这个游戏，胡佛不得不给他们每人提供了一些美方的资源，这些资源可以为他们提供机密级军事文件。这些情报界称之为“虚拟特工”（notional agents）的虚构资源处于看似可靠的职位上，通过复制并传递机密文件以满足间谍问卷调查。随后这些数据会被一个有权决定美国可以提供哪些机密给克格勃的特殊清理部门清除掉。一开始，这些数据只是些无关痛痒的东西，但是“软呢帽”和“高顶帽”逐渐开始要求获得一些越来越敏感的数据，并宣称任何延误都会引起莫斯科方面对他们的怀疑。

就像沙利文所说的，游戏有点失控了。但胡佛又过于依赖这两个苏联人提供的苏联情报，甚至把“软呢帽”精选的一些消息直接传达给总统。各种监视技术显示这两人可能是骗子，沙利文便建议，与其提供更多的美方机密给他们，不如终止这场游戏。可他的提议被再次驳回，“就这样‘软呢帽’和‘高顶帽’又继续耍了我们五年，全都是因为胡佛不肯承认他被骗了。”沙利文粗暴地说。

我兴致盎然地听沙利文描述联邦调查局和这两个苏联间谍之间匪夷所思的关系。联邦调查局大意地断定“软呢帽”和“高顶帽”已经处在他们的控制之下，因此可以放心地发展这两个间谍；与此同时，克格勃却仅仅通过提供问卷，就成功诱使调查局为它做了大量违法调查。这场骗子的游戏让我想起彼得·乌斯蒂诺夫（Peter Ustinov）的喜剧《罗曼诺夫和朱丽叶》（*Romanoff and Juliet*）中的情节：一个欧洲小国的首相告诉苏联大使美国知道他们的一个秘密，这个苏联大使却说：“我们知道他们知道。”首相随即又告诉美国大使：“他们已经知道你们知道了。”美国大使说：“我们也知道他们已经知道我们知道了。”首相又去找苏联大使，后者说：“我们知道他们知道我们已经知道他们知道了。”首相又告诉了美国人，当美国大使掰着指头数这已经是第几重骗局时，他突然大吃一惊，惊叫起来：“什么！他们已经知道了……”

但我仍不明白，1962 年与联邦调查局取得联系的“软呢帽”、“高顶帽”同 1964 年叛逃至中情局日内瓦办事处的尤里·诺申科之间有什么关系。最后我问沙利文：“这跟诺申科有什么关系？”

似乎我没有问到点儿上，他摇摇头：“你还不明白？这都是同一件事。是把胡佛搞得晕头转向的同一件事。”他解释说当诺申科叛逃到日内瓦时，“软呢帽”就给联邦调查局提供了克格勃对此事的反应，就是为了一步步地让诺申科的故事更加可信。沙利文判断如果“软呢帽”是受克格勃的指使向调查局提供情报，克格勃必定会故意让诺申科看起来更可信。如果诺申科真的是叛徒，那么克格勃定然不会对他感兴趣。既然这样，沙利文认为诺申科就是另一个“诱饵”。

当沙利文向胡佛报告事件的进展，即中情局为了让诺申科自己露出马脚，已经准备了44个关于奥斯瓦尔德的问题让他来回答时，胡佛却置若罔闻。他命沙利文停止继续追踪“软呢帽”的案件，并向中情局局长直接抗议，认为不应该由联邦调查局负责肯尼迪遇刺的调查，就这样避免了贝格雷对诺申科进行调查。沙利文最后说：“据我所知，直到现在他们仍在掩盖事情的真相。”

以上就是我和沙利文的最后一次会面。六个月后他死于一场误杀，很明显有猎人将他误认为是鹿，在他家附近的树林里失手杀死了他。

贝格雷眼中的诺申科

“软呢帽”的故事正是我所需要的新发现，我要用它来引起贝格雷对我的兴趣。因此我决定最后一搏，把我已经写好的关于诺申科一章的梗概发给了贝格雷，尤其重点提到了“软呢帽”的角色，希望从他那里听到更完整的补充。我还附了一份关于那44个问题的复印件，这是在沙利文告诉我之后、得益于《信息自由法案》（*Freedom of Information Act*）才得到的。在封面便条上，我告诉他接下来的一个月我都会待在布鲁塞尔，希望他能到我所在的旅馆和我联系。

到达布鲁塞尔后，我如释重负地发现“软呢帽”——或者说那44个问题——明显起作用了，贝格雷给我回了信。他提出第二天在布鲁塞尔郊外的滑铁卢战场原址和我见面。他说会在博物馆的环形墙壁前等我。

第二天，根据赫尔姆斯的描述我轻易就找到了贝格雷。他50岁出头，强壮，英俊。我们一边在战场周围散步，他一边向我讲述他的故事。

1925 年，他出生在北卡罗来纳一个显赫的家庭，是三个儿子中最小的一个。他的两个哥哥都是美国海军的舰队司令，堂兄是罗斯福总统的新闻秘书。

二战期间他服役于海军陆战队，三年之后，他去了普林斯顿大学，毕业后在瑞士日内瓦大学取得政治学博士学位。1950 年，他加入中情局，被派到间谍行动的核心部门——苏联部（Soviet Division），负责招募苏联公民作为美国间谍。在那里他成为顶级招募官。为了招募苏联人，他领导着一组苏联专家到处参加国际会议，或是到任何苏联外交官可能出现的场合。截至 1962 年，他已经成为反情报部门的负责人；1965 年，他又被提拔为苏联部的副主管，到达职业生涯的巅峰。而五年前，仍处于事业全盛期的他离开了中情局，当时他 47 岁。

在滑铁卢战场原址上，他对拿破仑战略战术的精通让我印象深刻。他带我走过一个个作战位置，解释拿破仑的最后一仗是多么的徒劳。然后他转向我，表现出一副刻意装出的无辜的样子，说他不明白《信息自由法案》是怎么回事。他认为机密文件可以向外人开放是“不可理喻的”。对于中情局公开这份调查问卷表示愤怒，尤其是因为问卷里面有他的名字。

他告诉我他已经阅读了我发给他的关于诺申科一章的梗概，却突然说：“你把它完全搞错了。”

“哪方面？”我反问道，试图引导我们的谈话。

“抱歉，我不能告诉你更多了。”

接着我问他为什么约翰·哈特要重新调查这个案子，他为什么去见赫尔姆斯？又为什么去了布鲁塞尔？

他盯着我看了一会儿，默认哈特确实找过他，但他说：“我并没有见他。”

如果这就是他要告诉我的全部内容，我就不明白他为什么要见我。我想再试试，于是希望他指出关于诺申科一章的梗概，我到底错在哪了。

他说："如果我说了，那就得告诉你全部。"

随后，他很平淡地向我谈起，他在布鲁塞尔郊区的一家豪华三星级酒店——洛林公馆订了一个房间，并邀请我和他同去。我断定他还有什么没告诉我的，所以接受了他的邀请。

晚餐期间，他就刚刚没能告诉我错在哪里向我道歉。他说："诺申科一案不只是一件简简单单的案子。10 年来中情局所发生的一切都与它有关。"

他似乎被诺申科搞得又烦又气，于是我问他是否有兴趣看一看《信息自由法案》公开的其他关于这个案子的材料。

他显然无法抗拒我的邀请。毕竟这是他手头的案子。他提议我们第二天在布鲁塞尔以西 30 英里（1 英里 =1.609 公里）的布鲁日的一个中世纪修道院里见面，并要求我带上关于诺申科的全部材料。

那可真是个常人难以找到的安静地方。我徘徊在修道院里、欣赏着石雕，贝格雷就坐在长凳上快速浏览文件。看完之后他边递给我，边略带情绪地轻声说："我决定好了。"他简明地解释道，他刚才看的文件表明这个案子"已经藏不住了"；并进一步认为它可能以一种永远混淆视听的方式、被有选择性地透漏给了我。当他意识到我将要出版关于诺申科的故事时，他觉得他有义务确保故事里没有"离谱的错误"。由于重新构建这个案子需要一些时间，他建议我找一个谨慎的地点，以方便我们在未来会面。

于是我在法国南部小镇加桑租了一间房子，贝格雷会在一周后抵达，并在那儿待上六天。安排好所有这些之后，我便想知道我关于诺申科的那一章到底存在哪些错误。

他说："你的错误在于，你认定诺申科首次与中情局取得联系是在 1963 年 11 月肯尼迪被刺之后。"

我检查了下笔记，被他搞糊涂了。笔记中的日期是肯尼迪遇刺九周之后的 1964 年 1 月 23 日，我之所以认定诺申科已经联系了中情局是根据诺申科关于凶手——奥斯瓦尔德的叙述。

我辩解说："这是安格尔顿告诉我的。"

他马上反击我："安格尔顿忘了告诉你，诺申科恐怕在暗杀之前就已经为我们工作了。他是我们派去莫斯科的。我知道这些，因为他是我招进来的。"看来，这就是我的错误，或者说，至少是其中一处错误。

贝格雷的故事始于 1962 年夏天的瑞士。他的正式身份是美国驻瑞士首都伯尔尼大使馆的第二秘书，但暗地里他还是中情局苏联部的情报官员，带领一组新人追踪"红顶"（REDTOPS）。所谓"红顶"，是指在西方国家旅行或者短暂逗留的苏联外交官、使馆军事参赞、情报官员或其他政府公务员。贝格雷的任务就是安排自己人接近"红顶"，一般都是以外交官的身份借助一些合理的理由来接近。一旦这些中情局特工与"红顶"取得联系，贝格雷就会利用他们引诱或者劝说"红顶"在他们返回苏联后为中情局提供情报。显然，贝格雷的工作并不简单。

6 月 8 日这天，贝格雷突然接到日内瓦的紧急电话。说一个名叫尤里·诺申科的苏联安保人员，在裁军会议（Disarmament Conference）期间向美国外交官递了一张便条。据说他想和美国政府的"代表"，也就是中情局取得联系。

贝格雷马上搭乘下一班飞机抵达日内瓦，在美国外交官的协助下向诺申科传了一张只写有时间、地点的便条。地点选在中情局在日内瓦一个专为意外情况准备的"安全屋"内。这座带有草坪的小型公寓位于一个毫不起眼的公寓街区里，在诺申科使用之后就会被废弃掉。

就在贝格雷等待诺申科露面期间，苏联部负责此案的另一个情报官员——乔治·凯斯沃尔特（George Kisvalter）来了。他出生在俄罗斯，精通俄语，下午刚从华盛顿飞过来协助贝格雷对诺申科进行审讯。

一个半小时后，诺申科终于到了，他说他必须确保没被跟踪。他身材魁梧，六英尺高，下颚巨大。他的举止显得内行老道，没有一丝犹豫，像参加面试似的快速答完了所有问题。他好像知道整个过程是被录音的。

第一个问题是中情局规定所有“红顶”都必须要回答的。凯斯沃尔特问诺申科是否知道苏联最近有什么关于发动军事袭击的计划。

诺申科笑了笑，好像这在他意料之中，然后摇了摇头。

然后他被问到为什么要和中情局联系。因为中央情报指令警告过有关叛逃者的事情：敌对情报机构先前曾向中情局派遣过“诱饵”，“以向美国情报机构扩散或传达错误或虚假情报”。

诺申科说他的动机是纯经济方面的。他从克格勃的资金里挪用了 900 瑞士法郎（约合 200 美元）用于酗酒，他需要补上这个漏洞。作为回报，他将向中情局提供一份克格勃的手册，内容是如何跟踪身在莫斯科的西方外交官，它可以解释克格勃是如何擒获中情局高级特工的。

贝格雷接着问诺申科他是否想叛逃至美国。如果他愿意，中情局会快速安排他撤离日内瓦。

诺申科没有答应。他无意叛变；他在莫斯科还有家室，为了他们他想要回去。他只想要 900 瑞士法郎。

这正是贝格雷想要的答案。他们的目标不是鼓励“红顶”叛变，而是让他们成为中情局的间谍继续待在苏联。于是他给了诺申科 900 法郎，并告诉他，无论谁有金钱需求，只要他能协助他们提供情报，中情局都会爽快地付钱。比如，如果他的情报有助于暴露身在西方的苏联间谍，那他就能得到额外的 25 000 美元。这笔钱会存放在瑞士账户里，供他随时叛逃。此外，他的家人也可以获得相应的帮助逃离俄罗斯。

诺申科对此没有表示出任何情绪上的反应，只是耸了耸肩，说他会考虑的。

贝格雷仍然没琢磨透他正在打交道的这个人。他往中情局总部发了封加急电报，要求他们查一下诺申科这个人，但中情局资料显示，没有关于他的任何信息。唯一记录就是：伊万·诺申科（Ivan Nosenko），苏联船舶制造部长、共产党中央委员会委员，于六年前死亡。诺申科解释说他是伊万·诺申科的儿子。1927 年 10 月 20 日生于苏联的尼克拉耶夫。作为部长的儿子加入伏龙芝军事学院（Frunze Military Academy）。1953 年，在海军情报局[1]短暂服役后，他加入了克格勃第二总局，首要职责是招募苏联境内的外国人和发起针对西方的反情报行动。他在美国部（American Department）和游客部（Tourist Department）都工作过，前者负责招募莫斯科的美国大使，后者主要针对去莫斯科旅行的美国游客。他来日内瓦的任务纯粹是监视苏联代表团，给自己赚点小费。

贝格雷马上意识到，如果诺申科说的是真的，他就是一条难得的大鱼。不仅因为他是苏联英雄的儿子——赫鲁晓夫曾作为荣誉卫兵守卫伊万·诺申科的棺木，还因为他身居克格勃重要部门——第二总局，而目前中情局对第二总局还几乎一无所知。两年前中情局甚至还不知道它的存在，此前也没招募过第二总局叛逃的人。如果诺申科能在中情局的诱导下返回莫斯科并作为在职特工，中情局就相当于在克格勃反情报机构的核心安插了自己的内应。

随着审问的进行，诺申科为识别美国和英国的苏联特工提供了大量线索。他还交代了克格勃是如何在莫斯科的美国大使馆安装微型窃听器的。就这样两个小时过去了，审讯一结束，诺申科就在贝格雷的注视下，消失在夜色中。

按照约定，两天后，诺申科会在另一个会议上再次出现。这次他如约带来了文件，这些文件都是关于苏联对美国人所使用的监视手段。文件表明克格勃使用一种化学物质，喷洒在美国驻莫斯科外交官的鞋上，这样他们便可以悄无声息地被狗追踪到。诺申科随后答应充当中情局在莫斯科的内应（尽管他不同意中情局联系他，因为这样过于危险）。

6 月 11 日，贝格雷向华盛顿的中情局发了电报："目标已经完全显示了他的诚意，提供了极其重要和敏感的情报。希望允许与目标在境

[1] 编注：海军情报局（Naval Intelligence），是由美国海军情报办公室（ONI）管理和指导的情报机构。为扩张中的美国海军提供信息和情报，1882 年 ONI 成立。如今，它是搜集全球各国海军军力部署、海盗和海上恐怖 分子信息的情报组织。

外的会面。”中情局批准并为诺申科提供了一个假名——“狐步”（AE FOXTROT），贝格雷被授权为其提供秘密书写装备、口令以及与中情局联络的方式。四天后，诺申科返回了莫斯科。

第二周贝格雷飞回华盛顿，坚信他已经“钓到了大鱼”。周六，当他抵达中情局总部时得到了苏联部主管大卫·墨菲（David Murphy）的亲口表扬。后者认为，通过中情局反情报工作的一连串成功，诺申科在克格勃的工作会得到系统性的提高。而作为案件负责人的贝格雷，也得到了提拔。

贝格雷还得到消息说安格尔顿想要见他。事实上安格尔顿的反情报部和贝格雷的苏联部的关系一直比较紧张，后者负责苏联境内特工的实际运作，前者没有实际运作特工的权力，却常常贬低特工们的工作。这很像新创立的同一家杂志的记者们和编辑们的竞争，前者负责找素材，后者非但不找还质疑前者找到的素材。尽管安格尔顿对贝格雷及他的部门没有直接领导权，但多年混迹官场的经验还是让贝格雷做出了政治上比较明智的选择——马上去见这位反情报部门的长官。

走到安格尔顿的办公室之后，安格尔顿给了他一份文件，直白地告诉他，因为文件过于敏感，所以无法让他在办公室以外的地方看。这份文件牵扯到另一个于 1961 年从赫尔辛基的苏联大使馆逃走的“红顶”叛徒，代号“X 先生”。安格尔顿建议贝格雷在对诺申科做进一步判断之前应该先看看相关资料。

那个周末贝格雷仔细阅读了所有资料，同时也被震惊了。诺申科所说的每一点都与早先的那个叛徒提供的信息相类似。把两人的故事比较可以明显得出：诺申科是克格勃给日内瓦的贝格雷安排的一个“刺激”，为的就是提供线索以转移并迷惑中情局业已从真正叛徒那里得到的情报。中情局把这种行为叫作“干扰”。看到这里，即使安格尔顿没有亲口告诉他，贝格雷也知道自己被诺申科耍了。

安格尔顿似乎并不关心事情的转折。他建议既然中情局已经知道他们正在和克格勃“控制下的资源”打交道，就应该朝着对自己有利的方向利用他。他可以充当“邮箱”，让中情局放置他们刻意想让克格勃知道的情报。至于从诺申科（也可以说是克格勃）那里得来的任何情报，都可以被贴上虚假情报的标签。

贝格雷沮丧地返回了瑞士。他千辛万苦安插的内应竟然是苏联有意培养的间谍。诺申科能否再次出现都成了问题。

1963 年 11 月 22 日，肯尼迪总统遇刺身亡。一周内，中情局推断疑似凶手李·哈维·奥斯瓦尔德在莫斯科停留期间曾试图与苏联情报机构取得联系。中情局议事专家提出疑问：如果奥斯瓦尔德在此期间与克格勃取得联系，苏联情报机构的哪个部门将会插手这个案子？事后反馈的答案是第二总局游客部。巧合的是，这正是中情局之前备案的特工“狐步”（即诺申科）所在的部门。

六周后，诺申科向欧洲一个看似无关紧要的地址发了封电报。这是中情局事先为他准备的信号。他示意下周将抵达日内瓦，再次担任苏联裁军代表团的安保人员。他希望和“乔治”，也就是贝格雷见面。

当时，贝格雷在华盛顿已经是苏联部的核心人物，他领导整个部门反情报工作的运转（与安格尔顿的反情报部无关），而且还被提名为整个部门的副主管。他手头依旧负责“狐步”那件案子。只要一有诺申科的风吹草动传到华盛顿，贝格雷就会马不停蹄地飞去日内瓦。他推测他和诺申科的会面也许会招来一些琐碎的虚假情报。而他完全不知道接下来等待他的将是什么。

1 月 23 日，诺申科又假装闲逛，到了安全屋，这是他为了保障自身安全而采取的预防措施。他像会见老友一样问候了贝格雷。他给自己倒了杯酒，顺带告诉贝格雷他做了一个“决定”：他不想回俄罗斯了，想逃到美国去。

贝格雷听闻此言，一时无语。他想即使他相信诺申科，中情局也不会同意，必定会劝他回去，因为只有在俄罗斯他才对美国有益。再者他认为诺申科仍受克格勃控制，所谓的叛变完全是个笑话。就在贝格雷还在质疑他的决定时，诺申科又语出惊人——他提到了奥斯瓦尔德。他说他有一些关于他的情报，也许对美国很重要。贝格雷便问他是如何知道奥斯瓦尔德的。

诺申科的解释是，他在莫斯科的时候被克格勃官员指派调查这个案子，在奥斯瓦尔德返回美国后，他被询问了关于这个人的情况。肯尼迪遇刺之后，他又被要求通读克格勃关于奥斯瓦尔德的全部资料，还要为克格勃担任这个案子的首席监察。事实上是他为克格勃结束了这个案子。这使他处于一种很特殊的位置：他可以说明奥斯瓦尔德和克格勃的关系。

贝格雷完全没有预料到事情的进展。尽管不相信诺申科，但他还是向华盛顿方面发回了报告。他知道诺申科宣称做过奥斯瓦尔德一案的负责人无疑会在中情局内拉响警报，甚至总统也会过问。但他无能为力，只能继续审问，并希望诺申科身上的不可信标签能够提醒中情局总部，不要落入虚假情报的骗局。

他问到了关键点：克格勃和奥斯瓦尔德有什么利益牵扯？

诺申科回答说："正是因为克格勃觉得奥斯瓦尔德对他们没用，才提出将他遣送回美国。"

贝格雷很敏锐地识别着诺申科的把戏。看起来克格勃想让这个人待在华盛顿，但是又为什么呢？于是他一改话锋，问诺申科为什么现在想要叛变。

诺申科显然对此有所准备，他说他觉得克格勃在怀疑他，害怕回到俄罗斯后会被逮捕。他刚收到电报命他 2 月 4 日返回莫斯科，还有不到一周的时间，所以他需要中情局的帮助。

总之，贝格雷对诺申科的审讯记录已经发往中情局总部，赫尔姆斯别无选择，只能为诺申科安排叛逃。否则中情局就被会指责，说他们潜在地压制有关肯尼迪暗杀的重要证据，赫尔姆斯做官做得足够老道，是不会让自己陷入这种境地的。因此，他向贝格雷发出了行动信号，特别指示诺申科要被"秘密"带出瑞士，不要向瑞士人表明身份，即让他们动用大使馆的军用飞机以避免出境检察。

在法兰克福的美国任务中心短暂停留后，诺申科于 1964 年 2 月 11 日搭乘军用交通工具抵达华盛顿。他被安置在中情局位于华盛顿市郊的安全屋内。事情进展到现在都还算顺利。

问题是接下来拿他怎么办。贝格雷的调查员很快发现，国家安全局拦截的通信内容与诺申科所说他在瑞士接到莫斯科的召回电报相矛盾。分析显示，当天没有含有正确电码的电报从莫斯科发往日内瓦。此外，中情局的档案专家判断，诺申科在克格勃的职位并不像他之前说的那样，他交给美国的、在职期间的文件都是他编造出来以增加可信度的。在后来的审讯中，诺申科承认了这些“错误”。

而这些错误可能是无害的，这个念头引起了贝格雷的兴趣。他猜想也许其他克格勃特工想要接续并证实诺申科的说法，以此作为强有力的证据表明克格勃正在莫斯科配合整场骗局。他的上级大卫·墨菲也表示认同，在看了诺申科的档案之后，他觉得这一切可能都是假的。

墨菲还进一步认为，克格勃也许还指使诺申科在第一次叛变美国途中逃回苏联大使馆。这样他就可以谴责中情局试图绑架他，甚至还可以声明中情局企图压制他关于奥斯瓦尔德的说法。2 月 17 日，诺申科来华盛顿还不到一周，墨菲给赫尔姆斯写信：“我现在有强有力的证据表明，诺申科叛逃是苏联为了更长远更重要的目标而专门策划的。其中一个目标也许就是对中情局的大规模宣传攻势，想要策反中情局特工的二次叛变。”墨菲还对此表示关切：诺申科的另一个任务就是“打入我们的内部”——通过了解中情局的工作流程“保护曾经或者可能现存的资源”——通过错误线索误导正在进行的调查。鉴于诺申科可能带来的所有危险，墨菲建议应着手准备监禁诺申科，防止他二次叛变。他指出，“最大的问题在于时间。我们可以控制目标多久？或者说他的克格勃上级们过多久会发现我们已经识破了他们？”某种程度上，诺申科将不得不面对并遭受这一“充满敌意的审问”。

贝格雷知道，这场不可避免的冲突会遭到安格尔顿的强烈反对，后者想把诺申科和克格勃当作长线上的大鱼、将游戏一直玩下去。尽管安格尔顿有用之不竭的耐心，但墨菲想快速得到结果。因为诺申科把他扯进了对奥斯瓦尔德的审问，这就让联邦调查局、司法部长和沃伦委员会开始注意他。而赫尔姆斯和司法部（Department of Justice）已经授权了这场“充满敌意的审问”。一切只是时间问题。

为了给诺申科造成他已经被美国相信了的错觉，中情局为他提供的情报奖励了他 60000 美元，还开始为他安排美国绿卡，甚至送他和贝格雷去夏威夷度假。当他在海滩上纵情玩乐的时候，中情局却在暗地里为他挖掘“坟墓”，就在华盛顿市区几英里外的那座看似农场平房的建筑的地下室里。

1964 年 4 月 4 日，诺申科被贴上了伪叛徒的标签。这都是为了制服他而精心排演的。他的审讯官反复告诉他，他所说的都是谎话。于是他要求见贝格雷，而后者检查了他的审讯结果后命人把他衣服扒光、投放到监狱里。这只是苦难的开始。

诺申科在那间孤独偏僻的无窗囚室里一待就是三年半。他成了中情局的犯人。他那八平方英尺的囚室被不分昼夜地暴露在灯光下，以方便守卫连续看管。每隔三四天，他就会被带到审讯官面前接受关于各种细节的残酷拷问。几周过去了，这些审讯官却一无所获。他们用尽了各种心理迷惑的技巧，比如逐渐把时钟调前、在夜晚的时候操纵灯光让他误以为是白天从而混淆他的时间感。贝格雷一度以为诺申科坚持不住、想要供认他的整个供词都是克格勃杜撰的产物——他喃喃地说他不曾在他之前说过的克格勃职位上待过。贝格雷屏住呼吸，期待他能全都招了。但事与愿违，诺申科只是不住地重复这一句。长时间停顿后他只说了句 :“你误会我了。”然后就又重新陷入他自己的故事里。

年复一年，贝格雷和诺申科的对决还没有结束。1966 年，贝格雷整理了一份不利于诺申科的案件报告，有 900 页之多。“但他从未松口。”贝格雷最后对我说。

诺申科现在已经出狱。我采访他的时候，他趾高气扬的，精神状态不错。中情局把他调到了《读者文摘》工作，他说他的主要职责是提供反情报咨询。那么在中情局眼中，究竟是什么让他从一个经历过牢狱之灾的克格勃奸细变成了一个值得信任的叛逃者呢?

贝格雷郁闷地说："我何尝不想知道。"他说1967年底苏联部重组，墨菲突然被提拔为主管并被派往巴黎做那里的主管。曾经的副主管贝格雷却没被提拔，而是被调到了比利时。参与诺申科案子的其他高级特工也被调去了其他部门。接下来的几个月里，整个案子急转直下：原先揭发诺申科的内应和局外人颠倒了位置。这一切都发生得毫无预兆、无法解释。而诺申科，从部门的调查对象一跃成为了中情局安全办公室（CIA's Office of Security）的官员。

在随后与约翰·哈特的会面中，贝格雷得知诺申科已被"改造"，哈特的工作就是重写该案的历史以洗刷对诺申科的任何怀疑。他来见贝格雷的目的就是为了转变后者对诺申科的老观点，而贝格雷先前曾拒绝这样做。他后来还了解到，安全办公室负责诺申科的上级竟得到了中情局的奖章。

"因为什么？"我打断贝格雷。

"掩盖真相。"他憎恶地说。

看来，几乎所有参与诺申科案件的中情局官员都遭到了事业重创。安格尔顿、罗卡、沙利文、贝格雷和墨菲：他们要么被开除，要么被要求提早退休。整个反情报部已经分崩离析。我还了解到，一些调查人员自己甚至还被调查关于他们在案件中的身份。若事实果真如此，我想知道更多关于这次大清洗的内容。

1977年秋，我关于奥斯瓦尔德的书已进入最后编辑阶段，但我仍在继续采访或者再次采访赫尔姆斯名单上的中情局官员，这份名单涵盖从审阅了贝格雷报告的督察长（Inspector General）到主持了诺申科改造的副主管的众多官员。既然贝格雷告诉了我关于这个被中情局在“坟墓”中关押了三年的男人的故事，他们也会愿意告诉我他们关于苏联部内部到底发生了什么的看法。就像一些中世纪的羊皮纸，僧侣们可以在上面擦掉、重写一样，从 1965 年贝格雷的报告到后来约翰·哈特的报告，诺申科的案子也在不同版本的报告中被一次次改写。他们分明为该故事增添了不同方面或者是不同层面，使得该故事永远没有终结。他们唯一的共识就是，诺申科关于奥斯瓦尔德的叙述——这也是诺申科在中情局批准下告诉过我的——是不可信的。

15 年来，诺申科事件像梦魇一样纠缠着中情局，就是因为它的核心问题——苏联骗局一直未被拆穿。苏联是否可以欺骗并利用美国情报机构？我的采访表明这个问题仍然没有得到解决。它对中情局来说如鲠在喉。

我的书出版后，贝格雷为我的谜团给出了最后一个线索。虽然是事后之言，但他告诉我，安格尔顿在这个问题上并没有对我“完全坦白”。于是，我问他这是“什么问题”。“他的御用叛徒。”贝格雷回答说，早在中情局在赫尔辛基以之前苏联叛逃者都没有的待遇招待诺申科的六个月前，这个人就叛逃了。而且尽管苏联的其他叛逃者都被安排在中情局苏联部，这个人却进了反情报部，只接受安格尔顿的个人领导。安格尔顿认为，克格勃发给诺申科的、用于损坏他情报可信度的、后来又告诉贝格雷的信息对于识破克格勃的骗局至关重要。这个叛徒——当然不是诺申科——是整个谜团的关键。他的名字叫作阿纳托利·戈利岑。

[第五章]

重重的秘密

"戈利岑不是个简单的叛徒，据英国情报机构所知，他可能是近代以来最重要的叛徒。"

——史蒂芬·德莫布雷

重构戈利岑的故事

我曾花了近两年的时间追踪戈利岑的消息，却没有什么进展。1980年春，在华盛顿的一次学术会议上，我偶然碰到一个看起来一点也不像法国人的法国人说他很了解戈利岑。这个人叫菲利普·德沃若利（Philippe de Vosjoli），夏尔·戴高乐（Charles de Gaulle）将军的前副官。在1960年1月至1963年11月期间担任法国情报机构对外情报与反谍报署[1]和中情局的联络员。他介绍说自己可能是历史上唯一一个"叛逃美国"的法国情报官员，而戈利岑就是直接原因。

他曾和安格尔顿有过密切的合作，后者从1962年开始提供包括对外

[1] 编注：法语全称为 Service de Documentation Extérieure et de Contre-Espionnage，简称为 SDECE。

情报与反谍报署在内的法国情报机构的机密文件报告。而安格尔顿说，他们的情报来自克格勃一个最近叛变的特工。德沃若利马上意识到，这个漏洞意味着克格勃在法国情报机构有一个或者多个信息源。叛变者提供的数据也表明，克格勃在法国的渗透不仅是广泛的，而且牵扯到高层。1963 年 11 月，德沃若利被巴黎的同事警告说他在返回法国途中会遭暗杀，于是他就从对外情报与反谍报署退出，四处躲藏并在安格尔顿的帮助下在美国落了脚。而暴露他的叛逃者正是阿纳托利 · 戈利岑。

德沃若利不仅告诉了我大量有关戈利岑的消息，还保留了一些中情局曾提供给外国情报与反谍报署的档案。我问他是否可以看一下这些资料，他提议我到他的住处——佛罗里达州的莱特豪斯波因特（Lighthouse Point）找他。正是在那里，我了解到一些细节，帮助我重新构建了关于戈利岑的故事。

1961 年 12 月 22 日，戈利岑在芬兰叛逃。他裹着一身厚外套、冒着猛烈的风雪抵达了赫尔辛基的美国大使馆。他跟值班的海军陆战队士兵说自己是苏联大使馆的人（事后证明这点属实），并以实名求见他们的长官。这个来自苏联官员的请求，立刻拉响了警报。

于是，针对潜在叛逃者的工作程序开始启动。把这名苏联来客护送到一个独立的房间后，士兵立刻通知了大使馆值班官员，后者又将这个无线电呼救信号传给了中情局。几分钟后，驻地长官冲下楼梯，会见了这位身材矮小结实、不请自来的苏联客人。

戈利岑单刀直入，介绍说他是克格勃的少校。为了消除他对面这位中情局官员的怀疑，他递上了一叠关于赫尔辛基苏联大使馆档案的秘密文件。还许诺称，如果中情局可以马上帮他和他的妻子、女儿安排去美国的安全通道，他还可以提供更多关于苏联间谍机构的情报。

面对如此意外的提议，驻地长官问戈利岑是否考虑返回苏联大使馆、为中情局充当内应，这也是中情局的例行程序——尽可能地规劝“红顶”

充当内应而不是叛逃。

戈利岑很坚决。他说如果回去他的性命将不保。克格勃有的是手段揪出中情局的内应，而他安全抵达美国后愿意揭发他们。

这位长官立刻意识到，戈利岑是指中情局内有奸细，他可以揭发。既然无法说服戈利岑充当美国的内应，他只好询问戈利岑需要多长时间准备叛逃。

戈利岑说必须在圣诞节之前。之后他的妻子和女儿就该返回莫斯科了，轮班的苏联安保人员也会回到正常工作时间。也就是说，他们只剩下最多 48 个小时准备叛逃。

而在华盛顿，中情局资料登记中心对戈利岑紧张慌乱的调查也收效甚微。只有一条相关记录，是一个名叫彼得·德莱宾（Peter Deriabin）的人——1954 年叛变之前任克格勃驻维也纳的官员——曾向他的中情局审查官提到：戈利岑为克格勃工作，但有可能叛变苏联。但在此叛变可能发生之前，戈利岑就被召回莫斯科了。

现在中情局有了第二次机会。苏联部马上安排戈利岑从赫尔辛基撤离。无论引发什么样的外交纠纷，中情局都想掌控这个来自克格勃的特工，用他辨别并尽可能接近苏联外交使团中的其他潜在叛徒。

圣诞节这天，一架美国空军运送专机降落在落满白雪的赫尔辛基机场。这类飞机服务于驻国外的大使馆军官。因此常常会被免去海关和移民入境检查。然而，这不是一次常规任务。当飞机在机场跑道等待时，一辆汽车就停在它旁边。车里的乘客没带任何行李，他们迅速地登上了飞机。其中就有戈利岑和他的妻子、女儿。几分钟后飞机起飞，朝着西德方向飞去。

第一次审查是在法兰克福的美军叛变者审查中心。戈利岑被要求手写出自 1948 年加入克格勃至今他的工作履历——列举出他担任过的所有职位、获得的所有提拔、共事过的所有克格勃官员。之前的叛变者大都只在部分职位上待过，因此对克格勃核心组织并不甚了解；与他们不同，戈利岑宣称自己在克格勃的莫斯科总部工作过，还是决策全苏情报行动的智库成员。

为了检验他所说的是真是假，戈利岑随即被绑缚在中情局用于测谎的压力分析仪上，被残忍地盘问所有细节——中情局管这个过程叫“测谎”。每一部分结束后，反情报专家会比较已经掌握的、他提供的每组信息。第一周结束的时候，中情局已经完全相信了戈利岑的诚意，相信他所说的在克格勃的所有职位，于是马上安排他和家人前往美国。

1962 年 2 月，在马里兰州塔尔博特郡（Talbot County），一所与世隔绝、重兵把守、能够俯瞰察普坦克河（Choptank River）的大院内，戈利岑开始了密集的汇报工作。让审查官出乎意料的是，他不但泄露了大量北大西洋公约组织的机密文件，还鉴别了它们的代码。他解释说，为了方便起见，克格勃使用了北约编码系统为特殊文件编码，而这些文件在 24 小时内就可以从源头法国抵达克格勃。

约翰 · F. 肯尼迪总统对戈利岑的揭发工作表示高度赞扬，随后他将私人飞机派往巴黎，随机还有一封给法国总统戴高乐的信件。信中他警告说，克格勃至少掌控了 4 位高级法国情报官员作为它的特工，并将他们都安插在重要位置。

几周后，戴高乐亲自挑选的 6 名法国情报官员抵达华盛顿，并带来了超越法国常规情报渠道的专门设计的密码，这是专供美国享用的机密信息，甚至法国大使馆对此也不知情。处理戈利岑——按照他们的代号即“马特”（Martel）——审讯的录音带花了他们 14 天的时间。就是这些录音，让法国情报机构疑云密布，关于谁是内奸的猜测几乎让整个机构瘫痪。

戈利岑提供的关于法国情报机构的秘密来自法国政府的最高层。能够接近他们的人物名单被写下之后，怀疑的目光立刻就集中在法国反情报机构首长和戴高乐的私人情报顾问身上。二人最终都被停职——但是没有受到法律追究。

戈利岑还说，克格勃计划利用法国情报机构打入美国中西部的导弹基地。华盛顿特许法国情报官员在巴黎对外情报与反谍报署的指示下，利用工作之便为莫斯科搜集数据。

德沃若利回忆起最开始他对这种说法是有所怀疑的。这意味着克格勃充分掌握了他所在的情报机构，并有可能将其作为“幌子”策反毫不知情的特工。他甚至和安格尔顿讨论过这样一种可能性，即戈利岑是克格勃专门派遣、用于破坏美法关系的伪叛徒。

但是三个月后，他收到来自巴黎对外情报与反谍报署总部的命令，令他失望的是，命令进一步确认了戈利岑的说法。他被告知要开始在美国招募新特工，以便继续报告关于美国导弹军备的最新进展。

德沃若利觉得难以置信，他忍不住又看了一遍。因为他知道法国本身并不需要美军基地的此类信息，而招募间谍又是一项高风险的工作，他向巴黎方面提出质疑，希望得到进一步的解释。

巴黎方面却指示他尽快完成计划，不得延误，还警告说这是一次“无痕”行动（“eyes only” operation），所有相关电报被解码后必须立即烧毁。

这时，他发现戈利岑的其他说法也被验证了。安格尔顿告诉他，中情局证实了戈利岑关于间谍集团核心人物——代号“蓝宝石”（Sapphire）的线索。该人物被怀疑是为苏联服务的、法国情报机构最有前途的长官之一。在德沃若利将此命令传达下去几天后，“蓝宝石”却意外死在了窗边。德沃若利猜测，这场谋杀是为了掩盖集团里的其他苏联内奸。

戴高乐的情报顾问此时也开始关注此事。除非这桩丑闻被控制住，否则无异于在公共领域投放了一颗炸弹，甚至会导致政府倒台。这同样已经引起了北约方面的紧张，德沃若利接到信息：他们想要获得能够质疑戈利岑可信度的报告，或者哪怕是小道消息。

德沃若利向巴黎方面反馈说，戈利岑在不断的审问下变得异常暴躁。他从安格尔顿那里听说戈利岑受到的对待引起了苏联部的紧张。他的上级官员决定将戈利岑的身份，像其他在使馆工作过的克格勃官员一样，尽快从他们掌握的关于苏联大使的快照中识别出来。但戈利岑认为这不重要，而且是对他的贬低，因此拒绝再看任何中情局提供的照片。他还拒绝了中情局让他给之前在克格勃的故旧打电话并策反他们的请求。他说这种尝试都是徒劳，因为中情局苏联部自己就有问题。中情局把这些都看作戈利岑不合作的标志。

德沃若利随后听说戈利岑要求就苏联骗局的问题与肯尼迪总统私人沟通。当被告知不可能后，戈利岑更加泄气。他的情报也越来越不受重视。

戈利岑后来告诉中情局，他想要以新身份定居国外。而苏联部认为它们已经榨干了戈利岑知道的所有情报，便同意了他的请求，但表示日后还会再次质询他。1963 年初，他动身前往英国，德沃若利回忆道："当伦敦所有麻烦都出现时，我们仍没有停止对他提供的情报进行分析。"

我追问这些"麻烦"是什么，德沃若利耸了耸肩说："我只听到一些回响。"他从对外情报与反谍报署辞职后便失去了戈利岑的消息。关于所谓的"麻烦"，他认为我应该去英国找史蒂芬·德莫布雷（Stephen de Mowbray）。1963 年他曾是中情局和军情六处的联络人，他是由于安格尔顿的关系才被深深卷进了戈利岑的案子的。

令我惊讶的是，德莫布雷几乎没有一丝犹豫便答应见我。后来我才知道原来是安格尔顿建议他应该和我谈谈戈利岑的事情，因为他明显不想再保守这个秘密了。

会见德莫布雷

在肯特乡村的家中，我见到了他，自从 1977 年离开英国情报机构以后德莫布雷一直住在这里。他是一个高高瘦瘦、声音温和的老人，对于不理解他智力水平的人有着尖刻的风趣和深深的轻蔑。1958 年，在他牛津大学读书期间的导师——以赛亚·伯林（Isaiah Berlin）的推荐下，他加入了军情六处。被派到华盛顿后，他又继续为其反情报部门工作，他称这个部门为整个军情六处“棋局里的皇后”。

我注意到，他返回伦敦和戈利岑于 1962 年暂时搬去伦敦是同一时间，他们的职业生涯也彼此纠缠。那么德莫布雷回到伦敦是否为了告诉戈利岑一些他还没有告诉中情局的事情？抑或这两次跨越大西洋的行程只是单纯的巧合？

德莫布雷嘲笑地说：“在反情报领域，我们不相信巧合。”就像在采访开头先摆明观点一样，他说，“戈利岑不是个简单的叛徒。据英国情报机构所知，他可能是近代以来最重要的叛徒。”

我想知道为什么曾在赫尔辛基苏联大使馆工作的戈利岑会掌握有对英国如此重要的情报。

德莫布雷说，戈利岑在被派往赫尔辛基前曾在克格勃第一总局（First Chief Directorate）工作，主要负责针对英国及其他北欧的北约国家实施间谍行动。为了准备叛变，戈利岑记忆了大量英国和法国的文件。许多文件直接来自相当于美国联邦调查局的英国军情五处。它们最大的麻烦在于记录了英国情报机构破译苏联代码的过程。根据“信任名单”，上面记录了哪些人可以接触到以上特别机密文件，整个军情五处只有五位高级官员知道这些文件的具体内容。那戈利岑又是怎么在莫斯科看到这些文件的？

德莫布雷觉得可能性只有一种：文件是由五位高官中的一人泄露给克格勃的。对这个人的调查始于一个名叫“流动委员会”（Fluency Committee）的秘密任务，但最终却演变为一场至今未得到圆满解决的猎鼠行动。德莫布雷就是委员会的七名成员之一（该委员会的成员是随时变动的）。

接下来的 10 年时间，委员会从“信任名单”的五个人中排除了四个，最终将怀疑目标锁定在军情五处局长——罗格·霍里斯（Roger Hollis）爵士身上。

尽管委员会没有找到指证罗格爵士的直接证据，比如他和苏联情报机构的暧昧关系等等，但是德莫布雷还是坚信叛徒就是他。于是在没有任何授权的情况下，德莫布雷私自去了唐宁街 10 号[1]，并表明身份求见首相。出乎意料的是他很快就受到了接见。他直奔主题告诉首相：他有理由怀疑英国安全机构的最高长官是苏联特工。虽然他知道他的指控可能意味着自己职业生涯的终结——后来事实也确实如此，但法院对罗格爵士并没有任何立案。

针对戈利岑的棘手调查几年前就开始了。在军情五处官员审讯他的过程中，他提到他已经向中情局说明了该局内部有间谍的问题。但这并没有引起苏联部的极大关注。他发现他的中情局情报官员既没办法，也不想找出中情局的内奸。

听说中情局无能为力之后，军情五处的苏联反情报主管——亚瑟·马丁（Arthur Martin）立刻给安格尔顿打了电话，后者承认中情局苏联部并没有足够重视戈利岑所说的。

安格尔顿随即安排赫尔姆斯负责把戈利岑从苏联部调到他的反情报部去，这事在之前没办成过，后来也一直没成功。

把戈利岑调回美国并非难事。军情五处在《每日电讯报》（*Daily Telegraph*）安插的内应表明戈利岑就在英国。劝说戈利岑他在英国的安全将无法得到保障还是起到了适当作用——三周以后，1963 年 8 月，戈利岑返回了华盛顿。

一切都在安格尔顿控制中了。他采用的办法不是审讯，而是所谓的“诱导”。不会再有没完没了的拷问或者关于苏联外交官翻来覆去的快照。安格尔顿不像苏联部那样只关心克格勃全体人员的鉴别或者克格勃机构的“工作流程”。他最在乎的是利用戈利岑弄清他所谓的“苏联对中情局的渗透逻辑”。理解苏联手法的必要性同他的老朋友金·费尔比在 1963 年 11 月（离戈利岑返美仅三个月）逃往莫斯科有很大关系。

安格尔顿让他的新任执行长官“苏格兰佬”——牛顿·迈勒（Newton Miler）协助他的“诱导”工作。就像他的绰号一样，迈勒是个热诚的苏格

[1] 译注：唐宁街 10 号（10 Downing Street），是英国政府所在地。

兰人，以从容不迫而闻名。他担任中情局情报官员有 14 年了，在亚洲和欧洲获取了大量情报。雷蒙德·罗卡帮助安格尔顿调查案件里的人物并掂量这个谜题中每条信息的历史意义，而“苏格兰佬”则负责实施具体行动，验证罗卡的猜想。他就像安格尔顿的右手，在戈利岑的案子上整整花了 10 年。在德莫布雷眼中，他“比任何人都知道戈利岑案件的每一个行动细节”。

1974 年当安格尔顿被中情局辞退时，迈勒也被解雇了。他搬去了新墨西哥州普拉西多（Placido）的偏远沙漠小村，按他的说法就是“离华盛顿能多远就多远”。

我以前曾就诺申科一案采访过他，但他很谨慎地回避了戈利岑的话题。不过，我这次给他打电话时他似乎开放多了。甚至在电话里也不曾掩饰他对中情局新领导的怨恨。他告诉我，他被告知他留下的一沓泛黄的笔记已经成一堆“破烂”。即使不是有意的，这也已经足以让他忘记对中情局的所有“根深蒂固的记忆”。在听说了德莫布雷告诉我的故事梗概后，他同意补足戈利岑故事中的剩余部分。

会见迈勒

某个傍晚我去了他在普拉西多的家。迈勒刚从沙漠里猎兔回来。他的脸上满是皱纹，穿着粗布夹克，看起来一点儿也不像反情报专家，反倒更像牛仔。我们简短地谈了谈诺申科的事情，1964 年冬诺申科叛变的时候他刚刚参与戈利岑的案子。

“戈利岑知道诺申科吗？”

“知道？”他冷冷地反问，“戈利岑早就预料到克格勃会派人来破坏他在 1962 年 1 月的第一次审讯。”他说诺申科 6 月份的时候就联系了贝格雷，因此他得到了一系列其他克格勃“诱饵”——包括“软呢帽”和“高顶帽”——的供词支持。

迈勒解释说，这些苏联诱饵们只说了一点，就是“一项行动正在筹划中，耐心等待吧”。他们共同编造了这个试错原则作为诱饵。他说：“一个诱饵失灵了，就可以试另一个——直到你追捕的大鱼在某个特定位置咬住这个饵。”苏联已经试过了无数的诱饵，“那年早些时候他们就在巴黎为我们布置好了，是一个醉酒的外交官。然而这没有用。于是他们又派了另一个去我们莫斯科的大使馆，但也搞砸了。所以最后他们派出了诺申科。”不像安格尔顿说话满是隐喻，迈勒说话很直接。他都是一语中的：“克格勃害怕戈利岑会抖出所有事情，如果不杀他，他们就需要破坏他的可信度或者至少搅浑水。诺申科、‘软呢帽’和‘高顶帽’都是为了这个目的。”

当贝格雷盯着诺申科的时候，安格尔顿的手下把精力都放在了戈利岑的秘密上。为了增加戈利岑已经获得的信任，安格尔顿安排他在克格勃的恐吓下供出司法部长罗伯特·F. 肯尼迪，还邀请戈利岑共进晚餐、讨论苏联政治直到第二天早上。他把戈利岑当作完全值得信任的伙伴，为了加深二人的融洽关系，他还让迈勒为戈利岑准备了一份处理过的、关于他珍藏的“情报精选”的复印件，并允许他从中情局近 20 年来的案子里调查这些线索之间的关联。此外，安格尔顿还和戈利岑同游欧洲、以色列，把他介绍给其他同盟国的情报高官。受到高度重视的戈利岑提议在中情局之外组建一个新的反情报机构。

与此同时，迈勒也逐渐揪出了戈利岑所说的中情局潜伏的内奸。戈利岑坚称，他在克格勃看到的大量中情局档案不止有一个来源。他把苏联的内奸比喻为“癌症”，说“如果病人不接受检查，癌症就会在体内恶化并扩散，癌细胞就会感染健康细胞”。现在联邦调查局和中情局都成了“病人”，他类比的“癌细胞”已经开始感染军队和中情局里希特勒的前情报官员。他断言，中情局错误地以为他们在东欧的情报人员没有被苏联发现，但事实上他们早就被德国人策反、做了双重间谍。苏联没有逮捕这些二战叛徒，而是利用他们作为诱饵、诱使中情局情报官员陷入对他们工作不利的境地，从而迫使他们叛变。已经归顺苏联的部分特工又提供了更多中情局其他情报官员的个人资料，这有助于克格勃了解他们的弱点。戈利岑认为，截至他叛变时，克格勃已经在中情局的苏联部和联邦调查局的反间谍办公室的重要职位安插了“内应”。

然而，安格尔顿的兴趣不仅仅是在由于克格勃策反西方情报官员而产生的安全问题上，他更想知道为什么克格勃只关注中情局的某些特定部门，比如苏联部。对安格尔顿来说，真正的问题在于苏联渗透进中情局的目的是什么。

戈利岑告诉他，这是一项自1959年起开始实施的骗局计划的重要部分。苏联内应的主要工作就是反馈中情局是如何评估它从克格勃特工那里得到的情报的。对于克格勃而言，由于这些内应，虚假情报就变成了一场“演和说”的游戏。被派出的叛徒、双重间谍和其他内奸，可能是苏联外交官也可能是正在旅行的科学家，为中情局“表演”苏联刻意安排好的秘密。然后他们会向克格勃反馈中情局对这些秘密的理解。这种里应外合、内应和伪叛徒的联手，使得克格勃能持续地控制对手。

紧接着的补救就是找出内奸。在负责搜寻内奸的中情局安全办公室的协助下，安格尔顿在苏联部安排了一系列“标记卡”（marked card）来验证戈利岑的说法。这些标记卡对于反情报工作而言就像医学治疗中的钡餐。情报就像弯曲的卡片，当它在情报渠道中传递时就可以被追踪，从而发现其目的地。

其中一张“标记卡”就是让中情局在特定时间和地点接近加拿大渥太华的苏联外交官。除了苏联部传递“标记卡”的人以外，没人知道这次有目的的接近。因为会面本身纯粹就是虚构出来的。

监视人员也被安置就位，可以在不被对方察觉的情况下观察整个场景。在约定见面的那天，他们发现有苏联安保人员从车内观察见面地点。克格勃手中这张“标记卡”终于现身了。

通过一系列的清理行动，其他标记卡也记录下了一批参与策反“红顶”、准备相关报告的中情局官员中可能存在的漏洞。但是仍无法精准到个人。这就让安格尔顿意识到，苏联安置在中情局苏联部的奸细不止一个；也让他意识到这些内奸同克格勃还在保持联系。每次苏联部被通知采取新行动，不出几天这消息就能到达莫斯科。即使被有意识地隔绝了，诺申科看来仍有办法更新他的供词。于是怀疑的焦点很快落在了大卫·墨菲身上。这位苏联部的主管会是苏联特工吗？在他被调往巴黎后，贝格雷也接受了调查并被调离，此外还有五名特工也被列为怀疑对象。随着事件的继续恶化，1951 年让安格尔顿深受困扰的费尔比问题，现在看来似乎只是冰山一角。最终，在 1967 年，安格尔顿劝告赫尔姆斯把这个棘手的案子暂时放下，赫尔姆斯虽然不情愿，但也不得不同意。

安格尔顿发现苏联还在继续他们的双重间谍行动，于是向中情局建议应该有所动作，当然前提是部分打入苏联内部直到对手的作战方法被我们更好地掌握。他的建议造成了迈勒口中的“情报集团内的真正紧张”。

最后迈勒轻描淡写地讲述了诺申科案件的后续。1968 年，根据赫尔姆斯的描述，美国情报机构已经“内部分家”，苏联部被有关诺申科案子的种种指控和告发给搞瘫痪了。联邦调查局也终止了和中情局的合作。英国安全机构也是一片混乱，自己的长官都被怀疑成内奸。德国、法国、荷兰的情报机构都被中情局列入“不安全”级别。在处理安格尔顿旧部的问题上，中情局也面临着越来越大的压力。埃德加·胡佛形容戈利岑有过分猜疑和妄想症，说搞不好戈利岑本人就是内奸。

为什么这一个叛逃者，会造成今天这所有的烂摊子呢？

再见安格尔顿

为了寻找答案，我再次找到了安格尔顿。那时已经是 1982 年的秋天。为了身体健康他已经戒烟戒酒，他看起来很紧张——如果不是心烦意乱的话。我跟他说——虽然他都知道，但我还是假装他不知道——我已经见过了他昔日的同事，然后我问他为什么戈利岑会引发这么多的仇恨。

安格尔顿好像一直在等我这么问。他说戈利岑放出一条很难被中情局、军情五处、对外情报与反谍报署和其他西方情报机构接受的信息：据称克格勃的首要任务自1959年起发生了转变，从常规间谍活动或者窃取他国机密变成一种特别形式的秘密政治策略——利用特工和其他隐藏机制协助苏联达成其政治目标。根据戈利岑的说法，派出内奸和双重间谍都是为达到这一政治目的而采取的手段。正是他对这一政治目的的追查，而不是对苏联内奸的曝光，真正触碰到了苏联的神经。

戈利岑返回美国后不久，紧张的局势就显现出来。在谈论诺申科的过程中他中断了和贝格雷的会面，并宣称时任苏联部副主管的贝格雷“尚未理解”克格勃的所作所为。

他还与苏联部的秘密行动小组发生了直接冲突，该小组正在撰写一本准备以苏联军事情报官员奥列格·潘科夫斯基（Oleg Penkovsky）上校的名义发表的书。潘科夫斯基上校在1961年至1963年间曾是中情局和军情六处的双重特工，他为中情局提供了关于苏联火箭的秘密文件，这将有助于美国在10月份的古巴导弹危机期间评估苏联的军事力量。古巴导弹危机解决后不久，潘科夫斯基被公开逮捕，另据推测可能已被处决。随后在司法部长罗伯特·肯尼迪的督促下，中情局着手准备《潘科夫斯基档案》，这本将会以商业书籍的形式公开的资料声称是潘科夫斯基保存的、有关其间谍活动的日记。“日记”将展示中情局是如何通过策反这位苏联上校而帮助肯尼迪总统取得了将苏联导弹逐出古巴的伟大胜利的，因此这项计划在中情局内得到了极大的支持。戈利岑提供的情报暗中破坏了这项计划。通过图解隐藏在莫斯科美国大使馆内的苏联窃听器，他证明了潘科夫斯基早期给出的供词都是受克格勃指使的。戈利岑还认为，即使潘科夫斯基的叛徒身份得到认可，他也会被强迫参与一个他无法拒绝的交易——传递苏联有意传达给中情局的文件。换言之，他就是导弹危机期间的苏联邮递员。

安格尔顿同意这种判断。毫无疑问某种程度上潘科夫斯基是受苏联控制的；而问题在于他是何时受其控制的。与此同时，军情六处的反情报部门通过独立的分析也得出了同样的结论。甚至连贝格雷也开始怀疑此案。

但戈利岑不仅提供证据表明即将变身为美国英雄的潘科夫斯基是克格勃的骗子，还进一步试图把他所谓的“潘科夫斯基的挑衅”与苏联“政治目的”联系起来。他认为潘科夫斯基的消息是为了被用来挑起并控制肯尼迪政府的反应。被放置在古巴的导弹也被协议撤离。戈利岑说赫鲁晓夫的战略目标——接受苏联盟国古巴的敌对政权从而迫使肯尼迪总统放弃门罗主义[1]——已经实现。美国已经输掉了美苏对抗的言论，却没有被负责潘科夫斯基案件的中情局长官以及那本书（该书出版后成为1966年的畅销书）认可。

1964年，当戈利岑怀疑英国首相哈罗德·威尔逊（Harold Wilson）时，逐步升级的紧张局势终于到达了顶点。问题始于1963年1月，当时年仅56岁的英国工党右翼领导人休·盖茨克尔（Hugh Gaitskell）因一种罕见的狼疮感染突然死亡。他的主治医生受到了怀疑，因为症状就出现在盖茨克尔在伦敦的苏联领事馆刚刚用完咖啡和饼干之后，而且他的主治医生马上通知了军情五处，这也使得该案引起了中情局的注意。随后有说法是，苏联科学家曾用老鼠做这种特殊的狼疮病毒实验。

安格尔顿问戈利岑克格勃是否有可能参与此次政治暗杀，毕竟戈利岑一直和克格勃专门实施暗杀任务的第十三部（Department Thirteen）保持着联系。

戈利岑说：“我已经回答过了。”他提示安格尔顿去翻阅他在1962年

[1] 译注：门罗主义，是由美国第五任总统詹姆斯·门罗在1823年12月2日提出的外交政策。门罗担心欧洲国家会试图恢复原西班牙殖民地，于是宣布任何试图控制西半球任何国家的欧洲势力都将被视为是对抗美国的行为。这一政策在1845年和1848年由詹姆斯·波尔克总统重申，以抵制西班牙和英国在俄勒冈、加利福尼亚或墨西哥的尤卡坦半岛建立立足点。1865年美国在格兰德河集结军队，以支持法国从墨西哥撤军的要求。1904年T.罗斯福总统又增加了“罗斯福推论”。

给出的供词，那时盖茨克尔暗杀尚未发生。

出乎意料的是，戈利岑说的是对的。尽管那时看来两个事件毫无联系，但戈利岑在1962年已经明确地告诉他的审讯官，克格勃正在组织一次特别行动，不排除有暗杀活动。目的是为了提升苏联特工在某些欧洲民主国家中的影响力。他还讲述了就在他叛变前、被克格勃北欧部长官告知的“罗丹（Rodin）将军”是如何被卷入此次行动的。他不确定行动目标是英国还是斯堪的纳维亚半岛某国。

安格尔顿立刻开始追寻罗丹的线索，他是克格勃第十三部的最高长官。更令安格尔顿不安的是，盖茨克尔访问苏联领事馆期间，罗丹就在伦敦。

当安格尔顿再次询问戈利岑的时候，他回忆起他在克格勃的主管曾跟他说暗杀是为了消灭“反对党领袖”。他推断既然盖茨克尔是哈罗德·威尔逊领导的劳工党的主要反对者，那么克格勃有理由认为威尔逊将是这次密谋的潜在受益者。他进一步表明，依据他的经验，克格勃只有在两种情况下才会采取这种形式的介入：一是威尔逊是他们的人；二是威尔逊身边有他们的人。

安格尔顿打开代号“燕麦束”（Oatsheaf）的英国首相的资料，重点查看曾跟莫斯科有密切商业往来的威尔逊的密友。利用他与国家安全局的关系，安格尔顿发现，当这些人在莫斯科的时候，其中一部分旅馆和汽车内发生的电话通话经常被拦截。分析表明这些电话是和克格勃情报官员联系的。这种联系本身就是有问题的，因为克格勃经常通过联系重要的西方客人策反他们，而且其中两个商人曾是威尔逊随行的人员。

安格尔顿决定把“燕麦束”的资料传给军情五处长官，如此一来他们就获得了有关这两个商人的更多资料。他希望能对威尔逊这两名亲信的背景采取谨慎仔细的调查。但军情五处却“失控”了。部分特工，包括反对威尔逊政权的特工要求对威尔逊实施监视，其他人则对英国情报机构监视首相的行为感到吃惊。最终，度过了这场危机的军情五处驳回了调查的提议。

我明白为什么这种消息的传递者会在情报界，或者他所在的政府不受欢迎，因为他是打破平静的那一个人。但是，我越来越不明白为什么戈利岑对克格勃的态度如此与众不同。

安格尔顿答道，戈利岑曾是克格勃“智库”中一小组年轻分析专家的一员，而1959年苏联情报机构的几次大规模重组都是由“智库”策划的。当时的克格勃主席亚历山大·谢列平（Aleksandr Shelepin）被命令重新开始克格勃原先在列宁领导下启动的政治任务。因此斯大林领导下的苏联情报机构就变成了以维护国家安全为首要职责的机构，他们的职责包括清除异己、保守机密、防范中情局的内奸。现在的克格勃就是专门对抗美国行动的机构，其典型的例子就是“信任”行动，这都是谢列平告诉戈利岑的。机构职能的根本性变革意味着常规的间谍活动是从属于欺骗目标的。新的克格勃没有封锁与西方的联系，而是允许中情局和其他西方情报机构策反它的特工、苏联的反动派和其他信息源，就是为了运用这些渠道传递虚假情报。

戈利岑的“智库”们意识到这种设计在理论上似乎合理，但在具体实践中却饱含着固有的也是潜在的危险和弱点。克格勃官员不得不与中情局官员保持持续的联系，或者作为鱼饵吸引其注意，或者作为邮递员传递信息，抑或作为双重间谍假意叛变。这就使中情局有机会劝降、诱惑、策反甚至麻醉这些伪特工。

相应的解决办法——随后也成了“谢列平计划”的一部分——就是把苏联情报机构分成两个独立集团：克格勃外部集团和内部集团。

外部克格勃由那些由于必须同外国人联系而因此易被劝降的人员组成，包括克格勃招募官和使馆、代表团的秘密监视人，使馆随员，宣传人员和海外工作的特工。由于他们不得不和西方人联系，一旦国外势力试图策反他们充当间谍，他们就要承担命中注定的任务。按照概率法则，他们中的相当一部分人会被劝降。戈利岑比较了这些人和二战期间对敌军领土实施突袭的飞行员，其实质都是一样的。他们不仅不知道任何国家机密，反而还要假装知道然后传递虚假信息，从而防止自己被捕或者被审讯。

内部克格勃负责骗局的策划、配合和评估。成员仅限于极少数可被信任的人，并受共产党政治局的直接监管。该局负责计划、配合、控制及分析克格勃的所有行动。例如，犹太血统的特工这类潜在安全隐患已经被转移到了为改组做准备的外部机构。

两个机构之间还存在着一堵“防火墙”：两个机构的人员无法对调；外部机构人员不能接触战略机密，除非是需要他们传达的虚假情报。“考虑到深层问题……”安格尔顿说完后刻意停了停，“如果戈利岑是对的，这意味着我们实际上对克格勃的耍诈本事一无所知。”

内外克格勃的概念着实令人吃惊。这也就意味着中情局当作潜在叛徒追击的很多目标——包括外交官、使馆军事随员、记者、异见分子和情报官员——并没掌握多少有用情报，或者就像二战中的飞行员，是传达虚假情报的。除了了解自家间谍机构的零碎细节，他们拥有的无非是虚假情报。很多不请自来的“叛徒”也是如此。换言之，中情局在苏联大使馆安装的、窃听外交官的窃听器没有听到任何关于内部克格勃的战略机密。根据戈利岑所说，克格勃俨然已成为苏联政权的一个特别但又极其危险的工具。

安格尔顿说：“不理解重组后的变化就无法理解克格勃。”他指了指一份长达 1200 页的戈利岑手稿，说这是根据戈利岑在 1969 年为中情局准备的报告写就的。他说他会安排我阅读这份手稿。

我花了将近一周的时间才读完了这份手稿，这很明显是一本难懂的学术著作。它巨细无遗地描绘了苏联政府、共产党、克格勃和相关的国外情报机构为了 1959 年的重组所做的方方面面的准备。戈利岑在叙述中为我们一层层揭开了苏联机构内的隐秘空间。里面讲到了人员的调动、办公室的重新部署以及可以透露给西方、掩盖这些行动的表面文章。

通过阅读这部手稿，我越来越清楚地明白，戈利岑最终为安格尔顿奉上了自从费尔比事件之后他一直在寻找的“大白鲸”[1]。多年来，中情局没有捕捉到苏联“利维坦”[2]骗局的任何迹象。现在，凭借克格勃1959年的重组，安格尔顿便可以解释为什么这场骗局始终没有浮出水面。安格尔顿就像亚哈船长[3]一样继续在无边的数据之海里寻找苏联骗局，直到1974年他被迫离开中情局。

[1] 译注：大白鲸，是美国作家赫曼·梅尔维尔小说《白鲸》中的形象，本来作为追捕目标的大白鲸却使得追捕者家破人亡，意指会带来巨大伤亡的邪恶目标。

[2] 译注：利维坦（Leviathan），一是指《圣经》中象征邪恶的海中怪兽（如鲸、鳄）；二是指英国17世纪著作家霍布斯论国家组织的著作《利维坦》，该词常常被用作极权主义国家的象征。作者此处用“利维坦”形容当时西方国家眼中苏联的骗局。

[3] 译注：亚哈船长（Captain Ahab），是美国作家赫曼·梅尔维尔小说《白鲸》中的人物。他为了追捕一条名叫莫比·迪克的巨大恐怖的白鲸，不惜以他的妻子和渔船上任何人的性命冒险，最终渔船沉毁，他也葬身大海。

[第六章]

安格尔顿的最后时光

“威廉·科尔比相信他想要相信的那一套，因此我被辞退了。”

——詹姆斯·杰西·安格尔顿

《美国谍报活动记录》

1979年9月9日，一群伊朗暴乱学生闯入德黑兰的美国大使馆。绝望之中，中情局的守卫只能仓促毁掉馆内近20年来保存的大量机密指令、电报和华盛顿的其他秘密记录，但未能充分摧毁其中的大部分。原因在于大使馆出于经济原因采用了一台只能在一个方向上切纸的低成本碎纸机，因此暴乱学生闯进来的时候还有大部分文件没来得及损毁。于是，擅长纺织波斯毯的伊朗妇女便能够带回其中的大量切片，发挥她们的手艺特长进行拼贴，尽管花了两年多的时间才把这些碎片重新拼起来。之后伊朗政府公布了60卷的《美国谍报活动记录》（*Documents from the U. S. Espionage Den*）。这就是史上首次发生的中情局机密档案未经同意被公开的事件。不同于中情局以自己名义或授意叛逃者通过联系记者而自愿公布的材料，这些内部指令表明了中情局多年来在苏联、东欧及其他社会主义国家政府内发展间谍的真正途径。

这些记录真是前所未闻。部分内容不仅是“机密”（SECRET）和“绝密”（TOP SECRET）级别，更是带有特殊的“不可向国外公开”（NOFORN）标签，这意味着它们绝不能被任何国外——包括同盟国在内——的机构看到；“不可向合作者公开”（NOCONTRACT）标签则表示这些资料要对中情局的业务分包者保密；“有机可控”（ORCON）代表着没有准备这些资料的中情局部门的手写证明，包括中情局内部人员在内的任何人员均无权接触它们。这些记录充分揭示了中情局间谍活动的真相。在这个秘密世界里，美国外交官被明确命令报告苏联对手的就餐习惯、子女的学校、爱好、性癖好甚至慢性疾病；在其中，依据语言特长、医疗训练甚至身高而被选拔的美国人有意或无意地充当着“联络特工”，引导中情局的目标外交官和中情局招募者联系；在这个世界里，诸如使用密写墨水或其他秘密化学品的新型秘密手段是像学校科目一样被教授的。

其中一则“有机可控”及“不可向外国公开”的指令引起了我的极大兴趣。这条指令是 1973 年 1 月由中情局苏联部主管发出的，长达六页，名为《改造红顶》(*Turning Around REDTOP Walk-ins*)。其中明确讲到：“红顶”即中情局对苏联官员的简称。这份指令指示美国驻外大使馆的中情局官员招募这些人是充当间谍的，不允许他们叛变，其中一组名为“BK 信使”(BK HERALD) 的代码指示中情局可以并确实在以苏联为首的社会主义国家内部发展了很多常驻特工。

> 我们有能力无限期地安排并支持此类行动，而且目前能够帮助“红顶”，甚至大多数情况下连其家人，在需要离开的时候逃出其原所在国家。

如果红顶在有渠道向美方提供情报的情况下没有履行其义务，指令表明：

> 我们将准备指导并协助其在苏联政府内的工作直至其能够履行义务。我们的最终目标就是使这些不请自来的叛变者返回其祖国，作为我们的内应、与我们的特工保持关系。

安格尔顿饶有兴致地读完了我带给他的这份文件。他总是对这些流入“公共领域”——他所谓的“非秘密世界”的机密文件很感兴趣，或许仅仅因为这些能增加他的谈资。

当安格尔顿放下手里的文件时，我问他：“什么是BK信使？”

他不耐烦地说：“这不重要，只是一组随时会变的代码。是中情局对付苏联的工作的一部分。”“你所说的工作就是间谍活动的意思吗？”我反问道。

他点点头：“间谍活动其实是一种不太受欢迎的知识形式。”它的目标不仅在于获取机密，更是要通过一种事前不可预测、事后不被察觉并因此无法补救的方式获取机密。这两个目标完成后的成果就是安格尔顿所谓的“意外的情报”。

实际操作中，间谍机构窃取文件并掩盖行动痕迹的方法只有一个——招募一位对目标数据有合法渠道的特工。就像安格尔顿所说的：“他必须能够进入存放资料的房间并且复制资料，同时能不引起任何怀疑。”同样，在被拦截的谈话中，特工的职位必须能保障他不被察觉地安装并回收电子窃听器材。以上条件通常在敌对国家拥有大量可以通过其安全警戒的信任特工的情况下可以被满足。在苏联的例子中，这就意味着必须要秘密招募一名被信任的政府官员。

安格尔顿说：“不妨把间谍机构设想成一个高度专门化的招募机构。”就像比较常见的“猎头”，一家间谍机构需要决定招聘什么样的职位、讨论应聘者个人资料（即被妥善保管的简历和照片）、挑选候选人、为他们提供要么极具诱惑要么很难拒绝的入职邀请。不同于他们在其他秘密部门的同事，这些招募者会要求敌方政府官员背叛所在机构和国家，他们必须把为这些候选人准备的职位秘密记在心里，直到成功实施招募。所以他们必须在详尽复杂的伪装或者“幌子”下工作。他们和其他同事的另一个区别就是，当候选人接受工作邀请时，他不能离开其现在的雇佣者——正如1973年“BK信使”指令中所说——而是被鼓励同时担任双重工作：一重是为他本国政府服务，一重是为他的新东家服务。

安格尔顿说，这种间谍任务做起来比看起来容易得多。因为它是建立在这样一个前提上的：尽管极少数人会被挑选来实施背叛，但如果他们真的知道自己正在做什么的话，当面对一系列现成的诱惑，总会有人抵挡不住而打破细小的原则和规定。这涉及的不仅是对于背叛国家机密的清醒意识，还有不断增长的被捕的危险，即安格尔顿所谓的“无法抗拒的妥协之网”。

“猫鼠游戏”

我花一个多月的时间读完了《德黑兰档案》(*Teheran Archive*)[1]里的所有中情局文件。它们使得幽暗隐秘的间谍技巧大白于天下。这些文件按照编年顺序展现了发生在1973年的非凡修订，这次修订是根本性的，相当于中情局的一次观念变革，彻底改变了它看待敌人和看待自己的方式。

1973年1月，中央情报总监理查德·赫尔姆斯卸任，行政审计长(executive comptroller）威廉·E.科尔比（William E. Colby）执掌中情局的秘密部门——策划理事会（Directorate of Plans)。科尔比出身中情局的秘密行动部门，而非秘密情报部门，曾经领导了越南的中情局绥靖计划(CIA’s Pacification Program)。他就职后立即就中情局的苏联官员招募政策做了巨大改变。

[1] 编注：详见附录。

截至 1973 年，中情局的指令已经认定苏联情报机构常常使用“刺激”手段。事实上，接近美国情报人员的苏联大使馆官员所提供或泄露的苏联情报都暗藏了可能会被苏联控制的诱饵，会诱使中情局在徒劳中暴露自己的资源和方法，或者通过事件的策划使中情局难堪。因此中情局已经在指令中提前要求：在把苏联“红顶”确认为可靠的情报源之前，必须与之建立完全的诚意。

艾伦·杜勒斯的《中央情报总监指令》（*Director of Central Intelligence Directive*）对此有明文规定：

> 来自敌对情报机构的叛变者可能会成为渗透我方或者传递虚假情报的渠道，因此要重视建立与政治上有不满情绪的苏联特工的“诚意”。

从 1954 年开始，安格尔顿的反情报部就担负起了判定“诚意”的任务。然而，现在这一教条主义已被撤销。1973 年 1 月 3 日，题为《改造红顶》的最高级别指令被电传到中情局所有分局。命令所有“红顶”，尤其是苏联外交官、情报人员、军事随员一律特殊对待。原文如下：

> 近年来对“红顶”的分析表明，“红顶”机构没有足够严肃认真地利用老练、重要的叛逃者作为刺激手段。然而对此的恐惧害怕是很多失败操作的首要原因。我们的结论是——如果出于对苏联刺激手段的恐惧而从富有希望的案子中退缩逃避，只能对我们自身造成损害。我们有信心、有能力判断出我们招募的特工是否能为我们提供值得信任的情报。

这项新政策意味着，苏联部的情报官员可以不依赖关于“红顶”是否是苏联“刺激”伎俩的前期判断来进行招募工作。换言之，中情局可以依据“红顶”特工提供的情报判断其价值。

此外，以上新指令反映了中情局在苏联营建自己工作网的信心。此前，中情局曾认为这种深入敌腹的行为是带有危险性的。一方面是由于克格勃有全面强大的监视系统，尤其在大使馆周围；另一方面是由于使用双重间谍来诱捕可能被用作信使的中间人已经不是秘密。但现在，中情局似乎认为它可以利用这些未经测试的“红顶”，将其作为美国在莫斯科的内应。而苏联部主管也建议所有分局：“我们有能力无限期地安排并支持此类行动，而且目前能够帮助‘红顶’甚至大多数情况下连同其家人，在需要离开的时候逃出其原所在国家。”

中情局的信心似乎完全压倒了对苏联骗局的种种担忧。为什么中情局现在相信“红顶”不再是诱饵了？如果中情局仍然认为克格勃为了使情报更可信而配以精心策划的几近以假乱真的虚假情报，那么它又该不该接受“红顶”提供的情报，即使它们和其他信息相吻合？如果中情局还坚持克格勃在其苏联部安插内奸的话，它又该如何运转其在莫斯科布下的情报网？此外，为什么安格尔顿的反情报部不再负责评估“诚意”的工作？戈利岑身上又发生了什么？

我决定在和安格尔顿会面的时候提出这些问题。他邀请我在华盛顿的海军俱乐部共进晚餐，席间他自豪地提及他在离开战略情报局后、中情局成立前的短暂空位期曾在海军取得少校军衔。

我随身带了《德黑兰档案》里的文件。当我开始给他读这些中情局指令的相关段落时，他突然打断我，好像是害怕这些绝密文件被无意中偷听。他说他“很熟悉这些指令”。

于是我问他，1973 年什么事情促使中情局如此突然地转变了它对克格勃的评价，“是不是中情局内部发生了军事政变？”

他轻声一笑，“比政变复杂得多。对我而言它结束了我的认识论争辩。”

他所说的“认识论”(epistemology)，指的是一位调查者借以判断真假情报的理论。比如在生物学领域，人们可以安全地认定他通过显微镜看到的东西并不是由于他的个人利益才出现的（尽管他也可以依据海森伯不确定性原理[1]认定观察者会影响被观察对象）。但在神秘莫测的情报领域，调查者无法自动得出那样的推断。间谍不像显微镜，有时会密谋欺骗外界的观察者。

安格尔顿把骗局理解为“情报镜像”[2]，就像双生儿一样紧密联系在一起，二者之间的相似性不是偶然的。安格尔顿曾经借由兰花指出，骗局模仿现实必须模仿得足够像才能让人相信。外表要相同，无论是影印本文件、被窃听的谈话还是叛逃者的报告；出处要一样；都要宣称自己叛逃自同一东家。造成这对双胞胎一真一假的最重要的品质是很难确定的：敌方的心理和精神状态。如果敌人对于情报的采纳和移交没有刻意觉察，该情报就是可信的；反之，如果敌人有意想让情报被采纳，它就是假的。

从这个角度看，情报机构就像一家收养机构。要从双胞胎中找出真的那一个，提供其真实性证明，然后将其作为情报源慢慢培养。如果可以成功地挑选到对的那个，政府将能够对这一还不为对手所知的情报施加影响；反之，就会无意间有助于敌方向本国政府传递虚假情报。安格尔顿打了二十多年交道的问题就是这一至关重要的选择：中情局如何能确定它从苏联方面获得的机密不是刻意准备、用来诱骗和误导美国政府的？

安格尔顿相信，情报本身是无法验明正身的。它的可靠性取决于“控制”，即苏联是否知道它的情报已被中情局获取。而被“控制”与否只有通过追踪并逻辑测试情报抵达中情局过程中的每一次转向才能得知。换言之，在安格尔顿的认识论中，情报源及其情报都需要被调查。在这个问题上的不同看法直接导致了中情局内部的阵营分化。

---

[1] 译注：海森伯不确定性原理（Heisenberg's Uncertainty Principle），又称海森伯测不准原理，是量子力学的一个基本原理，由德国物理学家海森伯于 1927 年提出。海森堡（Werner Heisenberg，1901—1976）曾获 1932 年诺贝尔物理学奖。

[2] 译注：镜像，是反映在镜中左右位置相反但成像相同的影像。

其他人的认识论就远没有如此复杂，比如苏联部那些写下 1973 年指令的执行长官们。他们认为，通过判断一条情报是否与其他情报相符就能知道是不是骗局。如果相契合，该情报就可以被信任。

安格尔顿把这场争论直接追溯到 1964 年，当时诺申科被关押在苏联部并且接受审讯。他反对这种“不友好的审讯”，不是因为他相信诺申科值得信任，而是因为他认为这样做有利于克格勃相信诺申科已经被中情局接受。他仅仅把诺申科当作传递消息的苏联邮递员。他推断，如果克格勃在中情局没有“内应”向其反馈中情局对诺申科的评估，诺申科就不可能被委以这样的重任。他希望把这场游戏进行下去，静观其变。

但贝格雷、墨菲和苏联部的其他人都反对继续参与这场猫鼠游戏。他们认为，可以从心理上攻破诺申科的防线并强迫他承认自己的伪特工身份。如此一来，他们就满意地解决了这个认识论问题，也表明了他们有能力通过暴力辨别真假。

然而监禁诺申科并没有达到想要的结果，中央情报总监理查德·赫尔姆斯不得不面对这个负担以及如何处置这位受怀疑的叛逃者的难题。苏联部就此问题无法达成一致。贝格雷想把他遣送回俄罗斯，而其他人——尤其是先要利用诺申科提供的情报的报告部（Report Section）——坚持如果他是真心想要叛变并被苏联方面处死的话，中情局将其遣送回国无异于手刃忠良（就像上一个案子中被遣送回国的波兰叛逃者）。

1967 年，赫尔姆斯终于斩断了这个戈尔迪之结[1]，为诺申科恢复名誉并将其派到中情局安全办公室，而不是苏联部工作。也为了让安格尔顿满意，他同时强调诺申科提供的所有情报仍然是可疑的。为了防止他向媒体走漏被监禁的消息，赫尔姆斯决定起用诺申科为反情报顾问，作为他被监禁多年的补偿。这项补偿还牵扯到对贝格雷及其支持者的明显打压——他

[1] 译注：戈尔迪之结（Gordian knot），是希腊神话中古代弗里吉亚国王戈尔迪（Gordius）设置的。按神谕，能解开此结者即可为亚细亚国王，后来此结被亚历山大大帝解开。现在经常用来比喻难题、难事、问题或故事情节的关键点。

们都被调离了苏联部。贝格雷听到这个结果时满腹牢骚："诺申科受克格勃的指使欺骗中情局，却为此得到了160000美元的补偿；我们揭发了他的阴谋，得到的却是提前退休和那个数额1/10的赔偿金。"而他们的继任者大多是从执行越南的任务中调回来的，会用"误判"（sick think）来形容他们那些始终认为诺申科是苏联骗局一部分的同事。

与此同时，反情报部手里戈利岑的案子使得这个认识论问题的发展走向了不好的地步。人们普遍认为，由于1959年的重组，如果是来自内部克格勃以外，即使是合法叛逃者和双重间谍都有可能在无意中提供虚假情报。戈利岑特别指出苏联驻联合国外交官、使馆工作人员、军事随员作为中情局和联邦调查局的主要策反目标，是最不可能接触到真实情报的。

这种观点如果被认可，会给已经招募了很多宣称掌握有战略机密的苏联驻联合国外交官的情报官员带来严重后果。如果确如戈利岑所说，这些人根本不掌握任何机密，他们就不得不被认定为伪特工。这也就意味着相关中情局情报官员参与了——尽管是无意当中——苏联的骗局，而这些情报官员的事业就是建立在自1960年来他们搜集的情报之上的。这还造成一些已经被传达给总统的信息变成了虚假情报。如此一来，英雄成了反派，胜利成了失败。这就像安格尔顿说的"行进在颠倒成像的哈哈镜里"。

但戈利岑的说法却遭到了联邦调查局局长埃德加·胡佛的否认，他有"软呢帽"和"高顶帽"需要考虑。他们是克格勃重组后被招进来的，宣称自己掌握有苏联政治局政策制定层面的机密，还应调查局的要求提供给了他们。胡佛个人曾把部分内容直接交给了林登·贝恩斯·约翰逊总统[1]——所以他当然不能接受这种怀疑以上数据是克格勃虚假情报的说法。他认为克格勃派戈利岑来完全是为了损毁联邦调查局的信誉，因此拒绝和中情局再有任何证实戈利岑说法可信度的合作，甚至进一步撤销了调查局为中情局专门安排的24小时监视嫌疑犯的监察小组。最后，随着戈利岑

[1] 译注：林登·贝恩斯·约翰逊（Lyndon Baines Johnson，1908—1973），美国第36任总统。

案件带来的指责越来越多，胡佛中断了和中情局的所有关系，安格尔顿不得以承认这对他造成了一定的“伤害”。因为直到那时，他和联邦调查局反情报部门的密切关系都是他在中情局势力的主要来源。讽刺的是，1978年胡佛死后，戈利岑被证实可信——至少在关于“软呢帽”的问题上。在联邦调查局确定苏联已经知道“软呢帽”向局里提供苏联机密后，“软呢帽”返回苏联并得到提拔，这使得调查局认定，在他为局里工作的那些年里，他曾是克格勃控制下的伪特工。

苏联部在戈利岑的问题上表现出强烈的怀疑，这种态度贯穿了常规的情报搜集过程，包括审查特工和叛逃者是否是苏联虚假情报的可能传播渠道。当贝格雷撰写那份关于诺申科的长达900页的报告时，他质疑戈利岑的可信度，因为他的很多情报在接受苏联部第一次审查时并没有提供而是后来在反情报部里提供的。他试图区分“原本的”（vintage）戈利岑和“变质的”（diluted）戈利岑——尤其是在有关诺申科的问题上。安格尔顿强烈反对报告中的这部分内容，贝格雷最终也在报告的终稿里把它删除。苏联部的挫败感又由于以下秘密争论被进一步增强：他们中的极少数人就戈利岑一案接受了审问。他们唯一知道的就是自己的劳动成果被安格尔顿和他的反情报部质疑；按照后者的说法，他们的工作导致了正常情报工作的瘫痪。同时，安格尔顿也在赫尔姆斯的压力之下对戈利岑给予“正面回应”。赫尔姆斯说，他按安格尔顿的要求为他提供了资金和资源，得到的结果不是原本期望的“大象”而是“老鼠”。他说，这项调查本该发挥些作用。从戈利岑事件中究竟能否识别出克里姆林宫的阴谋？

戈利岑从未宣称自己参加过任何行动的策划，只是亲眼见过实施中的运行机制。然而，他确实回忆起，1958年谢列平在一份报告中解释了苏联如何运用其机制制造了共产党内的“分裂”。美国随后被牵扯进来、支持了其中一方，误以为能够削弱苏联。报告之后，谢列平透露中国将是这种骗局的绝佳候选者。

安格尔顿的手下马上着手调查 1960 年，就在克格勃重组后，产生的中苏裂缝。这会不会只是一场旨在打破西方均衡势力的骗局？与此同时，美国国家安全局的窃听（戈利岑对此一无所知）表明，苏联情报机构正在通过卫星搜集美国轰炸机数据，并将其转给中国情报机构。国家安全局利用一种名为“标记卡”技术的电子形式，能够追踪该数据从苏联到中国、再到北越的全过程。证据表明，越战中苏联和中国为了他们共同的盟国——北越——采取了联合行动。但是安格尔顿又更进一步推测，如果克格勃在越南问题上能和中国合作，那么其他情况下也能如此。他要求戈利岑立刻写出有关中苏分裂的战略骗局。

直到 1968 年，戈利岑才终于写出了所有证据。他得出结论：他 10 年前隐约听到的这场骗局现在已经在实施中。

随后，赫尔姆斯集结了一组苏联和中国问题专家来研究这个案子。他们的反应比较温和，并没有对戈利岑的证据产生强烈的印象。当各路专家审问戈利岑有关他提交的证据时，他变得——如安格尔顿所说——“异常具有防卫性”，他叫嚣着反问专家是他的哪条证据引发了他们的怀疑。于是这场会面以很不友好的方式收场。更重要的是，戈利岑首次提到谢列平报告的几年以后，世界局势的发展趋势印证了中苏裂缝确实存在。例如，中苏边境军队在乌苏里江爆发了军事冲突。

尽管如此，安格尔顿没有放弃继续寻找更多的证据来支持戈利岑。终于在 1969 年，赫尔姆斯把他叫到办公室里，告诉他来自白宫尼克松[1]的政策不仅接受了中苏裂缝的事实，更利用它寻求中美关系的缓和。他被告知“用政治术语来说——放弃戈利岑”。

在中情局摸爬滚打 15 年的安格尔顿明白，他最后的支持者——赫尔姆斯——也要失去耐心了。戈利岑没有给出他们想要的结果，他只能离开

---

[1] 译注：理查德·米尔豪斯·尼克松（Richard Milhous Nixon，1913—1994），美国第 37 届总统。

中情局核心事务、为其做些兼职的顾问工作。

1972年11月20日，当尼克松总统要求赫尔姆斯辞职的时候，安格尔顿便知道他在中情局也时日不多了。现任行动处长官的科尔比曾是安格尔顿反情报部的调查对象，对安格尔顿可谓恨之入骨。他在情报工作方面没什么经验，也反对秘密行动。他向安格尔顿明确表明，他反对其对克格勃采取战略欺骗的复杂看法。他把中情局直截了当地看作为总统搜集情报的一个机构，认为克格勃不应该是中情局的业务重点，其骗局也只是一个技术问题，而不是战略问题。涉及认识论的部分，他相信中情局的测谎仪能够识别出伪叛徒和克格勃控制的双重间谍。科尔比去找中情局新局长——尼克松的财务主管——詹姆斯·施莱辛格（James Schlesinger）教授，向他建议辞退安格尔顿，展开对他不利的相关案件调查。

施莱辛格随即在办公室召见安格尔顿，条条陈数对他的批评，还说科尔比指责他不坦率、爱搞阴谋。此外，施莱辛格指责他给苏联部的工作造成了混乱。最终经过全盘考虑，科尔比认为安格尔顿对苏联渗透活动的过度怀疑已经证实是“弊大于利”。

安格尔顿断定自己要被辞退，也没有再做任何努力反驳。同时他也承认部分指责确实是事实。他太不坦率；他的想法也过于复杂和令人费解，借用诗人艾略特《小老头》一书中的话就是，到处都是诡诈的通道、天窗和人工走廊。这些不为外人理解，甚至他的部下也不能懂他，即他把骗局理解为一种心理和精神状态。而且他故意造成了苏联部的瓦解。

就在他准备离开办公室的时候，施莱辛格又叫住了他，非常客气地询问他中情局的困境是什么。

安格尔顿恭敬地说，描述困境不是一时半会儿的事情，但说出解决办法却用不了多长时间。新局长点了支烟、示意他坐下。安格尔顿开始跟他大谈情报的本质：它的认识论，它的弱点，它的终极价值。就这样，三个小时过去了。

当他从局长办公室出来的时候，他并没有作为反情报部门长官被辞退。因为他现在已经成了施莱辛格的私人顾问——就像他曾是比德尔·史密斯、艾伦·杜勒斯、约翰·麦科恩（John McCone）和理查德·赫尔姆斯等诸位中情局局长的顾问一样。

安格尔顿的好日子没能持续多久。施莱辛格在中情局只干了四个月(尽管日后他仍和安格尔顿保持了密切联系，也是安格尔顿悼念活动中最早到场的几位之一)，科尔比就接管了他的职位。

科尔比是不会上安格尔顿的当、相信他那套理论或者认识论的。他也不会忘记其对他在越南期间的审查。他知道安格尔顿仍有余威——尤其是在他 180 人的反情报部里，有些人自他在耶鲁创办诗歌刊物《狂怒者》时就与他一起共事，因此他迅速削弱和缩减了安格尔顿反情报部的权力和规模。科尔比首先撤销了其判定“诚意”的职能，抱怨说中情局过去浪费了太多时间担心伪叛徒和伪特工的问题。随后他开始切断它和其他情报机构——尤其是以色列情报机构——的联系。这些合作关系是安格尔顿在过去 20 年里一手经营的，对他来说它们的价值不亚于中情局。他能够以非正式的方式建议它们对对外情报与反谍报署、军情六处和以色列中央情报安全研究所进行调查，然后它们会把调查结果反馈给他。科尔比还重组了一些部门，不仅削弱了安格尔顿在中情局的地位，更使他的反情报部日益显得多余。

失势的这段时间里，安格尔顿的父亲休·安格尔顿的逝世给他带来了很大打击。他父亲的溃疡恶化，不得不多次住院。他的事业也随着科尔比对他神秘光圈的瓦解而走向终点。

1974 年 12 月 20 日，科尔比找借口踢走了安格尔顿，使他在中情局永无翻身之日：当时曾经调查过中情局非法活动的《纽约时报》的西摩·赫什要求采访科尔比，他在办公室里对其问题进行了回应，并证实了相关怀疑。他承认中情局在 20 世纪 50 年代后期私自开启从苏联寄给美国公民的信件，并任命安格尔顿负责这项计划。

科尔比接着把安格尔顿叫到办公室，告诉他《纽约时报》准备公开当年“私信拆封计划”的惊人内幕，一旦公开中情局就无法容得下安格尔顿了。他要求安格尔顿就此问题辞职，并在圣诞节前离开。

安格尔顿被迫辞职

对安格尔顿的清除发生后，罗卡、迈勒及其大多数部下都被迫辞职。随后就是大规模的平反，很多当年受到怀疑的叛逃者和双重间谍都被认定为合法的情报源。安格尔顿曾呕心沥血搜集的材料都被封存，随后如同迈勒向安格尔顿汇报的那样被“系统地粉碎”。（甚至“虚假情报”这个词都巧妙地被重新定义，不再表示国家情报系统里有关使用真实但带有误导性的数据的巧妙操作，而是表示报刊、电视等媒体的宣传运作。）

安格尔顿在圣诞节前夕离开了中情局，他在身上装饰了三根白色羽毛作为懦弱的标志。他打算把它们送给科尔比手下的三位高级行政长官，他们才是“私信拆封计划”的幕后主使，而他只是名义上的负责人罢了。他们默许了安格尔顿的做法。他看着三根羽毛，改了主意决定用它们作诱饵。中情局的战争就这样不带哀怨和悲鸣地结束了。

自此以后，安格尔顿不想再听到任何关于华盛顿或者中情局的消息。他在亚利桑那州的沙漠定居，放弃了他引以为傲的兰花，让它们在弗吉尼亚的花房里自生自灭。第二年，他独自去了加拿大新不伦瑞克（New Brunswick）玛塔佩迪亚河（Matapedia River）的钓鱼营地。只随身带了他收集的超过 200 个鱼饵，其中一些是早期在中情局时比德尔 · 史密斯给他的，但大多数都是专为他用心设计的。像所有诱饵一样，鱼饵以一种能引发目标反应的方式歪曲现实。他抓了很多鲑鱼。后来他又去了华盛顿。从那儿回来后不久我就第一次打电话给他，并告诉他我正在采访诺申科。

接下来的 10 年时间里，每次我去华盛顿调查期间都能见到安格尔顿。他并没有安心地享受退休生活，而是继续为国会下设的关于反情报工作的小组委员会工作，但是很快就同新一届中情局失去了联系——照他的说法是这样的。他还为退休的情报工作者发表时事通讯，这在更大意义上是一种和旧友保持联系的方式，而不是什么正式的事业。我才意识到原来他有大把的时间，难怪我们有一次在麦迪逊大饭店吃午饭花了那么长时间，直到服务员都开始准备晚餐餐车了，他仍建议我们继续坐坐。这是我曾吃过的最漫长的一餐。安格尔顿应该是非常明确的，就像那天他准时赴约一样。但是他的故事却有一个不寻常的开头和结尾，就好像剥洋葱一样层层叠叠。我想从安格尔顿那里知道的就是他曾跟施莱辛格提到的：骗局。他称之为“心理战、政治战”。为什么对于美国情报机构来说这个问题如此棘手？

在弗吉尼亚某购物中心的小型法国餐馆的午餐时间，安格尔顿带来了一张书中的图片，这本书是关于格式塔心理学[1]的实验的，实验能阐明他所谓的问题。图片上的画像可以有两种方式观赏：可以看作两张侧脸的轮廓，也可以看作一只酒杯。他说这取决于“观察者的思考态度”。如果想看到脸，脸的轮廓就会进入视线；如果想看到酒杯，酒杯就会浮现。但一个人的脑子里不可能同时想到这两个画面；它们是相互排斥的概念。这种观点同样也适用于在世界图景中观看情报或者骗局。

他解释说，普通的证据无法应用于中情局从苏联内部获取的情报。因为这是一个“拒绝相信的领域”，美国情报官员根本不可能见到、更不可能检测他们特工链上的最终来源。在华盛顿，黑暗中浮现的希望就是苏联国家文件和私下场合苏联高级官员所做报告的复本。关键问题就是，这些来自苏联核心机构的文件和私人会谈是可信情报还是虚假信息。如果以上材料在不被苏联察觉的情况下遭到窃听，就可以确认为可靠情报；如果是在苏联知道的情况下通过信息链一步步传递过来的，那就是虚假信息。区别真假靠的不是别的，正是对敌人自我意识的假设——一种在情报领域中

[1] 编注：格式塔心理学（Gestalt Psychology）是西方现代心理学的主要流派之一，也称为完形心理学。完形即“整体”的意思，格式塔（Gestalt）就是德文“整体”的译音。

永远保持质疑的假设。

在实际操作中，安格尔顿发现中情局仅靠一种“单一的思考态度”是无法应付这种偶然性现实的。就像“脸—酒杯”的图片，中情局倾向于把俄罗斯的数据看作是情报或者骗局，或者什么都不是。选择哪一种倾向决定了它如何理解过去和未来所获的证据。真正的危险在于，错误的“思考态度”会让中情局身陷囹圄。

为了应对这两种思考态度，中情局在 1954 年提出了相应的补救办法。安格尔顿的反情报部将提供关于图片的另一种看法。苏联部将把苏联外交官视为中情局可以发展的潜在内应，而反情报部则将其视作可能传递虚假情报的伪特工。无论情报官员倾向于如何看待冒着生命危险同他们合作的苏联叛逃者提供的情报，反情报部始终倾向于将其质疑为受克格勃控制的虚假情报。这就是安格尔顿所谓的“必要的二元性”。

我终于明白为什么这个概念会与每一任中情局局长缠绕不休，从比德尔·史密斯到詹姆斯·施莱辛格。这是他们的保障性政策，即便他们会以冲突和争论的方式付出很高的代价。

安格尔顿说：“科尔比说他不认为存在这个问题，他相信中情局的技术能力能够清除虚假情报——通过卫星、电脑和测谎仪。”这一切依靠苏联部这一种思考态度就可以解决，不需要来自反情报部的其他声音。他总结说，“科尔比相信他想要相信的那一套，因此我被辞退了。”

安格尔顿对于“荒野之镜”的兴趣远没有结束。他继续发展并精练他那套关于骗局的理论，即使 1986 年春天得知自己患有晚期肺癌，他也不曾放弃。那时，他的人生也许仅剩不到一年。

[第七章]

完美欺骗的理论

“善战者，不战而屈人之兵。”

——孙子

晚年的安格尔顿见证了世界各强权之间发生核战争的微小可能性。核武器的毁灭性力量使得它们的使用几乎不可能。

这样的话，为什么困扰了他四分之一个世纪的中情局和克格勃之间的隐秘战争会如此重要？这场骗局又给核世界带来了什么？当我问他的时候，他耸了耸肩，建议我读一本中国的战略小册子。这是翟林奈[1]翻译的《孙子兵法》（*The Art of War*）。这本两千年前的著作最初让我以为这不过是安格尔顿回避真相的另一个借口，直到我真正开始读它。

不同于现代陈述制胜战术的军事教材，孙子[2]认为战争艺术的最高境界就是不费一兵一卒而获得胜利。通过消耗敌人力量、瓦解敌方军心、打击敌方士气并最终“屈人之兵”取得胜利。为了达到这一目标，孙子总结出一套体系，用来误导将领对敌人实力和意图的判断，从而使其无法对实

[1] 编注：翟林奈（Lionel Giles，1875—1958），英国人，汉学家，生于中国。他曾将《孙子兵法》、《论语》等中国古代著作翻译为英文。

[2] 译注：孙子（Sun-tzu），名武，字长卿，中国古代春秋末年著名军事家、哲学家，后人尊称为“兵圣”，著有《孙子兵法》。

际情况做好万全准备。这一切都依赖于完全的欺骗手段。他建议："故能而示之不能，用而示之不用，近而示之远，远而示之近。利而诱之，乱而取之，实而备之，强而避之。"

孙子认为这类欺骗手段无疑会给敌方造成假象，但还不足以达到短期效果，诸如伪装的营火或者为敌人提供的虚假情报，他称之为"诳事"。同样还需要控制敌方的情报系统。

诚如孙子所言，这种深入敌方、控其要害的"神纪"，涉及故意向敌人领地派遣、被抓后佯装投降从而有意误导敌人的"死间"所传达的虚假情报，与打入敌腹的"内间"的紧密配合。最终结果就是敌方情报机构强化了自己对现实的错误判断。

圈　套

安格尔顿像孙子一样，把他的骗局理论建立在本该起到保护作用的、情报机构所具有的弱点上。早在费尔比一案中，他就明白了这个道理。他极其平静却又异常笃定地认为："骗局始于情报，也终于情报。"他一直在思考这个问题，到 1985 年我们谈论它的时候，他已经整整思考了三十多年。这些年里，他研读孙子，形成了一套自己的心得，他简练地称之为"圈套"。

它由两条同敌方情报机构紧密勾连的线路组成——一条是实施骗局，一条是骗局受害者。骗子利用第一条线向敌人传递虚假情报，实际操作中这意味着情报机构必须建立自己的传递渠道，无论是人工的还是电子的，将自己与对方情报机构连接起来。这些就是受害者赖以传递机密的渠道。这些所谓的受害者可以是伪叛徒、双重间谍、使馆里口风不紧的外交官、巡逻检查的军事随员，甚至敌方卫星拍摄的大片领土版图。

然后，实施骗局的人利用第二条线盯紧受害者对这些情报的反应。最后阶段，我方安置于敌方的内应反馈关于这些情报的评估。早就引起安格尔顿高度重视的反馈工作，是十分关键的一步，可以建立敌方情报机构对我方圈套中虚假情报来源的信任。否则，骗局策划者就不能确定究竟是他在欺骗对方还是被对方欺骗，他的所有行动都是徒劳的。内应有助于强化敌方情报机构试图相信的情报的可信度，并且消除或者修正那些受到怀疑的情报。

他说就像试图欺骗丈夫的妻子，贿赂丈夫的心理医生从而得知自己的丈夫是如何理解她编造给他的所有谎言和误导线索，然后对他相信的内容更加用心，对他怀疑的部分马上终止提供或进行修改。最终通过试错法，妻子和心理医生能够为丈夫编造一个让他百分之百相信的完美谎言。以上策略最终达到了安格尔顿所谓的“被骗者自己骗了自己”。

安格尔顿关于他设置的圈套如何欺骗敌方情报机构的描述，让我想起了最近看过的一部电影《骗中骗》(*The Sting*)。故事中的骗局策划者不是克格勃或中情局的专家，而是由保罗·纽曼（Paul Newman）和罗伯特·雷德福（Robert Redford）扮演的一对“知心朋友”。就像“知心朋友”这四个字所暗示的那样，他们有本事建立起他们和行骗目标之间的绝对信任，以至于让对方把钱给他们——即使他们是素未相识的陌生人。后来，两人的一位朋友——由罗伯特·肖（Robert Shaw）扮演——被黑帮杀掉，他们又利用骗术诱使匪徒把钱交给他们，从而报复了罪犯。

为了成功实施骗局，纽曼和雷德福在另一群“知心朋友”的帮助下为剧中的歹徒营造了一个假象——一家假的赌马场，这是纽曼为了诱使歹徒上当而专门设置的。随后雷德福假装和纽曼分道扬镳，并为歹徒提供了一条极具诱惑的消息：赛马的结果由于电信公司黑心老板的操作会被拖延，这段时间足够让他下准赌注。

随着越来越多的情报被透露给歹徒，他对雷德福的信任也与日俱增。作为他的“知心朋友”，雷德福就能向纽曼反馈歹徒对这些情报的反应。一旦他有所怀疑，纽曼便调整给他的虚假情报，从而使歹徒无法抗拒骗局的诱惑、乖乖往里面扔钱。电影中的骗局如下图所示：

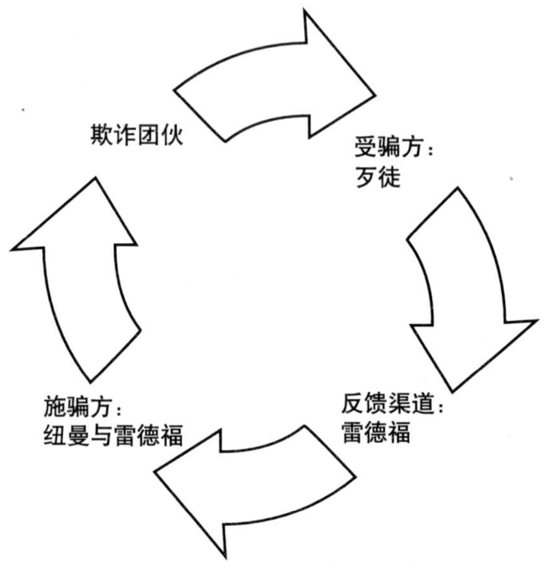

《骗中骗》中的欺骗环：虚假信息传递渠道

实施完美骗局的两个条件

安格尔顿确信，上面这种圈套是一种相对简单的操作。尽管施骗方需要建立可靠的虚假信息传递渠道、安插好内应并确定自己情报机构的安全据点，但以他的经验，克格勃和中情局已经显示出应对以上问题的能力和技术。他还认为，圈套本身尽管有可能控制住敌方情报机构，但不足以保障骗局的成功实施。一场完美的骗局还需要以下两个条件。

第一个条件是：对方领导人员必须处在一种倾向于接受并利用从我方获取的虚假情报的心态中。这就要求我方提供的情报必须符合敌方的先入之见或者普遍利益——至少在美国的例子中，这点不难判断。安格尔顿认为，列宁在 1921 年对手下情报工作的指导表明他深谙此理，当时他就说过“告诉他们一些他们想听的”。

第二个条件是：敌方必须处在一种对自己掌握的情报非常信任，以至于不愿意怀疑证据并且认为自己不可能被欺骗的心态中。这种一概的否定态度会造成一种自负心理，就是安格尔顿提出要在敌方内部培养的，使对手缺乏必要的方法和能力来隐藏自己的行动、组织虚假情报和洞察内部成员。否则，一旦出现错误就会导致整个国家对骗局毫无还手之力。

安格尔顿认为，问题不在于苏联是否想在这场不流血的骗局中取得战略优势——他认为只要苏联想要就可以——而在于是否存在或者能被创造出使它成功的条件。这些条件在苏联实行公开化政策的今天是否还存在？苏联是否还有策划骗局的“国家意图”（mind of the state）？美国是否具备允许苏联不战而胜的“心态”（state of mind）？这些将是本书接下来要探讨的问题。

第二部分

国家意图

[第八章]

情报界的学术会议

"敌间之来间我者，因而利之，导而舍之，故反间可得而用也。"

——孙子

学术会议

什么是"国家意图"——或者说美国情报界的建构？这与骗局以及安格尔顿提出的问题又有何相干？

1979 年 4 月至 1985 年 9 月间，我打算通过参加有关骗局的一系列学术会议[1]找到问题的答案。该会议由大学和基金会主办，其中至少一场会议还有中

[1] 原注：我参加的第一场会议叫作"情报：骗局与惊喜"（Intelligence: Deception and Surprise），于 1979 年 4 月 24 日至 26 日在马萨诸塞州坎布里奇市举办，由塔夫茨大学国际安全研究项目主办。会上我遇到了一位来自乔治城的精力充沛的教授罗伊·C. 哥德森（Roy C. Godson），他邀请我参加他的情报研究联合会。我第一次参加是在 1979 年 11 月 1 日华盛顿的国际俱乐部，当时我提交了一份关于骗局的小论文，随后发表在哥德森主编的《20 世纪 80 年代情报要求：分析与评估》（*Intelligence Requirements for the 1980s: Analysis and Estimates* [New Brunswick, N.J.: Transaction Books, 1980]）一书上。之后的两年里我还持续参加了该联合会的多场会议。

情局的参与。我想在这个非正式场合见见这些情报机构的长官，这种场合下也许他们更愿意回答我的问题，至少不会将我拒之门外。结果不出所料，在这种小型会议中我能够接触到的来自情报机构的大型代表团，是我在任何其他场合所不能接触到的，也许情报界以外的任何人也都不会拥有这种机会。

中情局的与会代表有：未来的中央情报总监威廉·凯西（William Casey），前总监威廉·科尔比，安格尔顿之后的反情报部长官乔治·克莱瑞斯（George Kalaris），中情局国家情报办公室负责骗局工作的费雷德·哈钦森（Fred Hutchinson）、负责苏联事务的费雷德里希·厄麦斯（Fritz Ermath）和负责战略规划的拉里·格什温（Larry Gershwin），中情局国家预警办公室（CIA's National Warning Office）的理查德·雷曼（Richard Lehman），中情局国家外事评估中心（CIA's National Foreign Assessment Center）的克劳斯·诺（Klaus Knorr）、布鲁斯·C. 克拉克（Bruce C. Clark）和斯图尔特·科恩（Stuart Cohen），负责招募间谍的国防情报局[1]人事系统首长梅若·T. 凯利（Merrill T. Kelly），情报部门前副主管雷·克莱恩（Ray Cline），行动部门前副主管西奥多·G. 沙克利（Theodore G. Shackley）等。

还有来自五角大楼[2]的科学家，苏联情报机构的叛变者，中情局分局主管，中情局与英、法、加、意、以等国情报机构的联络员，美国国家安全委员会[3]的代表，境外智库的专家们及来自众议院和参议院情报监督委员会的工作人员。此外还偷溜进一位活跃的间谍——乔纳森·波拉德

[1] 译注：美国国防情报局（Defense Intelligence Agency，简称为 DIA），是美国情报机构中最神秘的一个部门，具体的人员和预算现在都不为外界所知，1961 年 8 月 1 日根据美国国防部命令成立。主要的工作是满足国防部主要部门的情报要求。

[2] 译注：五角大楼（The Pentagon），美国弗吉尼亚州阿灵顿郡内一座五边形的大型建筑，为美国国防部总部所在地。

[3] 译注：美国国家安全委员会（National Security Council，简称为 NSC），是 1947 年根据《国家安全法》与中央情报局一起建立的组织机构，主要针对与国家安全有关的内政、外交和军事政策向总统提出建议，为白宫提供了一个独立于国务院的外交决策工具。它有四个成员：总统、副总统、国务卿和国防部长。

(Jonathan Pollard，他也因此以间谍罪被捕)。

首场会议在马萨诸塞州坎布里奇的凯悦酒店举行，由弗莱彻外交学院（Fletcher School of Diplomacy）主办。我很意外地发现，一小组专家已经在着手将骗局的预想落实为具体原则。这些专家包括：苏格兰科学家——一名在二战中揶揄和蒙骗了德国的电子情报实干者——R. V. 琼斯(R. V. Jones)；麻省理工学院（Massachusetts Institute of Technology，简称为 MIT）资深政治学家——一名将 20 世纪所有军事骗局整理为一份 800 页长篇分析的魔术爱好者——巴顿 · 惠利（Barton Whaley)；以色列教授迈克尔 · 汉德尔（Michael Handel）——他提出的关于出奇战术的详尽理论被广泛应用于政治学和战争中[1]；兰德公司[2]智囊——现任五角大楼负责资助有关骗局的大规模研究的网络评估办公室主任——安德鲁 · W. 马歇尔(Andrew W. Marshall)。

会议就有关骗局的大量核心观点达成共识。首先，毫无疑问，骗局会对人类行为造成影响。即使原始人也懂得通过在水边放置诱饵或者模仿鸟类同伴的叫声诱使猎物进入自己的狩猎圈。欺骗是人类文明的一部分，个体常常使用欺骗，比如利用化妆品使自己看起来更具吸引力，或者当他们不在家的时候打开灯具、广播从而吓退入侵者（甚至设置能模拟狗吠的反盗窃装置)。

---

[1] 原注：R. V. 琼斯从骗局策划者的角度创作了《绝密战争》(*Most Secret War* [London: Coronet Books, 1979]) 以及《欺诈实践理论》(*The Theory of Practical Joking*) 一文，载于《物理研究学报》(*Bulletin of the Institute of Physics*，1957 年 6 月号，第 193—201 页)。巴顿 · 惠利的代表作是《战略：战争中的欺骗和惊喜》(*Stratagem:Deception and Surprise in War* [Cambridge, Mass.: Center for International Studies, MIT, 1969])。在一份 600 页的附录中，他列举了大量骗局中惯用的战术和战略，并指出它们在大多数情况下都发挥了显著的作用。该书印刷量只有 150 本。相关书籍还有迈克尔 · 汉德尔的《感知、欺骗和惊喜》(*Perception, Deception and Surprise*)，收录于《耶路撒冷关于和平问题研究论文集》(*Jerusalem Papers on Peace Problems*, no. 19, The Hebrew University [Jerusalem: Jerusalem Post Press, 1976])。

[2] 译注：兰德公司（Research and Development Corporation，简称为 RAND)，又名研究与发展公司，是美国最重要的以军事为主的综合性战略研究机构。

会议还一致认同政府在应用欺骗技巧时应该有丰富的经验。即使这些技巧仅仅是大多政治学必修课的一部分，但它们仍然在人们被统治的过程中发挥出极大作用，至少在会议之外是这样的。比如，政府操控人们追捧或仿效的文字、图画、音乐及其他信号，利用其在现实中的导向作用，从而实现社会控制。无论是民主政权还是独裁专政，政府这个“修理工”都会密切关注——纵然关注程度不同——信号，它们可以是从数据到新闻标题的任何东西。弗莱彻外交学院的一位教授甚至主张，现代国家将欺骗作为“在规范群众行为中（政府）野蛮暴力行为的人道的、廉价的替代物”。

就连在美国这样的民主国家，欺骗也是法律得以实施的主要手段，尤其是针对团伙犯罪。政府频繁地依赖“诈骗”抓获毒枭、逃税者、军火商甚至普通罪犯。由于这些罪犯缺乏相关资源对他们潜在的受害者或合作人进行事先调查，必须通过穿着、行为或者证书这些政府很容易模仿或伪造的相对原始的指标来进行判断，因此这些欺骗技巧尤其有效。在纽约，警察时常伪装成步行的老人、酒鬼、单身女人和其他容易受侵害的对象，就像披着羊皮的狼，引人注目地闲逛从而诱使罪犯上钩。而在首都华盛顿，为了对窃贼实施大规模抓捕，警察会在当地货仓组织自己的生意并高价购买被窃物品。洛杉矶的美国海军伪装成经销商，靠为海军提供非法劳工来收取回扣，从而对其进行诱捕。芝加哥的警察设立信用卡“洗衣房”，将从美国运通[1]和其他信用卡里取得的非法服务秘密转到指定餐馆里。通过管理信用卡生意，他们便能够揪出提供这些服务的娼妓、皮条客、老鸨、色情读物传播者。联邦调查局打扮成阿拉伯酋长向政治家行贿以测试其忠诚度。在百慕大[2]，当地税务工作人员假扮税务律师、会计师、房地产商人从而取得其他为公民制订逃税计划的律师和会计师的信任。[3]在洛杉矶，

---

[1] 译注：美国运通（America Express），一种信用卡，由同名国际金融机构美国运通公司（英文全称 American Express，简称为 AMEX）发行。

[2] 译注：百慕大（Bermuda），大西洋西部的英属自治殖民地。1684 年成为英国直辖殖民地。其经济以旅游业和国际金融业为主。

[3] 原注：关于毒品问题，参见拙作《恐怖机构》（*Agency of Fear* [New York: Putnam,

医疗调查人员会随机穿着便装访问医生办公室，伪装成饱受痛苦的病人诱使医生为他们开非法医药品。在国家森林地带，鱼类和野生动物看守人假装从事动物标本剥制术的行当，专门兜售稀有动物标本，从而诱使偷猎者上钩。

除了控制常规犯罪，国家还使用欺骗手段控制政治异见论者。19 世纪末期俄国沙皇就精通此法，常常派遣“密探”（agent provocateur）参与敌方的反动活动。在克格勃前身奥克拉那警备队[1]的授意下，特工伪装成异见论者实施事先排演好的恐怖活动，甚至暗杀他们自己的官员、炸毁自己的警察局，从而向地下反动集团首领证明自己的忠诚。警备队发现派出的特工基本不可能被对方杀掉，因为他们能够轻易地通过敌人唯一的测试：承担危害祖国的危险任务。奥克拉那可以保障恐怖活动的成功以及他们的安全，因此他们很容易在反动集团内得到提升、取得一定的领导权。这种人为导演的恐怖活动也是要付出代价的。正如一名与会者指出，1901 年，一个名叫阿泽夫（Azev）的秘密警察对莫斯科总督（the Governor General of Moscow）谢尔盖大公（Grand Duke Sergei）实施了暗杀。即使如此，奥克拉那还是获得了对俄罗斯境内和境外几乎所有反动集团的实际控制。通过进一步操控，在一战前成功地揪出了几乎所有的沙皇反动派——这种结果明显使得沙皇愿意接受他们实施骗局所付出的代价。

1976]）。关于海军丑闻，参见《纽约时报》（*The New York Times*,1984 年 10 月 30 日 A21 版）。关于美国国税局卧底行动参见《敲诈成功》（“Stinging Success”），载于《巴伦周刊》[*Barron's*], 1984 年 10 月 8 日，第 16 页）。关于至少 300 位参与者的猎鹰行动报告发表在《纽约时报》1984 年 8 月 30 日，A15 版。1984 年，一个类似的骗局在纽约上演，一个车主在卖掉汽车后为了获得保险赔偿谎报自己汽车丢失，联邦调查局为了让车主露馅，设立了一个假冒的机构专门提供存车和拖车服务，向车主提出购买车废料。车主卖出后便谎报自己车子被偷，于是行迹败露。该报道参见《汽车诈骗保险作案 122 起》（“Car Insurance Fraud ‘Sting’ Nets 122 in City”，载于《纽约时报》，1984 年 12 月 18 日，第 1 版）。

[1] 编注：奥克拉那警备队（Okhrana），俄国沙皇时代的秘密警察组织名。

设置密探系统显然不局限于沙皇和独裁者使用。[1] 英国情报机构——军情五处，曾雇佣特工在印度、巴勒斯坦、爱尔兰假扮民族主义恐怖分子。法国在其殖民地派遣特工也很老练。美国特工在20世纪50年代早期成功地打入境内几乎所有共产党组织，并能获得机要职位。根据联邦调查局反间谍专家的说法，此类渗透活动非常成功，以至于局长埃德加·胡佛反对国会宣称共产党的成就是非法的。他认为这些组织既然已经被联邦调查局控制，将有助于识别并操纵其内部党员。从这个角度来讲，这和“信任”活动没什么区别。

联邦调查局在其所谓的反情报计划（counterintelligence program，简写为Cointellpro）中使用这些欺骗手段，引发反动集团内部的怀疑，这是曾经监督该计划的威廉·沙利文告诉我的。通过里应外合，联邦调查局便能够运用欺骗的圈套达到显著的效果，瓦解将这些反动活动连接在一起的关键因素——信任。[2]

最后，包括之前持怀疑态度的所有与会者一致认同：在当今战争中，政府利用欺骗手段打击敌人取得了显著的成果。事实上，大多数的与会者

---

[1] 原注：关于沙皇密探系统，参见A. T. 瓦西里耶夫（A. T. Vasilyev）的《奥克拉那：俄罗斯秘密警察》（*The Okhrana: The Russian Secret Police* [Westport, Conn.: Hyperion Press, 1930]）。轰动一时的大公暗杀事件的幕后主使是奥克拉那手下的特工阿泽夫。1983年，阿泽夫刚刚开始他的职业生涯，那时他还是一名坐探；1901年，他成为行动部的长官，负责为社会革命党——也许是最激进的反沙皇集团——执行暗杀和破坏活动。通过他，奥克拉那不仅能提前掌握国内反沙皇集团的恐怖活动，还能用它来抹黑整个的反动活动。关于阿泽夫的职业生涯，参见鲍里斯·I. 尼古列夫斯基（Boris I. Nikolaevskii）的《阿泽夫：俄罗斯的犹大》（*Azeff: The Russian Judas* [London: Hurst & Blackett, 1934]）。

[2] 原注：关于联邦调查局的秘密行动，参见《政府情报行动专门研究委员会终期报告》（Select Committee to Study Government Operations with Respect to Intelligence Activities, Final Report, U.S. Senate, 94th Congress, 1st Session, 1976, Book 2）。该报告所依据的听证会具体展现了军事机构和中情局是如何利用骗局控制国内反动分子的。哈佛大学管理学教授詹姆斯·Q. 威尔逊（James Q. Wilson）获得了研究70年代后期联邦调查局和缉毒机构核心文件的浏览权，他的《调查者》（*The Investigators* [New York: Basic Books, 1978]）向读者呈现了发展奸细的逻辑和策略。联邦调查局的副局长威廉·沙利文在1977年接受我的采访时解释了胡佛关于共产党的见解。

都曾亲身参与过二战中的各种骗局。例如，琼斯教授就描述了他是如何通过策划整出对话，并使之通过双重间谍传递给德国情报机构，从而欺骗德国，使其相信英国皇家空军在德国实施轰炸中所使用的无线电方位信号类型的。他用苏格兰腔调给我解释，听起来好像很简单："为了欺骗对方，你必须首先找到敌人控制下的传递情报的渠道，以确保你能提供尽可能多的线索，然后阻碍或者损坏那些你无法提供有用线索的渠道。"

这种方法在骗局策划中逐渐升华成一门艺术，英国在 1944 年诺曼底登陆（Invasion of Normandy）前后使用该方法成功地分散和转移了德军注意力。会议中可以对其进行详尽的分析，因为不同于其他严格保密的战略欺骗，英国政府已经对它的这段历史做出了官方说明。[1]

所谓联盟策略，就是把所有鸡蛋都放在同一个篮子里，即在攻击发起日（D-Day）英美加三国百万远征军都在诺曼底沿岸登陆。然而在军队安全着陆之前，德军获取的关于同盟国联军于何时何地登陆以及战略目标的情报是完全错误的，因此德军将其在西欧的所有兵力都放置在滩头阵地上。

此次骗局意在诱使德军即使在诺曼底登陆后依旧相信，这次最初登陆是两面夹击的一部分，还有另一拨规模更大的同盟国联军正准备在英法之间的加来海峡（Pas de Calais，即多佛尔海峡）登陆。如果德军对此深信不疑，他们就别无选择而只能分散兵力，甚至在诺曼底登陆后继续向北增兵，抵御第二次进攻。

英国策划者早在三年前就着手筹备了，目的就是让希特勒和德国国防军最高统帅部[2]形成对同盟军行动的错误思维模式。他们提供这幅虚幻图景，被德国情报机构一点一点地搜集整理，最终形成了一支存在于德军头脑中

[1] 原注：关于英国骗局策划，详见安东尼·凯夫·布朗（Anthony Cave Brown）的《谎言保镖》（*Body-guard of Lies* [New York: Harper & Row, 1976]）。该书修订版发表在 1976 年 5 月 28 日的《泰晤士报·文学副刊》上。

[2] 编注：德国国防军最高统帅部（英文为 German High Command；德文为 Oberkommando der Wehrmacht，简称为 OKW），是纳粹德国二战期间武装部队的最高指挥机构。

的、由乔治·巴顿（George Patton）将军率领驻扎在英格兰北部的强大美国军队——美国第四集团军群（Fourth U. S. Army Group，简称为FUSAG）。尽管美国第四集团军群是完全虚构的，整场骗局的策划者——伦敦协调委员会（London Coordinating Committee）还是试图将德军无线电拦截、空中勘察和情报分析的重心密切集中到虚拟军团根据地发出的假信号上，使得德国国防军最高统帅部要么忽视英格兰南部的真正进攻力量，要么仅仅把这次进攻当作两面夹击的一部分。英国人制造了上千条假情报作为线索，它们来自美国第四集团军群各个虚构出来的单位，事实上是由英国真实作战的军队部门发出的。他们还故意让英国北部基地内充当诱饵的坦克、登陆艇和飞机暴露在德军空中摄影机下，其实所有的一切都是假象。他们利用鼓风机产生灰尘云团从而制造假象，在当地媒体上编造关于这个不曾存在的军队中的婚姻、约会和其他重要数据。这些故事被英国的德国特工传递给德国情报机构———切实际上都在英国掌控之中。

英军在之前的四年时间里已经发展出了控制德军情报机构的能力。通过俘获那些空投或者偷渡进英国的德国情报人员，英方命令他们继续向德国发回无线电报——但这些情报都是监管他们的军情五处特工事先准备好的。在这场双重欺骗中，英方向被俘的德国情报人员提供丰富的资源和可信的情报，从而让他们取信于德国的情报长官。最终，到了真正实施骗局的时候，德军会依赖这些人充当德方在英国的诱饵。这些双重特工就像孙子笔下的“反间”（converted agents），他们为德国提供的报告全都错误地证实了美国第四集团军群的存在。

英方还安排自己的间谍，让他们掌握一定的情报并故意落入德军手中。这些法国、比利时、荷兰的抵抗力量——其组织已经遭德军情报人员渗透。大部分人有可能被捕，接受审讯、拷问或者其他强制手段，或者被贿赂要他们说出自己知道的。基于英方判断，他们会向德国反情报机构提供两面夹击战略的更多证据，他们被强制命令在加来海峡的第二战场的相关地区实施破坏行动。

这个例子中的信息反馈不是来自间谍，而是来自英军破译德国军事代码的能力。战争开始之前，英国情报特工监视了一组被德国国防军最高统帅部使用的、通过空中电波发往各军事单位、潜水艇和情报人员的所有信号的机器，从而获得了德军密码。这组机器叫作“恩尼格玛密码机”(Enigma)。[1]

英方还通过法国和波兰间谍获取了该机器的使用手册和代码设置。1941 年，一群隐藏在布莱切利园[2]的数学家发现了其破译方法。这些来自被拦截信号的破译情报代号为“超越”(Ultra)。凭借它们，英国的骗局策划者们便能够理解他们刻意向德军传递的线索是如何被德军接受的，还有怎样修改完善这些线索从而使其显得更加可信。有了它，整个圈套设置才算完整（见下图）。

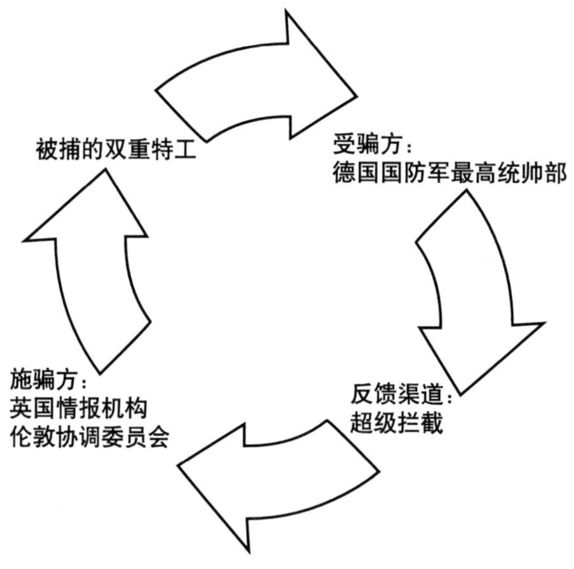

诺曼底登陆的欺骗环：虚假信息传递渠道

[1] 原注：详见弗雷德里克·温特博特姆（Frederick Winterbotham）的《超级秘密》（*The Ultra Secret* [London: Weidenfeld & Nicolson, 1974]）和罗纳德·卢因（Ronald Lewin）的《战场上的激进分子》（*Ultra Goes to War* [London：Hutchinson, 1978]）。

[2] 编注：布莱切利园（Bletchely Park），又称 X 电台（Station X），一座位于英格兰米尔顿凯恩斯（Milton Keynes）布莱切利镇内的宅第。二战期间，曾是英国政府主要进行密码破译的地方。

在整场骗局中，德军情报机构行动积极、技术得当。他们拍摄到了英军港口和机场，拦截了同盟国之间的通信，并且成功地渗透进了法国、荷兰和比利时的地下组织。但这只不过是为英国传递虚假情报创造了更多渠道而已。德国的情报搜集工作归根到底起到的不是完善骗局的作用，而是无意中充当了战斗中的主要力量。

战争年代的骗局案例

随着会议的不断深入，越来越多的国家展示出其在战争中策划骗局的杰出才能。巴顿·惠利关于 1941 年希特勒对俄罗斯代号“巴巴罗萨”（Barbarossa）的奇袭的博士论文表明，德国国防军最高统帅部通过对虚假情报杰出的操控让斯大林相信超过 100 个师的德军正在大规模东进——其规模之大无法隐藏——仅仅是为了骗得英军的一次佯攻。[1] 这场骗局的指导方针——已被纽伦堡战犯审判[2] 记录下来——呈现了一个向苏联控制下的通信渠道逐渐散布零碎的“虚假情报”的详细计划。当所有情报汇集在一起，这些情报碎片就会形成一幅欺骗的“拼接画”。

德军的逻辑是：如果斯大林相信这幅“拼接画”，认为德军的近期目标是进攻英国，他就会把表明苏联是进攻目标的情报理解为虚假情报。德军策划者们的难题是如何让斯大林产生这种错觉。他们推断他持有一种先见——希特勒要依赖他和苏联的条约以及跨西伯利亚铁路来获取燃料、粮食和其他极度匮乏的补给，因此在战胜英国之前他不会撕毁条约。为了强化斯大林的这种先见，德军在 14 个月的时间里通过双重间谍、外交官、

[1] 原注：关于德国针对苏联的骗局，参见巴顿·惠利《代号巴巴罗萨》（*Codeword Barbarossa* [Cambridge, Mass.: MIT Press, 1968]）。

[2] 译注：纽伦堡战犯审判（Nuremberg War Trials），是 1945—1946 年在德国纽伦堡对前纳粹党领导人所进行的审判。第二次世界大战结束后，由美、英、法、苏四国组成国际军事法庭，控告前纳粹党人为战犯并进行审判。

中立的译码员和军事随员向苏联传递了数百条独立情报。他们甚至着手在波兰架设造价昂贵的德军防御据点，以此表明德国无意进攻，当然这仅仅是为了故意让苏联空中摄影机捕捉到。结果就是，斯大林相信了希特勒只是向苏联要求更多粮食——这恰恰是斯大林打算默许的——因此当希特勒大举进攻并快速占领苏联的时候，斯大林的精神防线彻底崩溃，完全无法接受眼前的事实。

随后，斯大林亲自参与了这场骗局并实施了他的复仇。[1] 苏联情报机构认为，德国国防军最高统帅部依靠对它拦截的苏联无线电信号的分析追踪红军每个行动单位的行踪。为了这个目的，德军就没有必要破译苏联代码或者了解无线电通信的具体作用。他们只是“分析路线”，即计算并分类苏联对讲机、移动电台、战地发射台和发报机之间的信号往来。由于每支苏联部队都拥有不同类型的无线电设备，并且以不同的方式操作，这样信号的传送模式即“信号曲”就能被德军辨别出来。

一旦苏联情报机构计算出德军线路分析的准确方法，就可以利用其毁坏性来欺骗德军。例如，1942 年苏联发起库尔斯克（Kursk）保卫战。在这场值得称赞的谋略中，斯大林通过通信欺骗成功地虚构出一个比英国的美国第四集团军群规模更大的虚拟军队。

日本也曾利用骗局蒙骗美国从而隐藏了自己真正的军事实力。[2] 日本

[1] 原注：关于苏联针对德国的骗局，参见弗雷德里克·S. 菲尔（Frederick S. Feer）《外国政府对美骗局综述》（“Incorporating Analysis of Foreign Governments’ Deception into U.S. Systems”）一文，收录于哥德森主编的《20 世纪 80 年代情报要求：分析与评估》。参加了部分会议的菲尔是一名中情局前情报人员。

[2] 原注：关于日本骗局，参见深宫正武（Masatake Okumiya）、堀越二郎（Jiro Horikoshi）《日本海空军纪事 1937—1945》（*Zero: The Story of the Japanese Naval Air Force, 1937-1945* [London: Cassell, 1957]）第 37 页，及戈登·W. 普兰格（Gordon W. Prange）《黎明我们入睡》（*At Dawn We Slept* [New York: McGraw-Hill, 1983]）。罗伯塔·沃尔斯泰特（Roberta Wohlstetter）在她的《珍珠港：预警和决策》（*Pearl Harbor: Warning and Decision* [Stanford, Calif.: Stanford University Press, 1962]）里提供了关于军事袭击中情报传递的经典研究。

主要通过他们的空中表演来造成对方的错觉。1941年西方军事人员被邀请到日本空军基地参观，日本故意显示出其空军的无能。日本空军部官员还告诉他们，目前日方无法训练飞行员独立飞行——这些都强化了美国对日本空军实力的错误估计。

为了隐藏它的新型零式战斗机（Zero Fighter），日本有意展示了一些已经陈旧或者即将废弃的飞机。正如日本一位首席战略家后来解释的："这些西方观察家只看到了我们想让他们看的。"然后这幅错误的图景被及时传递到了华盛顿和伦敦，即日本空军力量相当原始，缺乏空中加油、精确轰炸和长途飞行的技术。这就造成美英对日军操控先进飞行器、实施空中加油以拓展飞行距离、飞行员破坏安全港口的船只的能力没有充分的估计。1941年12月，美国情报机构认定日本没有能力在浅水区发动空中袭击，因此美国海军统帅推断美军舰艇可以安全躲避日军在珍珠港浅水区域的空袭。

真正出乎意料的还不是1941年12月7日日本偷袭珍珠港，而是日军的技术水平。这在第二天的时候就显示出来了。日军突袭珍珠港之后，美军仅有的一支位于菲律宾克拉克空军基地的轰炸机就完全处于无防护状态，这些都是拜日本出其不意的空中加油技术所赐。日方策略的成功得益于其营造的错觉，即在战争第一年让美方错误地低估了日本的空军实力。

随后美军又反过来将了日本一军。它利用高精尖的电子技术和好莱坞式精湛演技的支持，让日军误以为1945年美国将袭击日本北部岛屿。

此外，使用"双重欺骗"战术深入敌方间谍机构也不是英国独创，甚至也不是近来的创举。最先对此进行公开披露的是牛津大学历史学家、前英国反情报官员约翰·迈斯特曼（John Masterman）爵士。他发表了一份为军情五处所写的报告，记载了英国情报机构是如何"在德国积极地运转并操控德国间谍系统"的。[1] 早在两千年前，孙子就写道："敌间之来间我

[1] 原注：关于英国骗局，参见约翰·迈斯特曼《情报骗中骗》（*The Double-Cross System* [New Haven: Yale University Press, 1972]）。该书主题在1981年出版的奈杰尔·韦斯特（Nigel West）的《军情五处》（*MI5* [London: Bodley Head, 1981]）中得到了更新和扩充。

者，因而利之，导而舍之，故反间可得而用也。”尽管军情五处忙于把英国境内的德国特工都据为己用，但德国军事谍报局也在荷兰、比利时、土耳其和法国做同样的事情，即对英美实施诱骗。[1] 德国军事谍报局又受到苏联情报机构的蒙骗，后者在巴尔干半岛国家实施了一个大规模的骗局，为了取得德国的信任甚至不惜牺牲自己的军事力量。[2] 无须多言，二战中人人都在互相欺骗。

在回顾了这些关于战争年代骗局的丰富内容后，我还有一个与此相关的问题百思不得其解：这些伎俩在和平年代也被用来谋求不战而胜吗？

---

[1] 原注：关于德国骗局，参见其组织者 H. J. 盖斯克斯（H. J. Giskes）在《伦敦呼叫北极》（*London Calling North Pole* [New York: Bantam Books, 1982]）第 2—89 页的描述。另参见劳伦·潘恩（Lauren Paine）的《纳粹德国的军事谍报局》（*The Abwehr* [London: Hale, 1984]）第 134 页及其以后。关于德国在欧洲的其他骗局参见韦斯特《军情五处》和潘恩的《纳粹德国的军事谍报局》第 145—147 页。

[2] 原注：关于苏联骗局，参见查普曼·佩彻（Chapman Pincher）《背信弃义的交易》（*Their Trade Is Treachery* [New York: Bantam Books, 1982]）第 125 页。关于苏联对军事虚假情报的使用，参见弗雷德里克·S. 菲尔的《苏联虚假情报对军事行动的影响：1920—1979》（*The Impact of Soviet Misinformation on Military Operations: 1920-1979* [Marina del Rey, Calif.: Analytical Assessment Corp., 1979]）第 12—13 页。

[第九章]

古德汉默清单

“英国人和法国人会把我们像苍蝇一样拍扁。”

——赫尔曼·戈林

“除非我们这些苍蝇的嗡嗡声够大。”

——阿道夫·希特勒

安德鲁·马歇尔在我眼中就是国防官员的典型写照：大大的秃顶、玳瑁框的眼镜、严谨却不乏温和的声音和时常熄灭的烟斗。我第一次遇见他是在坎布里奇的会场里。他告诉我，他的网络评估办公室关注欺骗手段的任何非军事及军事应用；他还提到 1974 年被委任的一项研究，即和平时期该如何打造关于国家优势与弱势的误导性形象，从而迷惑敌人赢得战略优势。

后来我在五角大楼的办公室里再次见到了他，办公室紧邻国防部长办公室的套间。我看着墙上的巨型地图，他开始向我解释，他的工作就是在权衡美苏实力时尽可能多地考虑多种因素，为部长提供有关两国差距的持续性评估。我问他：“这项等式中包含欺骗能力吗？”

他重新点燃烟斗，说他有这方面的考虑，但并非五角大楼的每个人都认同这一点。他指出，考量欺骗的相关性比考量坦克、轮船、潜艇或者核弹头难多了。针对和平年代骗局所能发挥作用的相关评估显示出这种考量的更多困难，因为“敌人精心隐藏的东西几乎不可能被发现”。

当我向他提起在坎布里奇我们曾讨论的那项研究时，他很确定地表明，和平时期尤其是30年代，卓有成效地使用欺骗手段的案例中确实有些颇具启发性。不幸的是，其中一位计划负责人，也是马歇尔极度尊敬的政治学者——赫伯特·古德汉默（Herbert Goldhamer）博士于1977年8月去世，只留下未完成的相关研究。他想了想说，他曾授权给古德汉默的遗孀琼，把她丈夫的相关研究笔记为国防部长办公室整理成一份三卷本、长达1100页的清单。[1]

随后大概是出于马歇尔的授意，他的助手给我看了这份《古德汉默清单》（*Goldhamer Inventory*）。我在一些零碎笔记中发现，诚如马歇尔所说，这些零散的数据汇集到一起就能显示出希特勒是如何利用欺骗手段作为和平时期的策略的：首先是伪装强势以防止英法的介入；继而分化敌人；最终摆出放慢自身军备建设的虚假姿态。

希特勒的骗局

1933年，一切按部就班地实施。希特勒并无意武力征服欧洲，德军没有足够的人力、物力实现其狂妄的野心。早在10年前，德国就在一战中战败并被解除武装。标志着一战结束的《凡尔赛和约》[2]至今仍然制约着德

[1] 原注：赫伯特·古德汉默的未完成稿收录在他的《军事事务上的现实与信仰：第一草案》（*Reality and Belief in Military Affairs: A First Draft* [Santa Monica, Calif.: RAND, 1977]）和琼·古德汉默（Joan Goldhamer）的《军事事务上的现实与信仰：赫伯特·古德汉默的补充材料清单》（*Reality and Belief in Military Affairs: An Inventory of Additional Material in the file of Herbert Goldhamer* [Santa Monica, Calif.: RAND, 1981]）。

[2] 译注：《凡尔赛和约》（*Treaty of Versailes*），1919年一战后，协约国与德国在法国凡尔赛宫签署的和平条约。条约的主要谈判者为英国、法国和美国。战败国不得参与。条约规定，德国负责向协约国赔偿在战争中遭受的损失。德国的人口和领土均减少约10%。没收海外属地，缩减军备。虽然一些和约的条款于20世纪20年代放宽，

国，禁止其拥有任何攻击型武器或在边境建立防御工事。尤其禁止德国在其莱茵河地区驻扎任何武装力量甚至军事警察，该区域就成了德法之间一块毫无防备的缓冲区。德国还被禁止建立空军，海军也被缩减，仅有少数几艘陈旧的巡逻舰。它的主力军队不比警察部队强多少。此外，德军还不得拥有坦克、装甲车、重型大炮或其他移动武器，更不得征兵。

尽管后来一部分条约被解除，德国仍然几乎不具备任何进攻能力。[1]向西，它正对英法，后者拥有当时世界上最大规模和最强装备的陆军，而前者全副武装的海上舰队能任意封锁任何的德国港口。德国东面就是捷克斯洛伐克和波兰，两国背后都有英法苏等同盟国的支持。希特勒的近期目标就是打破这种封锁。既然没有机会借助军事途径实现目标，希特勒只能采取欺骗手段。

但希特勒是如何不战而胜的呢？德国任何大规模的军力重建都会违反《凡尔赛和约》的规定，给条约保证人——同盟国入侵或封锁德国提供借口。鉴于德国边境的不设防状态，这无疑会过早地终结他的“千年帝国”[2]。为了防止同盟国在德国重振军力之前介入，希特勒编造了一种虚假的复仇威胁。为了达此目的，空军力量就成了其虚张声势的最佳选择。[3]

直到那时各国普遍对空中轰炸没什么经验，尽管一战末期投放的少数炸弹没有带来显著成效，但还是造成了恐慌和骚乱——其余波持续了近20年。[4]更引发战后和平运动对欧战总体破坏力的妖魔化。科学家也对此表示高度关切，设想了可能出现的最坏情况，这极大地夸张了空中轰炸的影

但苛刻的条款所造成的怨懑，导致在意大利法西斯主义的兴起，和德国纳粹党的抬头。

[1] 原注：详见威廉·曼彻斯特（William Manchester）《克虏伯的军火》（*The Arms of Krupp* [New York: Bantam Books, 1970]）。

[2] 编注：千年帝国（Thousand-year Reich），是纳粹德国对第三帝国的称呼。

[3] 原注：详见迈克尔·米霍卡（Michael Mihalka）的《20世纪30年代的德国战略欺骗》（*German Strategic Deception in the 1930s* [Santa Monica, Calif.: RAND, 1980]）。

[4] 原注：详见乔治·H. 奎斯特（George H. Quester）的《广岛事件之前的威慑》（*Deterrence Before Hiroshima* [New York: Wiley, 1966]）第90页。(In France, see Ladoslas Mysyrowicz, Autopsie d'une defaite [Lausanne: Editions l'Age d'Homme, 1973], pp. 184-185.)

响力。例如，英国炸弹释放的仅 40 吨气体就能杀死所有伦敦人；法国的消防部队也宣布 50 枚燃烧的炸弹就能让巴黎化成灰烬。政客们只是反复指出尽管现阶段可以避免军事攻击——法国陆军有马其诺防线[1]、英国海军也有英吉利海峡的天然保护——但对于针对平民的空中轰炸却没有显著的防御措施，这无疑加重了民众的担忧害怕心理。

希特勒显然意识到这种有关人类毁灭的普通恐慌可以用于防止英法干涉德军建设。尽管德国在 1933 年没有造出能够抵达英国的长距离炸弹，并且至少在 8 年内都不可能拥有，希特勒还是想尽办法制造出一种假象，用战略欺骗的手段虚构出德国空军的强大力量。

在这方面德国人可谓经验丰富。事实上“虚假情报”一词最早就是由一战中的德国国防军最高统帅部发明的。[2] 尽管欺骗一向是德军在战场上常用的军事策略，但无线电台的发展还是迫使德军的欺骗手段变得高度协调化。德国国防军最高统帅部因此成立了一个叫作虚假情报部（Disinformation Service）的专门机构，协助伪装的无线电通信线路来误导英国、法国和俄国的情报机构。它曾在俄德作战中成功地分化并扰乱了俄军的战斗力。1917 年 4 月，千万俄国士兵盘踞在德国东部防线，德军由此便组织了近代史上最成功的一次破坏活动。德军情报部长官沃尔特·尼古拉（Walter Nicolai）将军安排了一节特殊车厢，运送流亡中的列宁和其他 30 名瑞士的革命者到俄国边境，他们将在那里实施偷渡。正如他向上级汇报的那样，此举是为了削弱俄罗斯针对德国的战斗力。他的情报部门与这些瑞士革命者有密切联系，已经正确地判断出他们在俄罗斯政坛不受重视，愿意协助德国共同推翻俄罗斯的地方政府。事实上，就在德国情报

[1] 译注：马其诺防线（Maginot Line），是 1925 年至 1935 年间由法国政治家、陆军部长马其诺提议筑造、法国在德法边境上设置的防线，后为德国纳粹军攻破。

[2] 原注：参见威廉·R. 哈里斯（William R. Harris），《国家安全技术手段下的反间谍司法权和骗局》（“Counterintelligence Jurisdiction and the Double Cross System by National Technical Means,” mimeo [Washington, D.C., Consortium on Intelligence, April 24, 1980]）第 2 页。

机构潜入俄罗斯后的一年里，列宁就在军事政变中掌握了实权，马上着手将俄罗斯从与德国的混战中抽身出来。由于列宁及其同仁无意之中充当了德国的工具，他们得到了德国大使馆暗地里的物质支持——包括金钱和情报——这十分有助于他们的政变活动。

尽管虚假情报部在战后被正式解散，其成员和技术依旧为德国国防军最高统帅部服务，并在和平年代的骗局中发挥了重要作用，成功地避开了《凡尔赛和约》中的军事制裁；并且通过此举，隐藏了建设中的未来德军的雏形。

这场大规模的骗局，代号“卡马行动”（Operation Kama），主要的发生地是苏联。事后看来，讽刺的是，列宁曾在 1921 年以工业设备及其专利权作为交换，秘密帮助德国进行军备重建。1926 年，将近三分之一的德国军事预算都通过一项伪造的进出口合作用在了苏联身上。该合作项目名为 GEFU，是“工业出口合作”（Industrial Export Corporation）的德语首字母。通过一系列同样虚构出来的附属机构，GEFU 在列宁格勒和莫斯科培育了大量特工来制造秘密武器，比如毒气和炸弹，还租用了乌克兰平原上的秘密基地用于飞行器测试和飞行员训练。随着 20 年代后期行动规模的扩大，德国发展出了大量进攻策略，比如闪电战和俯冲轰炸，这些都在稍后的时间里让苏联感到震惊。这两个意识形态截然对立的大国间的奇怪合作持续了 11 年，整个过程就是一场精心策划的骗局。在训练中受撞击而身亡的德国飞行员被装在集装箱里，贴上机器零件的标签海运回国，战斗机被伪装成广告宣传用飞机，当它们飞回德国的时候飞机上还悬挂着推销啤酒的条幅。很多军官名义上从德军辞职，实际上却在俄罗斯训练，当他们返回德国时则美其名曰被商用航空公司德国汉莎航空公司（Lufthansa German Airlines）返聘。[1]

尽管骗局在 1933 年就结束了，但这项秘密事业带给德国的不仅是空

[1] 原注：参见杰弗里·贝利（Geoffrey Bailey）《阴谋家》（*The Conspirators* [New York: Harper & Row, 1960]）第 194—198 页。

军的核心力量，还有策划并实施长时间骗局的经验丰富的辅助机构。

希特勒战略骗局的第一步就是化弱为强。德国仅有少数的战斗机，甚至还无法操控，却能通过虚假情报的手段将其变为毁灭性的威胁。反过来，这也同样需要一个渠道，供德国的骗局策划者们将这些真真假假、都具误导性的情报直接传递到西方情报机构的手中。他们选中了英国秘密机构充当这一渠道，而讽刺的是，该部门的工作职责恰恰就是侦察德国飞机。

这一新的间谍机构的长官，是英国皇家空军中校弗雷德里克·W. 温特博特姆（Frederick W. Winterbotham）。这位年仅 36 岁的前皇家空军飞行员已经成功地将一名英国特工打入德国空军部的对外联络职位，这名特工叫威廉·德若普（William de Ropp），是布里斯托尔飞机制造厂（Bristol Aircraft）驻德国的推销员。为了完善此次行动，温特博特姆还亲自向希特勒表示了同情（他曾被引荐给希特勒），并提出帮助德国空军从德若普手中购买英国航空设备。[1] 利用这名双重间谍，德国情报人员为英国空军情报机构提供德国的空军机密——但都是被精心挑选用于夸张德国在速度、距离和运载炸弹能力等方面的航空优势的。

为了强化这些零零散散的虚假情报，德国人还允许英国空军人员在适当的时间检阅德国的机场。几年内，这种检阅就发展成了英国两名皇家空军副元帅和两名情报人员到德国进行的定期的、正式的检阅。德国空军完全明白，他们精挑细选呈现给英国观察家的东西会成为英国及其同盟国评估德国实力的重要指标。正如一位德国空军长官后来指出的："我们自然清楚这些英国官员会被要求为他们的谍报主管提供情报……这会最终传达到政府最高权力者手中。"[2] 他们还意识到，观察者汇报的基础数据——作

[1] 原注：关于"向希特勒表示了同情"以及温特博特姆、德若普和德国情报机构之间的奇妙关系，参见拉吉斯拉夫·弗兰格（Ladislav Farrago）《狐狸的游戏》（*The Game of the Foxes* [New York: David McKay, 1971]）第 91 页及其以后。

[2] 原注："我们自然清楚……权力者手中"，出自海因茨·瑞乔夫（Heinz Riechoff），转引自迈克尔·米霍卡的《20 世纪 30 年代的德国战略欺骗》第 61 页。

战飞机的编号、速度、作战范围——都会在人为操控下达到预想的效果，就像一种骗人赌博的游戏——“核桃壳豌豆戏法”[1]中的豌豆一样。

德国机场现在已经变成俄罗斯18世纪波将金亲王[2]那个让人一览无余的“波将金”村的现代版。就像当年波将金把这些令人称奇的景象于夜间船运、白天组装到一个个不同的地点以向叶卡捷琳娜二世（Catherine the Great）展示她统治下的诸多村庄一样，这一小组先进的德国空军战斗机也从一个基地飞到另一个基地，只为了向外国代表团展示德国空军力量的强大。例如，1938年，德国空军的每架战斗机都被要求赶在法国将军到访之前抵达一个小型机场。因此，同一架飞机在英法美情报机构评估德国空军实力时被一次次地计入。

此外，德国奥拉宁堡（Oranienburg）的飞机制造厂也被改造成专向外国参观者展示的名副其实的展柜。这一用于夸大空军实力的舞台剧经常多次上演。1938年，法国空军参谋长约瑟夫·魏烈曼（Joseph Vuillemen）将军访问奥拉宁堡，他参观的机场“满是精心布好的飞机，都是早上从各个机场集中到这里的，只是为了向他呈现德国空军的强大实力”。[3]随后，为了制造假象展示空军的速度，将军又搭乘一架特地安排好的，以极慢速度、没有停顿地飞行的飞机。尽管将军没有察觉到，飞机还是故意把速度放慢到每小时35英里以下。这时经过训练的飞行员就会注意一架路过的、

[1] 编注：具体玩法是，庄家准备三个核桃壳，其中一个壳里藏有豌豆，庄家快速移动核桃壳的位置，玩家能猜出来就算赢。

[2] 译注：波将金（Prince Potemkin，1739—1791），俄国陆军军官。1755年参加骑兵卫队，帮助叶卡捷琳娜二世当权（1762）。他在俄土战争（1768—1774）中英勇奋战，后成为叶卡捷琳娜二世的情夫（1774—1776），被任命为“新俄罗斯”（乌克兰南部）的总督。1783年叶卡捷琳娜二世封他为陶里斯亲王。他成功地掩饰了他管理上的弱点，使用欺骗手段让人们误以为是他建立了“波将金”村；并在叶卡捷琳娜二世经过该地区时向其展示。

[3] 原注：约瑟夫·魏烈曼将军揭露的“德国空军的强大实力”，参见保罗·斯特林（Paul Stehlin）《见证历史》（*Temoignage pour l'histoire* [Paris: Editions Robert Laffont, 1964]）第82—92页。

被军事标志伪装成他们追捧的海克尔战斗机（Heinkel fighter）的试验性飞机。在和其他德国空军军官事前安排好的对话中，这名飞行员就会说这个机型每天在三条生产线上生产。

对飞机的慢速飞行以及路过的并非海克尔战斗机并不知情的法国将军自然感到——如他后来承认的——“震惊”。他错误地认定，德国空军在飞行速度方面已经取得了让法国空军望尘莫及的技术性突破。在回柏林的车上，将军告诉法国大使：“如果战争爆发，14 天后法国将剩不下一架飞机。”一位史学家曾记载，魏烈曼将军如此“轻信并被这些‘波将金’村欺骗”，以至于他返回法国时已经“深信和德国开战就意味着法国的毁灭”。[1] 甚至查尔斯·A. 林德伯格（Charles A. Lindbergh）——对这类制造噱头的飞行小把戏经验丰富的美国著名飞行员——在参观完德国空军专门为他准备的飞机制造厂后也完全被欺骗了。林德伯格判断他见到的这些精心挑选出来的高效、精密的展柜就是德国生产线的真实写照，并向同盟国情报机构汇报——德国大规模生产作战用飞机的生产率大大超越了法国、英国或者美国。正如他的妻子后来看到的，“毫无疑问德国空军中将赫尔曼·格林确实‘用’林德伯格展示出他们的飞机生产力，并期望这个编造的故事能够在海外传播，减少外国对希特勒侵略计划的阻碍。”[2]

希特勒还利用国际空军竞技赛来强化德国空军强大实力的假象。1937 年 7 月在瑞士苏黎世的国际空军大会上，德国空军展示了一个银色的、铅笔形状的、带有最近在西班牙内战中轰炸格尔尼卡（Guernica）的德国飞

[1] 原注：参见唐纳德·卡梅伦·瓦特（Donald Cameron Watt）《重大事件》（*Too Serious a Business* [Berkeley: University of California Press, 1975]）第 86—93 页及小赫伯特·马罗伊·梅森（Herbert Malloy Mason, Jr.）《德国空军的崛起》（*The Rise of the Luftwaffe* [New York: Dial Press, 1973]）第 244—245 页。

[2] 原注：关于格林对林德伯格的利用，参见伦纳德·莫斯利（Leonard Mosley）《瑞克斯·马歇尔：赫尔曼·格林的自传》（*Reichs Marshall: A Biography of Hermann Goering* [Garden City, N.Y.: Doubleday, 1974]）。另见 J. D. 米勒（J. D. Miller）对莫斯利的书评（载于《泰晤士报·文学副刊》[*Times Literary Supplement*]1976 年 11 月 12 日，第 1432 页）。

机所用过的同样军事标记的轰炸机[1]；并表明这种名叫“Do–17”的飞机目前在大批量生产中。在法国和英国军事观察家对它的速度进行计时时，它很快把其他所有参赛飞机甩在身后。这就使得同盟国情报人员误以为德国拥有一种不可能被其他战斗机赶超的远距离轰炸机。在这次空军展示的舞台上，在当时还没有雷达控制的枪炮或者防空导弹的情况下，一架速度超过战斗机的轰炸机实属无敌了。

但这架 Do–17 不仅在当时、而且后来也从没被正式使用过，它只是一个被设计出来震慑和恐吓外国情报机构观察家的模型。它的引擎是为了这次竞赛专门由手工用稀有合金制作的，根本不可能实际安装在任何德国空军飞机上。正如小赫伯特·梅森（Herbert Mason Jr.）在他权威论著《德国空军的崛起》（*Rise of the Luftwaffe*）中描述的：“这个特殊的飞行器[2]专门配备了一对罕见的 600 安电流的配电箱、一组 1000 功率的引擎，以每小时 280 英里、超越所有参赛者的最大时速——巧妙地赢得了这场阿尔卑斯山上的竞赛……（但是）完全被震惊的法国和英国空军观察员根本没有觉察到，这种轰炸机的实际投产的版本根本没有如此强大的引擎和速度。”

实际上，德国早在这次竞赛前就决定中止 Do–17 和其他所有战略轰炸机的生产，原因是进口材料的短缺。战前手工制造远距离轰炸机的首要任务不是为了轰炸，而是为了打破大会上的飞行记录，并且震慑潜在的敌人。希特勒甚至还为这次竞赛准备了一场飞行距离超过 9000 英里的所谓“德国式美洲轰炸机”（Amerika-Bomber）测试来威慑美国，尽管这种飞机只生产了一架。[3]

这场骗局成功实施的部分原因就在于观察家们相信眼见为实。所谓的展柜诡计就是用特殊性代替一般性。观察家们在机场、工厂和竞赛中看到的都是真的，但这并不代表德军可以实际参加战斗的水平。正如堂吉诃

[1] 原注：迈克尔·米霍卡的《20 世纪 30 年代的德国战略欺骗》。

[2] 原注：参见小赫伯特·马罗伊·梅森《德国空军的崛起》第 240 页。

[3] 原注：参见迈克尔·米霍卡《20 世纪 30 年代的德国战略欺骗》第 372 页。

德[1]说过的："现实是真相的最大敌人。"

当然，对德国空军实力的所有过高评价不仅仅是德国人巧妙操控的结果。一位德国空军前领导人写道："除了高水平的、系统化组织的虚张声势，更有一种有意识的自我欺骗心理在作祟……"[2]他注意到当英国和法国空军随员看到空飞机库的外表时，他们的思维定式引导他们马上得出结论——库里肯定满是超级现代化的战斗机。

同盟国情报机构的高层也存在一种先见——倾向于相信关于德国空军超强实力的报告。事实上，英国空军实力的拥护者曾以此夸大皇家空军，只为了得到更多的预算和人工。如果德国轰炸机强过所有皇家空军轰炸机，他们就会鼓吹有必要马上发展速度更快的英国拦截机——无论代价多高。而且如果德国正在批量生产这种机型，他们就更能信誓旦旦地宣称英国急需同样的发展计划。德国骗局策划者们因此就能发现接受能力很强的同盟国——即使不是故意的——正在形成一幅关于德国空军强大实力的令人信服的假象。

在整个骗局的"管弦乐"中，虚假情报这一反复出现的"音乐主旨"，被直接传递到英国情报人员的耳中，并得到了德国"舞台表演"的附和与证实，最终在媒体持续的宣传鼓点中得到强化。为了煽动人们对可能发生飞机轰炸的大规模恐慌，德国的宣传机构在西班牙内战期间不断向西方媒体发布对城市的报复性破坏这类的恐怖故事。它尤其大肆利用德国在西班牙渔业小镇格尔尼卡的突袭，用血腥的图片和新闻影片展示轰炸后的伤亡惨景。[3]这些大量的恐怖故事都起到了在西方媒体中放大德国空军威胁的

[1] 译注：堂吉诃德（Don Quixote），西班牙作家塞万提斯同名小说《堂吉诃德》中的主人公。

[2] 原注：出自海因茨·瑞乔夫，转引自迈克尔·米霍卡的《20世纪30年代的德国战略欺骗》。

[3] 原注：参见小赫伯特·马罗伊·梅森《德国空军的崛起》第344—346页。梅森指出，德国对鹿特丹的轰炸至少造成了30000人死亡。事实上，根据对尸体数量的统计，只有814人死亡。

预想效果。在伦敦，《泰晤士报》通过报道德国空军已经研制出一种可以携带5吨炸弹穿越英吉利海峡的4引擎轰炸机，造成了短期恐慌。事实上，德国根本没有这种轰炸机。而在巴黎，政客们也预言如果巴黎的工厂被炸将引发一场工人革命和一个新人民政权的建立。[1]（而事实是，当战争真正开始的时候，一场空袭中的平民伤亡数往往被夸张到3000人甚至更多。）丘吉尔采取的应对手段反映了德国宣传策略的成功：他在1939年至1940年间为空袭伤亡人员准备了750000张医用床位，事实上6000张就足够了。丘吉尔后来写道："空袭的破坏力被过分夸大了，直接削弱了政治家们对战前政策应承担的责任。"

至少来说，只要敌人的情报机构继续计算，或者说错误地计算停在"波将金"村飞机场的飞机数量，那么这场骗局将更多地依赖于表面上的飞机的压倒性数量，而不是实际的现实，对此希特勒心知肚明。这种情况下，多数飞机并不能参与实战的事实已不重要。直到1939年，当德国空军大臣要求希特勒批准应急资金、为空军配备军械时，希特勒还驳回了这个请求，自信满满地说："没人怀疑我是否拥有炸弹或军火，我们只需要关心飞机的数量。"[2] 历史学家泰勒（A. J. P. Taylor）如此总结道："表面上为一场大战做准备而实际上却相反，是希特勒战略的核心部分。"[3]

1936年，当希特勒以仅仅配备了步枪和轻型火炮的区区3000士兵再次占领了解除武装的莱茵河地区时，他的策略圆满地通过了第一次考验。这次行动对《凡尔赛和约》是一次公开挑衅。希特勒曾经说过的："我们

[1] 原注：参见约翰·伍德（John Wood）的博士学位论文《德国空军作为英国政策的因素，1935—1939》（"The 'Luftwaffe' as a Factor in British Policy, 1935-1939" [Tulane University, New Orleans, 1965]）。另见迈克尔·米霍卡的《20世纪30年代的德国战略欺骗》第71页。

[2] 原注：参见大卫·欧文（David Irving）《战争的途径》（*The War Path* [London: Papermac, 1983]）第74页。

[3] 原注：参见A. J. P. 泰勒《第二次世界大战的起源》（*The Origins of the Second World War* [London: Penguin Books, 1964]）第18页。

将只能夹着尾巴落荒而逃，我们的军事实力根本不足以进行哪怕一点点的抵抗。”[1] 他那时就意识到，如果条约的保证人——法国——决定以其实力强大的陆军或空军介入，那么他没有一点成功的可能。

希特勒用以阻止英法介入此次占领的，不是其军事资源而是他们精心制造的对方对德国空军报复性轰炸的害怕。为了营造这种氛围，希特勒用尽一切手段制造假象。梅森的描述是，“德国空军暂时征用了所有平民飞行员——包括飞行学员——然后在莱茵河上空布满了所能召集的所有飞机。被草草重漆上军用标记的每一架飞机在莱茵河上空来回盘旋，以增加他们虚构的飞机总量。实际上，令人恐惧的德国空军只有不足一个中队的战斗机，而且没有一架能够参战。”[2] 少数装有弹药和枪炮的飞机也缺乏所必需的同步传动装置。

然而，在为敌人专门准备的表演中，德国国防军最高统帅部还向子虚乌有的空军各部门和海外代表团发送不祥的电报，宣称德国已经得知自己正被同盟国窃听。这些信息表明，仿佛希特勒在准备一场针对巴黎的“末日空袭”(Armageddon-type raid)，一旦巴黎插手莱茵河地区的话。最终德国虚张的声势成功了：没动一枪一炮，希特勒不仅重整了军备，还在德国的西部防线筑起了防御工事。

这子虚乌有的轰炸机的华丽保护，现在起到了恐吓——如果不是完全的蒙骗——英国、法国和其他《凡尔赛和约》保证人的作用，之后希特勒继续单方面撕毁条约，重建德国军队，并且在1938年3月，占领了六百万人口的奥地利，扩张了他的“千年帝国”。在同年春天的一次最后通牒中，他还要求捷克斯洛伐克将据有上百英里地下防御工事，也是该国唯一一块防御区域的苏台德[3] 地区割让给德国。英法因此不得不面临要么将其盟友在欧洲中

[1] 原注：参见大卫·欧文《战争的途径》第46页。

[2] 原注：参见小赫伯特·马罗伊·梅森《德国空军的崛起》第210页及其以后。

[3] 译注：苏台德（Sudetenland）指波希米亚西部、北部和摩拉维亚北部的广大地区，在苏台德山脉附近。以前是奥地利的一部分，第一次世界大战后被并入捷克斯洛伐克。20世纪30年代期间纳粹党和当地领导人K. 亨莱恩利用苏台德地区德国人的不

部的领土割让，要么和空中实力强大的德国作战的两难选择。

1938 年夏天经由手下将军们提醒，希特勒开始着手准备一场没有坦克和飞机的心理战（a war of nerves，亦称神经战）。坦克和飞机——在这关键的两项上，德军显然要弱于法国和英国。但他还是成功地迷惑了敌人，让他们错误地承认德国的陆军和空军在陆空方面都有绝对优势。在巴黎，法国情报人员也向英国同行传了话，一名上将就说，"不会发生战争，因为我们根本就打不起来。"[1] 根据他们的判断，法国空军根本"无力"应对德国空军，想到德国的报复性轰炸，他们决定不去冒这个险。英国在法国缺席的情况下不会独自参战，也不会质疑法国对德国的军力评估。因此，捷克斯洛伐克的割地命运就是板上钉钉了。

1938 年 9 月 30 日，德国慕尼黑，英国和法国接受了希特勒的条件。[2] 捷克斯洛伐克被瓜分，它的苏台德区被割让给德国。接下来的六个月里，捷克总统被召去柏林并被告知德国空军轰炸机已经就位，正等待命令将其首都布拉格夷为平地。情急之下，捷克总统草草签署了文件，将捷克的剩余领土变成了德国的保护领地。[3] 所以，距德国内地只有一小时距离的捷克的空军基地，原本是战争期间同盟国的轰炸机加油站，现在成了德国空军在东欧的前方基地。几个月前还是同盟国赖以对付德国的 35 个装备精良的捷克部队，现在归德国指挥了。此外，当时欧洲最现代化的大型斯科达（Skoda）军事工业基地也变成了德军的武器提供者。德军在巴尔干半岛的深入，也使得具有丰富石油资源的匈牙利和罗马尼亚不得不加入了希特勒的轴心联盟。通过

满情绪煽动其独立，英国和法国为了避免战争而说服捷克斯洛伐克同意苏台德自治。希特勒要求将该区割让给德国，最初遭到了拒绝，但后来在《慕尼黑协定》中如愿以偿。第二次世界大战后，该地区又归还给捷克斯洛伐克。

[1] 原注：参见乔治·H. 奎斯特《核外交》（*Nuclear Diplomacy* [New York: Dunellen, 1970]）第 97—98 页。

[2] 原注：参见德福·泰勒（Telford Taylor）《慕尼黑：和平的代价》（*Munich: The Price of Peace* [London: Hodder & Stoughton, 1979]）。

[3] 原注：参见小赫伯特·马罗伊·梅森《德国空军的崛起》第 244 页。

虚构的轰炸威胁，希特勒极大地改变了欧洲的实力版图。

他自己对于欺骗和宣传手段在这场胜利中所起的巨大作用毫不避讳。[1]1938年底，他向一些德国编辑们说：

> 第一次站在捷克军事要塞（苏台德地区）的中心时，我就明白这场胜利背后的罪恶。那时我就明白，占领要塞意味着不费一枪一弹就得到近2000公里的前线……这次，借助智慧的宣传手段，我们得到的是100万人民和10万平方公里的土地。

这种系统化的手腕在当今已经十分普遍。但问题不在于英法在德国缺少情报特工，而在于他们都被误导了。他们看到的都是假象——引导他们灾难性地得出错误结论的数据。

选择了平息事端而不是正面对抗的同盟国事后才明白，他们被一个完全虚构出来的威胁吓住了。拥有强大军事实力的恰恰不是希特勒，而是他们。尽管他们曾推断德国空军在空中战无不胜——根据权威评估，德军拥有多达12000架战备飞机——但实际上德国空军甚至不足以保卫德国。它的战斗机数量总计不到400架，梅森指出："德国空军最高指挥部(Luftwaffe High Command)唯一知道的就是，这不到400架战斗机中的将近一半都被做过标记后伪装在了东部地区，剩余的飞机稀疏地分布在莱茵河地区，甚至不足以抵御任何来自英国皇家空军或者法国空军的进攻。"[2]

德军的轰炸威胁主要是虚构出来的。令人生畏的4引擎轰炸机甚至都没有投产。几乎所有西部地区的300架轰炸机都是战术性的俯冲轰炸机，其飞行距离和装弹能力根本不足以威胁伦敦或巴黎。地面上，德军5个战斗部门根本不是50支法国机动部队的对手。在这种悬殊实力的对比下，

---

[1] 原注：参见泽曼（Z. A. B. Zeman）《纳粹宣传》（*Nazi Propaganda* [New York: Oxford University Press, 1973]）。

[2] 原注：参见小赫伯特·马罗伊·梅森《德国空军的崛起》第244页。

希特勒靠真枪实弹是不可能赢的。“名声就是一切，甚至不亚于真正的实力。”希特勒向我们展示出，无论在战争年代还是和平时期，拿破仑这句格言在某种程度上都是颠扑不破的真理。

在不费吹灰之力取得捷克斯洛伐克的胜利之后，希特勒把目光转向了波兰，这个有法国二分之一大的国家是目前德国占领整个东欧的唯一障碍。当时波兰处于苏联保护下，但波兰对苏联、法国和英国的自身防御都起着至关重要的作用。尽管虚构的轰炸恐慌可以被再次用于阻止英法介入德国对波兰人的空袭，但不大可能阻止苏联红军。一是因为莫斯科远不在德国空军的轰炸距离内，二是由于斯大林毫不惧怕针对平民的轰炸，他曾亲自下令对百万平民实施大规模死刑。早在 1937 年，希特勒就意识到他需要另一种欺骗手段，能够破坏，以及至少能暂时地削弱苏联红军。

颠覆策略

早在 20 年前，德国国防军最高统帅部就通过遣返列宁的挑衅策略对苏联造成了破坏；1937 年，希特勒发现了一个与此类似的机会，可以利用欺骗手段再次削弱苏联军力。

开始是由一名德国特工假意与苏联情报机构合作，然后向德国军事情报机构——军事谍报局（Abwehr）的上级汇报。这个过程中他收到来自莫斯科的一个奇怪要求。他们希望他尽力拿到他由渠道获得的德国情报资料，以判断是否存在苏联和德国将军共同颠覆斯大林政权的阴谋。尽管此阴谋并不存在，德国人还是让他们的双重间谍为苏联提供了很多情报。事后证明这一要求来自斯大林，他一直怀疑有针对他的阴谋活动，正准备对苏联红军展开一次大清洗。将特工提供的零散线索汇集之后，德国军事谍报局判定实施阴谋最有可能的目标就是苏联大英雄、苏军四大元帅之一——图哈切夫斯基（M. N. Tukhachevsky）。希特勒的安全机构总监莱因哈德·海德里希（Reinhard Heydrich）立刻发现，如果能煽动起对图哈切夫斯基的怀疑，将有可能对苏联军队造成破坏。他把这项任务交给了他的副手，并宣称“这次针对红军领导层的打击将使苏联在短期内无法恢复”。[1] 而完成此任务唯一需要的就是以假乱真的虚假情报，能说服斯大林相信确实存在颠覆他的阴谋活动。

经过数月研究，海德里希的手下终于为这场骗局找到了一份合适可用的旧情报档案。这是苏德合作项目“R 集团”（Group R）期间的档案，已经被尘封 10 年之久，该项目负责监管“卡马行动”中在俄训练的德国官员。档案中苏联官员的卷宗包括了德国情报官员对他们的政治立场、能力和弱点的常规性评估。训练场地、酒吧和餐馆里无意中碰面的德国人经常会聊到苏联人的各种评论、抱怨和玩笑。当时这些标准的、本质上很琐碎的消息就是为了了解苏联红军的优势和劣势。10 年之后，在与当年完全不同的情景下，这些卷宗成了破坏苏联军事计划的一部分。希特勒个人对此表示欣赏，但是坚持该计划的高度保密性，甚至是对德国军队。

海德里希在两组心腹情报官员的帮助下，把这些老旧的“卡马行动”卷宗从档案中小心翼翼地转移了出来，并在专家的协助下开始重新编排。申明无罪的资料被移除，页码被重排，日期也被更改，新的条目被按照编年顺序添加进去。像图哈切夫斯基这种在这期间升到指挥官位置的苏联官员得到了重点关注。最终出炉的新卷宗大部分都是伪造的，而且得到了精心编排，为苏联红军中那些毫不知情的嚼舌之人提供了阴谋家们秘密联络的假象。整个删减、编辑资料的分类过程共耗时了 4 天。

接下来就是允许，或者引诱苏联间谍“窃取”这些被篡改的卷宗。为了提醒苏联秘密警察这些邪恶卷宗的存在，德国情报机构开始故意向欧洲中部国家的大量双重间谍放出口风。只要达到目的就行，并不需要判断这些双重间谍究竟是效忠于德国还是苏联。他们确定，至少这些间谍中的一

[1] 原注：参见沃尔特·舍伦贝格（Walter Schellenberg）《迷宫》（*The Labyrinth* [New York: Harper & Row, 1956]）第 25 页。

部分一定会向苏联情报机构报告这批卷宗的存在。

大鱼显然上钩了：1938 年初，苏联情报机构开始命令其特工彻查这批资料在德国情报机构的来源。随后，捷克斯洛伐克的一名德国官员伪装成叛徒，假意接近苏联大使馆的情报主管，并索要 300 万卢布换取他们求知若渴的那些卷宗——这笔巨款无非是德国人为了增加文件的可信度而要求的。

一封紧急加密电报发出之后，斯大林同意付钱（尽管事后德国人了解到，这笔钱全都是假币）。不到一天的时间，所有卷宗就被一架运送急件的飞机空运到了莫斯科。

斯大林认定这批卷宗源于他的特工对德国情报机构的泄密，于是他用这些证据立案，针对他在红军中的怀疑对象进行调查。卷宗里提到的千余名苏联官员都被传唤，并被严刑审讯关于 10 年前他们到底向德国人说了什么。如果他们遗漏了任何卷宗里提到的内容，或者否认参与此事，就会被当场拿出卷宗对质然后被捕。但是这些调查忽略了 10 年前的背景——当时遵照列宁的命令，苏联正帮助德国重整军备——这就使很多苏联官员不得不牵扯其中。一年多的时间里，这场调查已经扩大到红军的最高将领。

1938 年 5 月，图哈切夫斯基元帅接受调查，然后迅速被捕并遭到审讯，一周之后即被处决。稍后的红军大清洗导致至少 20000 名官员遭到处决或者监禁，其中超过三分之一的官员都担任着要职。[1] 受害者包括 5 名元帅中的 3 名，15 名指挥将领中的 13 名，超过半数的红军各部门指挥官，以及 80 名最高军事委员会（Supreme Military Council）委员中的 75 名。1939 年，大清洗结束后，红军遭到重创。

无论希特勒是引起这场灾难性清洗的主要原因，还是仅仅利用“卡马行动”文件的邪恶礼物煽风点火，他都从中获利巨大。随后他为斯大林提供了一个不可能拒绝的交易：互不侵犯条约。8 月 23 日，经过在莫斯科紧张忙碌地磋商，苏联外交部长莫洛托夫和德国外交部长里宾特洛甫签署

[1] 原注：参见杰弗里·贝利的《阴谋家》第 133 页及其以后。

的《苏德互不侵犯条约》（*Molotov-Ribbentrop Treaty*）震惊了世界。该条约的秘密附加条款注定了波兰的命运：苏联不反对希特勒进攻波兰西部；作为交换，希特勒同意不染指波兰东部，由斯大林自由控制。这项协议还允许德国从日本和太平洋港口船运战略物资跨越俄罗斯境内的西伯利亚铁路（Trans-Siberian Railroad）沿线，从而极大地减轻了英国对德国港口的封锁力度。现在希特勒清除了所有障碍。

1939 年 9 月 3 日，希特勒在德国前哨基地上演了一场虚假的波兰进攻，还在战场上布满了身着德国军服的尸体——借此理由，德国坦克部队终于开进了波兰。[1] 一周内，坦克部队包围了波兰首都华沙。英国和法国显然不接受希特勒所谓抵御波兰进攻的明目张胆的托词，宣称依据《凡尔赛和约》，他们有义务对德宣战。但慑于德国空军的威胁，英法除了在德国三个城市散播一些宣传手册之外，对波兰也爱莫能助。

9 月 17 日，趁德国军队扫荡孤立的反抗据点之机，苏军占领了德国划拨给他们的东波兰。至此，希特勒的第一场战争结束，没有同盟国的干预，从头到尾只用了两周。

尽管英法和德国正处于敌对状态，但形势仅仅停留在所谓“虚假战争”的层面，双方都和平地撤回自己的防线，实质上终止了所有的枪击和轰炸。

这个间隙就给希特勒提供了梦寐以求的机会以完成对军备的重建。甚至在占领波兰后，希特勒都没有真正为实战做过准备。海军尚未制造出潜艇。陆军在波兰战役中耗尽了大部分库存的弹火和燃料。空军依然缺乏从轰炸机到导航设备的所有装备。备受赞誉的西部防线——所谓的齐格菲防线[2]也并没有完全准备好——也就是说德国实际上暴露在法国的反击之下。根据德国国防军最高统帅部最乐观的估计，德国要想巩固其在波兰和捷克

[1] 原注：参见沃尔特·舍伦贝格《迷宫》第 48—54 页。

[2] 编注：齐格菲防线（Siegfried Line），也叫齐格弗里德防线，是德国在一战中于法国东北部边境修建的庞大防御系统。

斯洛伐克的胜利、重新部署西部的军力，至少还需要几个月的时间。因此延长这场“虚假战争”是绝对符合德国利益的。

为了实现这一目标，同时避免过度激怒英法而加速他们的军备计划，希特勒的骗局策划者们在德国成立了一个假的反动集团。它的主要目的是让英国政府相信，一群反纳粹将领正在谋划颠覆希特勒政权。为了谋求成功，他们还需要几个月的准备时间。但如果英国进攻德国，这群反纳粹分子党就会被迫参战保卫祖国，从而取消颠覆计划。这就暗示英法应该延迟对德进攻从而避免欧洲战争，这样他们就可以不费一枪一炮，达到消灭希特勒政权的目标。显然这是一则英国人想要听到，也愿意相信的消息。

弱点策略

德国情报机构已经为传递该虚假情报准备了合适的渠道，即英国秘密机构。通过严密地监视，德国人成功识别了荷兰的所有英国情报官员。此外，还发现那里有些英国高级官员通过向试图移民巴勒斯坦以逃避敲诈的犹太人他们贩卖签证来为自己非法牟利。德国人通过巧妙地调查这些腐败行为，成功招募了一位英国驻海牙情报分局的重要人物——杰克·胡珀(Jack Hooper)。

1939 年，在德国情报机构的秘密帮助下，海牙分局在德国的反纳粹集团和英国外交部（British Foreign Office）之间发展了一条主要联络线。主要由在国外情报事务方面毫无经验的年轻官员理查德·史蒂文斯（Richard Stevens）少校负责。协助他的还有西吉斯蒙德·贝斯特（Sigismund Best）上尉，这位荷兰的英国商人拥有一套独立的德国间谍网络。不出所料，贝斯特的大部分代码为“椅子”、“桌子”或其他家具名称的特工都是虚构的。这些虚假情报源，就像格雷厄姆·格林作品《哈瓦那特派员》[1] 中的人

[1] 译注：格雷厄姆·格林（Graham Greene，1904—1991），英国作家。其作品

物一样，是为了从英国秘密机构那里得到更多的钱。德国骗局策划者从胡珀那里了解到驻荷兰的英国情报机构是多么缺乏经验、充满腐败，于是他们几乎不费吹灰之力就操控了所有的行动。

例如，他们了解到史蒂文斯和贝斯特正受命招募德国空军官员充当间谍。这样德国方面就为他们专门安排了一个备选人：一名伪装成政治上不满意的德国空军官员的反情报专家。

他自称索姆（Sohm）少校，并在 10 月份联系了贝斯特，声称自己是德国一个异见集团的成员。为了显示他对德国空军高层事务的了解，他为贝斯特提供了若干机密文件。按照骗局的计划，这些文件被英方当作真实情报接收，索姆也因此发展了一批反纳粹的德国将领作为其阴谋计划的负责人。随后他向贝斯特透漏，他们想和英国政府建立秘密对话，从而在维持原状的基础上结束危机。如果英国方面同意，这些将领会进一步谋求拘禁希特勒以示诚意。英国秘密机构动心了，随即通过史蒂文斯和贝斯特安排这次阴谋的其中一位将军飞往伦敦。

通过这场骗局，德国在伦敦安插了自己的情报人员从而能随时对英方为德方所提供的情报进行评估。这个人就是查尔斯·霍华德·艾利斯（Charles Howard Ellis），英国秘密机构的高官，人们都叫他“迪基”(Dickie) [1]。20 年代末德国人通过一名双重间谍雇佣了他，当时他被派驻巴黎，返回英国后仍继续向他们出卖情报。1938 年，他被派往行事一向极其敏锐的总部，负责翻译偷来的德国最高机密文件，还要参与对这些从异见将领那里得到的资料做出评估。他的报告随后会通过当时招募他的、巴黎的双重间谍反馈给德国。通过艾利斯，或许还有其他情报源，德国的骗局策划者们得以确定：英国对他们派去的虚假异见论者极其重视，因此相应

《哈瓦那特派员》（*Our Man in Havana*）以濒临政治动乱的第三世界国家为背景，于 1958—1959 年拍成电影。

[1] 原注：参见查普曼·佩彻《太深太长》（*Too Secret Too Long* [New York: St. Martin's Press, 1984]）第 440—456 页。

地会有所行动。

同年春天，索姆知会贝斯特，近期任何西部防线上的同盟国军事行动都将延缓甚至终结他们抓捕希特勒的计划，因为这种情况下参与此次阴谋的多数将领将会首先选择保卫祖国而不是颠覆纳粹。剩余的异见分子就会因此遭到出卖甚至拘捕。相反，如果英国近一两个月内暂时搁浅进攻德国，他们就能如期发动针对纳粹的政变。

这条情报很快被传到伦敦。对于害怕德国轰炸其城市的政治家和不想参与欧洲战事的军事家来说，这种不战而胜是相当具有诱惑性的。异见分子为英国提供了一条很具说服力的合理选择，作为实现他们目的的交换条件：夏天以前不得针对德国对波兰的进攻采取任何军事反击。

这样，希特勒就获得了巩固东欧战略成果的时间，可以准备进攻荷兰、比利时。1939 年 11 月，关于异见论者的谎言越来越难以继续，德国情报机构遂决定以一次挫败军心的打击结束这场骗局。作为序曲，索姆还安排了另外一次与将领们的会面，他将贝斯特和史蒂文斯引到荷兰的芬洛小镇（Venlo），他们在那里遭到德国特工的绑架并被送去了德国。芬洛事件（Venlo Incident）[1] 之后，索姆的德国特工身份被暴露，但英国在几个月内仍然抱有幻想，以为索姆口中的德国反动将领们也许是真的——而且真的在策划政变。[2] 直到春天，希特勒短时间内连续发动对荷兰、比利时、丹麦、挪威和法国的突袭，在不到一个月的时间里全面占领了欧洲，[3] 这时英国人的幻想才彻底破灭。

---

[1] 原注：参见奈杰尔·韦斯特《军情六处》（*MI6* [London: Weidenfeld & Nicolson, 1983]）第 70—75 页。第一手资料参见西格门·佩恩·贝斯特（Sigismund Payne Best）《芬洛事件》（*The Venlo Incident* [London: 1950]）。后者基于芬洛 1945 年的审讯材料成书。

[2] 原注：参见奈杰尔·韦斯特《军情六处》第 75—76 页。

[3] 原注：参见克劳斯·克诺尔（Klaus Knorr）、帕特里克·摩根（Patrick Morgan）《战略军事突袭》（*Strategic Military Surprise* [New Brunswick, N.J.: Transaction Books, 1983]）第 17—23 页。

希特勒为欧洲赢得表面和平的这场骗局尽管其结局很具戏剧性，但绝非他的原创。策略上的设计主要来自一战中德国军事情报机构的标准化实战演练，也见于孙子的理念：能而示之不能。当德国不足以保护自己时，它假装拥有秘密武器——空军的轰炸机有效阻止了敌人的进攻；1939 年当德国具备突袭能力时，它又假装纳粹政府和反动将领之间存在裂缝，引起敌人自满；当东部面临苏联威胁时，它又假意与其合作，成功分化了敌人。每种情况下，德国都能形成相应的欺骗性情报，为敌人提供他们想要的，或者他们期望听到的。在假装发动战略轰炸的过程中，希特勒为英法空军提供了他们军事扩张所需的预算支持；在运用自己的团队谋划反动行动时，他又利用同盟国之间的相互厌恶参与了一场不受任何限制的战争；在为主要军队将领篡改阴谋文件时，希特勒为斯大林提供了大清洗所需的证据。就这样，希特勒的骗局有意无意中将同盟国变成了受害者。除此之外，骗局还利用了敌方情报机构，让后者在不知不觉中为德国充当了虚假情报的直接传递渠道。无论这些情报最初利用的是何种渠道——虚构的反动行动也好，还是军事随员或者双重间谍——这些信息都按照预想被快速传递到敌方情报人员的手中，并通过他们进一步传达给政府领导。自相矛盾的是，如果英国、苏联和法国本身不运行间谍网络，他们反倒不会如此轻易地上当。

最重要的是，德国获得了来自英国情报机构核心部门的及时反馈，保证了骗局不被意外揭穿。每次英国方面有所怀疑，德国的“内奸”就会提醒骗局策划者们，后者就会换成另一个相对可靠的信息传递渠道，或者就像这个案例中一样，突然在另一个完全不同的情境下逮捕主要联系人从而断开该渠道。无论如何，由于所有这些因素的参与，从任何评判标准来看，骗局都以极小的代价（斯大林甚至还为此付出了一笔钱）成为比战争安全得多的手段——这也是希特勒在接下来的四年里体会到的。

这四年里希特勒输掉的就不是和平，而是战争了。但在那之前，他都显示出通过和平策略改变大国权力格局的可怕力量。

[第十章]

新马其诺防线

“我们正在迈向一个新时代，那时我们将能用传感器——也许不止一个传感器——传输地球表面的所有目标……”

——斯坦斯菲尔德·特纳

现代科技和卫星技术

30年代，和平欺骗策略有效地蒙蔽了西方的同盟各国。而今天，它又能否再次骗过美国呢？美国情报机构给出的答案是否定的。根据他们的官方说法，现代科技结合卫星技术为美国抵御战略性欺骗提供了全面精确的保护。博比·雷·英曼（Bobby Ray Inman），曾任美国国家安全局局长，在搜集电子情报（electronic intelligence）方面发挥了领军作用，之后担任中情局副局长直到1982年。他就曾指出美国情报界的运行机制是基于如下判断，即被美国卫星拦截的苏联数据“是相对可信的”，是未经过欺骗手段污染的。[1] 他说：“（美国）从苏联‘获取’的大量情报以及持续多年，

[1] 原注：参见鲍勃·伍德沃德（Bob Woodward）《面纱：中央情报局的秘密战争》（*Veil: The Secret Wars of the CIA* [New York: Simon & Schuster, 1987]）第474—475页。

甚至几十年的连续性……（使得苏联骗局）根本不可行。”他还进一步推论，如果苏联向美国任何一个传感器（比如卫星上的望远镜）发送错误情报，他们的骗局就会立刻被其他传感器（卫星上的数据拦截天线）识破，因此苏联对美国实施欺骗的唯一方法就将是发明电子的，或者说光学的“波将金”村。但他也认为这是“不切实际的”，即使他们在技术上可行，也将耗尽苏联所有的经济资源。

同样自信的还有1981年担任过中情局首脑的海军将领斯坦斯菲尔德·特纳（Stansfield Turner）。他在自传中表示，天空中的望远镜、天线和其他传感器几乎能“看到”、“听到”或者“探测到”苏联的一举一动。他预言：“我们正在迈向一个新时代，那时我们将能用传感器——也许不止一个传感器——传输地球表面的所有目标……我们将很快就能追踪地球表面的大部分活动，无论白天黑夜、刮风下雨。”[1] 对特纳而言，这项新技术不仅使美国全知全能，更能将其从对常规间谍活动的依赖中解放出来。1984年6月，美国政府在多大程度上采用这些卫星和其他国外情报搜集设备作为它的“马其诺防线”以抵御骗局，这个疑问驱使我马不停蹄地回国参加了位于科罗拉多州博尔德（Boulder）空军学院的会议。几乎是在最后一刻，由于一些误解或者错误，我被要求担任“情报和资源配置”专门小组的调解人。当我接受这个要求时，我完全没意识到在这个让人乏味的标题下是什么样的主题。

空军学院的会议室里坐满了将军和上将，宣读第一份资料时我就马上明白了，把这些大腕召集起来的会议主题果然不同凡响——关于情报搜集的新型绝密技术的有效性。议事日程上的论题包括被五角大楼隐瞒的相关预算应该怎样在中情局、国安局和国家侦察办公室（National Reconnaissance Office，负责运行我们“头顶”上的摄影卫星）和海军专项控制计划（负责使用潜艇和对我而言听起来像字母表上的随意字母一样的

关于国家安全局和中央情报局认为苏联数据“相对纯粹”，出处同上，第202页。

[1] 原注：参见斯坦斯菲尔德·特纳，《保密和民主》（*Secrecy and Democracy* [Boston: Houghton Mifflin, 1985]）第92页。

其他军事部门对苏联海底电缆进行窃听）之间分配。这些部门都是一个叫作“国家情报计划”（National Intelligence Program）里的组成部分，这个词我从未听过，但这项计划却非常重要——正如我在会议中了解到的——因为它组成了 90% 以上的美国 10 亿美元规模的情报预算。这项计划的预算分配是由一个叫作情报共同参谋部（Intelligence Community Staff）的部门运行的，该部门共同听命于中央情报总监和国防部长。该参谋部的另外三个成员，不同于我，具有高度安全许可，本身就是该部门成员或者与该部门进行合作，这也就解释了其工作效率是有保证的。威廉·拉克兰（William Lackland）是情报共同参谋部的副主管，第二位成员彼得·C. 欧乐森（Peter C. Oleson）是国防部长驻该部门的代表，第三位成员小乔治·皮克特（George Pickett Jr.）曾是参议院情报特别委员会（Senate Select Committee on Intelligence）和部门的联络员。他们对哪些项目能够得到资助很有发言权。第四位成员威廉·约翰逊（William Johnson）来自中情局，曾效力于安格尔顿的反情报部门。但是他在拉克兰描述完他的专长后就陷入了沉默，因为后者把他擅长的间谍活动比喻为“芝麻大小的事情……不值一提”。

这三位专家政治论者以一副行家似的措辞谈论着情报系统，好像它只是政府下面一个过一天是一天的小机构一样。拉克兰一次次谈论起“真空清理”(vacuum cleaning)，就像后来我问他时他稍显不耐烦地解释的那样，“就是吸入你能找到的所有数据”。换言之，用于分析的各种信号会被无差别地记录下来。期间他提到“全部电磁波谱都可以被真空清理掉”。在这一小时的大部分时间里，他们都在事无巨细地讨论这一高科技设备的“使用范围”：他们不仅针对苏联，更想让全球都处在它的控制下。我忍不住打断他们：“难道苏联就不会对此有所预见，并采取一些措施来抵御这种监视吗？”作为调解人，我试图将讨论导向我感兴趣的话题：我指出，安格尔顿曾认为情报工作绝不可以轻易同它的“双胞胎”——骗局相分离，如果他能预料到情报来源和从敌方搜集情报的渠道。

拉克兰说 :“即使苏联知道了，他们也无能为力。”他承认常规的情报工作是依赖于拍照的机会，而如果一个人摆出一副他能够预测于何时何地拍照的姿态，那他是完全有可能骗过相机的。但他也坚持认为借助最新发展的空间监视技术，通过许多不同的媒介，很多快照都可被摄取，而其形象能保持一致。所以，就算知道自己的行动已经被看到、听到，又能怎样呢？面对这种无所不知的监视，他是无能为力的。

随着谈话的深入，我意识到很显然这一“三重唱”不仅仅描述了一项技术，更是一种新的哲学学说，甚至用安格尔顿的话说就是一种新的“情报认识论”。被“真空清理”的数据量使得目标的知识状态无足轻重，在这一基础上，它模糊了不可预测情报和可预测情报之间的界限。

在这些前提下，系统性骗局听起来就像开玩笑一样。当我提出如何才能知道敌人的“心态”这样的问题时，拉克兰和皮克特又给我介绍了另一种技术手段 :共同参谋部已经批准了对超感官知觉[1]“读心术”项目研究的资助，如果能对苏联领导人成功实施该计划，将会为真空清理提供另一个战场。

即使没有超感官知觉的辅助，这些科技系统也已经为美国提供了防御骗局的强大保护伞了，若果真如此，这种断言可以证明今后 10 年里它将获得的 500 亿美元的经费投放是值得的。另外，这和重组后的美国情报界的价值观很契合。如果这些卫星系统能够解答关于苏联策略和计划的所有相关问题，通过处理来自空间合法传感器的可预测信息流（不存在任何风险和困难），中情局和国安局就可以很好地开展工作。他们也针对一些坚定的设想投放预算从而把想法变成现实，比如为了延长卫星寿命需要什么样的硬件 ；为苏联的武装据点提供常规覆盖 ；为了完成这些任务，通过拦

[1] 译注 ：超感官知觉（英文全称 Extrasensory Perception，简称为 ESP），指不受已知感觉过程的支配而发生的知觉。通常包括传心术、千里眼及预知等。这种知觉的存在没有任何确实的证据，相信这种现象的却大有人在。有人利用那些自称具有这种能力的人去寻找失物或查找失踪的人。

截的图片和信号的数量作为评估成功与否的标准。

尽管这一新兴的技术理论可能会满足很多官员对于情报建设的要求，但是它看起来似乎还是引发了会议室内众将军和上将们的大量分歧。有位空军将领就很有针对性地提出："如果这些系统如此万能，为什么我们没有收到任何关于苏联进军阿富汗的警告？"其他人也纷纷指出，该系统在欧洲和波斯湾没能及时提供预警。一位上将回忆起一项美国海军实验，在该实验里，一组知道美国卫星精确轨道的作业船只能够成功地以"之"字形路线逃离卫星监测范围，从而在卫星覆盖下"隐身"跨越了大西洋。[1]

拉克兰、欧乐森和皮克特针对以上事例，反驳说这些只是系统里的"小故障"，但显然在座的听众没有被说服。后来，在一个不那么正式的场合，我同一些将军讨论了这些问题，随即又向马尔科姆·瓦洛普（Malcolm Wallop）议员提出了我的疑问，该议员曾效力于参议院情报委员会（Senate Intelligence Committee），他的手下安吉洛·科德维拉（Angelo Codevilla）曾和空间情报（space intelligence）打过交道（而且也曾参加过空军学院会议）。

对这些能够识别出适当情形下的几乎所有目标的情报搜集设备的技术，他们创新赞誉有加。但他们也指出，一旦所有的专业术语和神秘光环退去，卫星就只是观察或倾听至少 100 英里以外的某对象的一个平台，它们是有局限性的。

此外，正如瓦洛普议员指出的，任何特定时间段内美国在空中监测卫星的数量都很有限。美国进行监测有两种最主要的类型，其一名为 KH–11，是一种两个钥匙孔的卫星，用于对苏联领土进行详细拍照的图片勘察卫星；另一种是四个固定停留在苏联领土上空进行拦截无线电和其他电磁信号的、代号为"水上表演"（Aquacades）的信号卫星。还有一些专用卫星专门追踪特殊目标，比如苏联导弹发射产生的热量。1988 年 12 月，

[1] 原注：参见安杰洛·库德维拉《无知与情报》（"Ignorance vs. Intelligence"），载于《评论》[*Commentary*]，1987 年 5 月刊，第 77 页）。

美国新增了一个代号为“长曲棍球”（Lacrosse）的卫星，能利用雷达“摹写”目标。这些卫星的有限组合的背后，是国家侦察办公室、国安局和中情局众多分析员提供的强大支持，而卫星们的系统协作就组成了美国空中情报系统的“眼睛”和“耳朵”。

两个 KH–11 航天器分别长 64 英尺，每个重 15 吨，每 90 分钟在 150—330 英里的高度飞越部分苏联领土。相对较低的飞行高度使得它们的望远镜能够拍摄到预先选定的目标。不同于早期卫星用胶卷拍摄（事后还要弹出和复原），KH–11 以电子的形式传输图片，并能通过其他通信卫星把它们传送到马里兰州米德堡（Fort Meade）的特殊导弹与航空中心（Special Missile and Aeronautics Center）。在那里，几秒钟之内它们就能被超级计算机转换成图片，其分辨率之高足以识别单个的军事设备，并能通过其标记和编号找出它们归属的单位。

但 KH–11 卫星仍旧只能在白天和良好天气状况下才能“看到”目标、提供有用信息。它无法在夜间拍摄照片，也就是说全天有一半的时间不能工作，有云天气也无法拍摄，而苏联几乎任何时候都有 70% 的云层覆盖。除此以外，正如科德维拉告诉我的，这些卫星不仅不能“覆盖理论上它们能够看到的，甚至不能覆盖地面目标一平方公里的范围”。原因在于它们的望远镜只能覆盖狭长的领土范围。因此这两个 KH–11 卫星只能看到苏联全部动向的一小部分——再加之天气和技术因素，并不能看到它们想要的内容。只要看看 1983 年美国情报机构花了多长时间去拍摄苏联在克拉斯诺亚尔斯克（Krasnoyarsk）的巨型雷达，就能知道在最佳环境下识别新据点有多难。甚至在美国通过其他渠道掌握了雷达站的结构和大体位置之后（是一栋 30 层高的大楼），美国卫星仍旧用了两个多月的时间才定位了据点，趁适宜的天气条件进行了拍摄。

为了弥补这种分散的视野的不足，中情局通过国家侦察办公室构造了一个由上百个在不同时间、对同一个据点拍摄的独立图片组成的所谓“马赛克”。而关于各个独立图片之间的间隙在时空上不相连的论断是有问题的。

然而 KH–11 以及其他所有卫星还有一个更为严重的局限性：无法看到建筑物内部或地下的境况。而秘密行动却往往都是在室内发生的。KH–11 从未成功地拍摄过任何一个 SS–18 导弹或其他苏联第四代导弹。

KH–11 只能看到固定建筑物外部的场景，比如导弹发射井、雷达、工厂，或飞行运输机这类体积庞大、难以隐藏或逃避视线的武器。所以 KH–11 只能窥探到一小部分苏联活动——而且苏联还可以随时用遮光物干扰卫星。

由于 KH–11 的运行轨道是完全可预测的，苏联可以精确控制美国卫星看到的内容。不同于二战中使用的、可以在任意时间降落并改变方向的侦察机或 U–2 飞机，卫星从被发射的那一刻起就被计算机追踪了。KH–11 确实具有能够修改轨道的火箭引擎（可以达到每次修改只消耗极少量机载燃料的程度），但苏联雷达还是能探测出这些变化。

通过光学原理和间谍活动，苏联人还准确知道了卫星上的镜头都能看见什么。1978 年，克格勃从一位名叫威廉 · 坎派尔斯（William Kampiles）的前中情局人员手中得到一本 KH–11 手册。上面解释了所有的操作步骤、传送特点和性能。从那时起，KH–11 就不再是秘密了。[1]

它的路线也不是秘密了。限制战略武器会谈[2]武器控制协议里确定的程序对于提高 KH–11 运行线路的可预测性产生了矛盾的效果。苏联料到那些在建的导弹据点必定处于美国连续不断的监视中，因此他们可以规定卫星望远镜的观测角度和每个通道上摄影机的拍摄范围。苏联情报机构甚至利用它和限制战略武器会谈委员会的联系，测试 KH–11 的全部性能——在不同情况下轻微破坏限制战略武器会谈记录，从而确定他们被卫星探测到的时间。[3]

[1] 原注：参见亨利 · 赫特（Henry Hurt）《危机里的中情局：坎派尔斯事件》（“CIA in Crisis: The Kampiles Case”，载于《读者文摘》，1979 年 6 月刊，第 65—72 页）。

[2] 编注：限制战略武器会谈，Strategic Arms Limitation Talks，简称为 SALT。

[3] 原注：参见威廉 · R. 哈里斯《苏联伪装和军控核查》（“Soviet Maskirovka and Arms Control Verification” [mimeo, September 16, 1986]）第 21—25 页。

卫星预警系统

1966 年，苏联使用了一个精密的预警系统来提醒所有秘密据点，比如导弹测试场、武器测试实验室，尤其是当他们被美国间谍卫星的望远镜观测到时。不足为奇的是，他们还能够转移到室内或掩护他们想要隐藏的目标，例如在 KH–11 经过时的简短间歇里不装载导弹。

有了这种卫星预警系统，苏联骗局策划者们就可以轻松应对美国的监察，因为每当警报响起——就像政客为了提升知名度利用拍照机会一样——该系统就能把他们想要被对方拍的东西暴露在卫星镜头的移动路径下。为了圆满完成骗局，他们不再需要伪造“波将金”村；只需要增加或改变美国分析员赖以预测相关活动的数据即可。根据克格勃叛徒艾利克斯·梅耶诺夫的说法，和克格勃关系密切的苏联军事反情报机构自 1968 年起就被命令“准备并实施……对付敌人虚假情报的专用手段”[1]，这其中就包括想办法蒙蔽空中监控。另一个最近叛变的苏联人维克托·苏沃洛夫（Viktor Suvorov）更是详细描述了苏军是如何向美国卫星刻意展示伪造的军事设备的。一个名叫 GUSM 的特别小组[2]负责这些用来蒙蔽、干扰美国卫星摄影机的“专用手段”间的相互配合，它最初由奥加尔科夫（N. V. Ogarkov）将军组建。每当美国卫星将要通过秘密据点时，GUSM 就可以根据情况提供三种选择：一是允许该据点以真实状态被拍摄；二是试图隐藏或伪装据点；三是利用此机会暴露据点的其他特点或设备，其中有真有

---

[1] 原注：参见阿列克谢·米亚赫科夫（Aleksei Myagkov）《克格勃内幕》（*Inside the KGB* [New Rochelle, N.Y.: Arlington House, 1976]）第 121 页。关于虚假军事设备，参见威廉·J. 布罗德（William J. Broad）《美国设计了更加保密的间谍卫星》（“US Designs Spy Satellites to Be More Secret Than Ever”，载于《纽约时报》1987 年 11 月 3 日，第 1 版）。

[2] 原注：参见维克托·苏沃洛夫（Victor Suvorov），《GUSM：苏联的战略欺骗机构》（“GUSM: The Soviet Service of Strategic Deception”，载于《国际防务评论》[*International Defense Review*] 1985 年 8 月，卷 18，第 8 期，第 1235 页及其以后）。

假，从而误导美国。

即便是在今天，我们也并不需要比二战中蒙蔽空中摄影所需要的更多技术来伪装卫星的摄影目标。[1] 作为一项先进技术，空中望远镜可以拍摄100—330 英里外的目标，而二战中的空中摄影机的拍摄距离最远才 1 英里。望远镜的附加分辨率刚好抵消了这多出的距离。根据计算结果，良好天气条件下，焦距 64 英尺（最大焦距当属 KH–11）的望远镜从 100 英里的高空可以拍摄到最小 6 英寸的目标，这和 20 世纪 40 年代德国飞机使用的空中照相机的分辨率一样。但二战中的苏联骗局策划者还是通过强大的欺骗手段——甚至达到了设置虚拟军队和防御工事的程度，显示了其蒙蔽德国空中摄影的能力。

其主导理念就是模糊化，即通过伪装、同时通过假的指示物呈现并不存在的目标从而干扰并分散国外情报传感器，隐藏真正的目标。《苏联军事史杂志》（*The Soviet Military Historical Journal*）列举了 1941 年至 1944 年间，超过 20 多次得益于这些技术的大规模军事胜利。军事伪装在当今无疑促进了技术的提升，因此对卫星的蒙蔽再也不是技术上的不可能了。

如果敌人掌握了自己受监控的时间、地点和手段，那么根本没有任何办法阻止他们把误导性信息专门呈现在监视路线上。KH–11 的运行正是处在这种状况下，因此一旦卫星路线可以被预测，它就可以充当 GUSM 的通信渠道以及中情局的观测平台。而这大大限制了它防御苏联骗局的能力。

当然，卫星摄影术只是美国对苏联监视的一个组成部分，充当“眼睛”的作用。另一个充当“耳朵”的重要部分就是苏联领土上方 22500 英里高空中运行在对地同步轨道上的信号情报卫星 (signals intelligence satellites)。[2] 尽管距离过远难以拍摄，但卫星上的天线可以持续地“真空

[1] 原注：关于二战时期的空中拍摄能力，参见 1979 年我对阿麦隆·卡茨（Amrom Katz）的采访。

[2] 原注：参见杰弗里·里切尔森（Jeffrey Richelson）《美国间谍和苏联目标》（*American Espionage and the Soviet Target* [New York: Morrow, 1987]）第 222 页及其以后。

清理”苏联发出的特高频、超高频或微波广播的信号、导弹测试的遥感勘测信号、飞行器之间的通信、电话继电器和大部分其他类型的电子信号。和 KH–11 不同的是，由于这些卫星与地球几乎同步运行，所以还能长时间地针对目标进行位置固定，在任何天气、全天候地拦截目标发射的广播信号。随后通过澳大利亚松树谷（Pine Gap）的地面中转站将拦截信号送往马里兰州米德堡的国安局总部进行分析。他们的活动虽不是什么秘密，但也有些出乎意料。1975 年苏联情报机构就掌握了他们的性能和弱点，当时汤普森·拉莫·伍尔德里奇公司（英文全称 Thompson Ramo Wooldrige Inc，简称为 TRW）的员工克里斯托弗·布伊斯（Christopher Boyce）向克格勃发送了数百份文件，文件详细介绍了这些卫星（当时代号为“流纹岩”[Rhyolite]）的运行方式。[1]

信号情报卫星足球场规模的天线使得他们极易被苏联雷达识别。苏联在任何时间都可以掌握卫星的位置和天线所指的方向，同时仅仅通过检查自己哪台无线电发射器会和天线发生干扰，就能找出卫星锁定的潜在目标。正如科德维拉在他对空间情报的分析中指出的，苏联通信安全的负责人能够“要么把通信切换到安全渠道，要么表示他们知道有人在窃听”。[2]如果选择后一种，他们就会对数据进行编码，使数据对于窃听者来说变得毫无意义，不然就是利用此机会进行欺骗，即增添一些误导对方的内容。

即使美国使用其他高科技、专门化的侦察卫星捕捉苏联雷达、核爆炸和导弹发射所释放的信号、热量、磁脉冲等等，即使卫星获得的数据量毫无疑问极为庞大，这些信号情报卫星的关注点也是极其有限的，仅限于苏联安全事务上的细枝末节，例如未加密的广播或室外的设备。

[1] 原注：参见罗伯特·林赛（Robert Lindsey）《猎鹰和雪人》（*The Falcon and the Snowman* [New York: Simon & Schuster, 1979]）。

[2] 原注：参见安吉洛·M. 科德维拉《空间、情报与骗局》（“Space, Intelligence and Deception” [mimeo, September 26, 1985]）第 8 页。

比如说，代号“长曲棍球”的新型雷达卫星，可以透过云层侦测到物体；在夜晚，能通过发射高频信号来轰击目标，随后通过它上面反射的雷达信号的运行方式推断出物体的形状。但即使如此，和 KH–11 相比而言，也只是有极小部分的苏联领土可以由单个卫星使用这种方法来分析目标。另外，作为秘密或意外情报而言，它的价值并不大。因为雷达“阅读”物体就像盲人阅读盲文一样，是用雷达信号触摸物体的，而这样就会让苏联确切知道美国卫星的目标是什么。而且由于其可预测性，雷达很容易受到故意歪曲角度或表面的蒙蔽。

科德维拉和瓦洛普估计，“斯坦斯菲尔德·特纳宣称我们可以常规地追踪地球表面任何重要的东西，但若照他们所说，至少还需要上千个卫星”。[1] 而且苏联有可能控制大多数地面上的暴露目标，如果他们认为关闭地面上的薄弱点或者释放误导信息这样的付出和努力是值得的。战争时期，当地面暴露点不容易控制时，尤其在大型军事行动或导弹发射这种情况下，天基情报（space-based intelligence）就是非常宝贵的，甚至会给敌我双方都带来便利，有助于核查双方是否遵守武器控制协议。但在和平年代，由于窥视孔可以被严格控制，少数美国卫星就不足以监测很多类型的活动，尤其是苏联非常重视从而高度保密的行动。

这就进一步导致另一个问题。我问过的情报机构长官看起来并不在乎获取苏联的非预期情报，他们并不认为这种秘密间谍形式很有必要。若果真如此，或者如果苏联情报机构能够猜到美国卫星何时何地以何种方法监控他们的行动，那么苏联能否利用这些备受瞩目的美国情报设备作为实施欺骗的渠道呢?

[1] 原注：参见马尔科姆·瓦洛普和安吉洛·M. 科德维拉的《军控妄想》（*The Arms Control Delusion* [San Francisco: ICS Press, 1987]）第 65 页。

[第十一章]

遥测骗中骗

"60 年代，我们犯了错误，没能正确评价苏联的实力。"

——阿麦隆 · H. 卡茨

"海森伯不确定性原理"

二战中许多间谍遭遇到著名的"双重欺骗"(double-crossed)，那么高科技的卫星是否也会像间谍一样深陷其中呢?

在洛杉矶，我和阿麦隆 · H. 卡茨就此问题做过探讨。[1] 他是我在之前的第一次欺骗会议中认识的，是美国空间侦察领域的首席权威。他的职业生涯开始于 1940 年的空军航天侦察实验室 (Air Force's Aerial Reconnaissance Laboratory)，随后在兰德公司投身美国空间侦察领域的研究，并发挥了主要作用。1973 年，他带领检验分析局 (Bureau of Verification and Analysis)，负责限制战略武器会谈条约的核查工作。和

[1] 原注：参见莫顿 · E. 戴维斯 (Merton E. Davis) 和威廉 · R. 哈里斯的论文《兰德公司的角色：在卫星监测系统和相关美国太空技术中》("RAND's Role in the Evolution of Balloon and Satellite Observation Systems and Related U.S. Space Technology" [Santa Monica, Calif.: RAND, 1988])。

其他参加武器控制协商的人一样，他也用“国家技术手段”（National Technical Means，简称为 NTMs）[1] 这一委婉说法来形容间谍卫星。

卡茨矮小精悍，谈及自己的研究领域，偶尔或是他自己独创的诗歌时总是非常严谨。一开口他就直奔主题，针对我关于空间监测的疑问，他也提出了一个启发性的问题：“为什么不把海森伯不确定性原理用于国家技术手段上，即为什么不认为观察者会不可避免地影响被观察目标的行动？”

“苏联知道他们被监视吗？”我反问他。

“他们会傻到不知道吗？”他也反问，推断“物理学的法则是普遍适用的”，苏联无法从理论物理学推论出的东西可以通过他们的卫星实验得到验证，他们的卫星和美国的几乎处于同样的运行高度和运行环境。他还进一步指出：除了他们从成功的间谍活动中得到的情报，苏联也有能力仅仅通过违背限制战略武器会谈条约、看看是否会被侦察到以测试美国卫星的局限性。“我怀疑，我们正在观察的东西还蕴藏了很多我们不知道的秘密。”他表明，与其说卫星的作用是出其不意地抓捕任意一方，不如说它为双方提供了一个相互通信的渠道。他们使得任何一方都有可能泄露出另一方需要的数据，即“泄露本就是威慑的一部分”。他提醒我，在讽刺电影《奇爱博士》（*Dr. Strangelove*）里，为了应对苏联被袭击而发明的一种足以摧毁地球上所有生命的“末日”炸弹最终失败了，只是因为苏联没有通知美国。

不管拥有什么样的“末日”武器，不管它想让国外观察者了解什么样的信息（比如对限制战略武器会谈条约的遵守情况），美苏双方的这些情报都被卫星互相泄露了。“如何才能保守秘密又是另一个问题。”各种国家技术手段——至少在这种情况下——应该相互协作“参与这场游戏”。事实上，卡茨指出，美国在 70 年代中期曾考虑在导弹发射井之间来回运送

---

[1] 原注：参见阿麦隆·H. 卡茨《核查与限制战略武器会谈》（*Verification and SALT* [Washington, D.C.: Heritage Foundation, 1979]）。

导弹，这项计划中还包括了一条：当苏联卫星在空中经过时，悄悄打开所有导弹发射井顶棚，无论里面是空的还是满的，苏联人就能够精确计算出导弹数量。

但若果真如此，为什么苏联不用这个“游戏”展示能够误导美国情报界的信息呢，即使这些信息并非真的不准确？我问卡茨：“难道有人担心卫星还会被欺骗吗？”

卡茨援引他所谓的“克罗法则”（Crow’s Law，该法则是由一名叫克罗的英国官员提出的）说：“在你知道你应该知道什么之前，不要想你想要想的。”他说，“我在兰德公司的一位同事可以告诉你，你应该知道什么。他研究这个问题很多年了。”他就是威廉·R. 哈里斯，是兰德公司的国际律师和参议院情报委员会顾问。用卡茨的话说，他“热衷于挖掘深层的东西”。

第二天早饭的时候，哈里斯在他太平洋沿岸帕利赛德（Pacific Palisades）的家中接待了我。他年轻、有活力、善于表达，很会捍卫自己的观点，讲话喜欢假设，不绝对。他说他在兰德公司享有很高级别的“密码”安全等级，因此说话必须小心。他还是一个近乎狂热的情报爱好者，1968 年在哈佛大学的时候，他曾搜集了整整三卷关于间谍和骗局的加注释文献。[1]1976 年，他参与兰德公司的一个项目，对从苏联截获的数据进行重新评估。甚至在我开始我们的话题之前，他就已经对我所感兴趣的“欺骗”策略有所耳闻。

那真是漫长的一天，我们喝了一天的咖啡。还没喝完第一杯的时候，

[1] 原注：参见威廉·R. 哈里斯《情报与国家安全：附注参考书目》（*Intelligence and National Security: A Bibliography with Selected Annotations* [Cambridge, Mass.: Center for International Affairs, 1968]）。他的兴趣可以从他的其他作品中看出，比如论文《反欺骗的规划》（“Counter-deception Planning” [Cambridge, Mass.: Harvard University, 1972]）；《苏联伪装和军控核查》；《对军控协定的违反》（“Breaches of Arms Control Obligations” [Stanford, Calif.: Stanford University, September 22, 1983]）；论文《对限制战略武器会谈的保障项目：战略武器协定下应对苏联骗局》（“A SALT Safeguard Program: Coping with Soviet Deception Under Strategic Arms Agreements” [Santa Monica, Calif.: RAND, 1979]）；还有他的《国家安全技术手段下的反间谍司法权和骗局》。

他就说："60 年代，我们犯了错误，没能正确评价苏联的实力。"接着他就打开了话匣，"这个失误太严重了，今天我们还在深受余害。"他说这个错误持续了快 10 年，他们彻底低估了苏联制造洲际卫星的能力，该卫星的精度足以威胁美国陆基导弹（land-based missile）的力量。当时美国情报机构利用他们所谓"最先进的资源和方法"，断定苏联在可预计的未来达不到这种精度，因为他们没有掌握制导系统的核心技术。鉴于这点，苏联会把他们未来的甚至持续到新千年的发展战略集中在针对城市发射导弹上。相比于导弹发射井，这种方式不需要太高的精度。所以尽管苏联有能力针对美国城市实施报复行为，但并没有打击且摧毁美国集中于 6 处的地面导弹的战略。这样一来，苏联拥有的就只是防御武器而已。据此，他说"我们对无坚不摧的美国导弹和苏联的弱点都没能做出坚实可信的判断"。

我觉得很不可思议：美国整个的战略定制居然是建立在一个不完善的火箭系统上。我打算从他的宏大叙事里挖些细节，于是问他："苏联缺乏的核心技术是什么？"

"加速度计（accelerometer）。"他边说边伸开拇指和食指比画了一下，两指距离大概 3 英尺，看来那个东西的体积很小。他说加速度计就像一个高精度的回转仪，通过计算物体重力，精确表明该物体在任何时间加速的速度。然后计算机就能根据这个数据计算出物体的具体位置和速度，从而使得计算机能够判断何时发射弹头，随后弹头就会完全依靠重力作用朝千里以外的目标飞行，因此加速度计对于导弹来说至关重要。

卖弄完从卡茨那里学来的行话，我又问他："那我们的卫星和其他国家技术手段呢？我们不能确定苏联导弹的精度……"可我还没说完他就先说出了答案："我们确实依赖国家技术手段。这是关键，但就是来自它的数据导致了我们的错误。"

他说，一直以来，美国都在利用苏联火箭接受测试的时机窃听其发回地表的测量数据，也就是所谓的遥测技术。在使用信号卫星以前，美国都是用其在土耳其、伊朗和巴基斯坦的无线设备进行窃听的。60 年代，这种不加密的遥测技术其实就是 9 个加速度计分别传回的数据。相关分析表明，不同的加速度计之间尽管存在显著差异，但都具有同等的价值。不同加速度计之间的不一致和苏联正在使用大量加速度计这个事实，为中情局研究拦截到的数据带来了困扰。当时苏联使用了 9 个加速度计，但事实上 3 个就够了，因为每个加速度计都可以在 3 个轴上进行测量。那么多余的 6 个是为了什么？中情局对此的解释是，苏联的加速度计太不精确和可靠，以至于无法相信。因此他们不得不求助于一种原始的方法，即测算每个轴上的加速度计传回数据的平均值并加以利用。（美国在研发出高精度的加速度计之前也曾考虑过类似的方法。）中情局因此认为，苏联无意于设计更加精确的导弹，这个结论也是符合美国期望的。[1]

1968 年，苏联测试分导式多弹头导弹和其他高精尖导弹，显示他们已经解决了加速度计问题，同时也震惊了美国，证明了之前中情局的结论是错误的。尽管苏联方面已经掌握了加速度计技术，但仍然面临遥测数据方面的问题，这一矛盾又该如何解释呢？

对数据的再次分析表明——正如哈里斯所言——“苏联的遥测术技本身带有系统性偏差，这就很容易产生指导方针上的重大错误”。换言之，苏联对部分加速度计产生的不准确数据表示默许，但显然这些数据不会被决策层参考，而是和其他相关数据放在一起算出平均数据，产生所谓的“系统性偏差”，从而误导美国的战略决策。

究竟这一切是否是一场精心策划的骗局？现在仍是个问题。所以我问哈里斯，苏联情报机构是否知道美国正在窃听他们的遥测数据。他说这是毫无疑问的，几乎不是什么秘密。1957 年，一架误闯苏联领空的美国运输

[1] 原注：哈里斯给我提供了一篇非涉密计算机打印的苏联科技文章，上面详细描述了中情局猜测苏联正在使用的手段。文中提到一种系统，其中每个轴上的 3 个加速度计都能参与数据提供，但最后将不会采纳准确度最低的数据，而是采纳另两个数据测算其平均数。

机被击落，飞机上被发现有大量的苏联遥测数据。1960 年，贝尔侬·米切尔（Bernon Mitchell）和威廉·H. 马丁从美国国安局叛逃至莫斯科。[1] 二人曾长期从事遥测学分析工作，他们必定把美国窃听苏联的行为一五一十地告诉给了克格勃。苏联情报机构在间谍活动的通信拦截上可谓经验丰富，从 1917 年布尔什维克革命后，通信拦截就成了散布虚假情报的有效手段。例如在 1921 年，英国情报特工从一名在爱沙尼亚执行任务的间谍手中获取了苏联外交密码，并用此解开了苏联的秘密情报。但苏联方面却没有更改密码而是继续用它来误导英国，使后者误以为苏联在支持英属印度的反叛活动。用同一个密码，苏联还向德黑兰大使馆发送关于终止秘密武器交易的消息，因为他们知道这些情报一定会被英国窃听，从而误导英国外交部，使其不得不同苏联签署贸易协议。[2]

斯大林也在 1940 年使用过此类欺骗手段，当时他发现自己的盟友德国找到了日本和苏联之间的电报联络线，并破解了苏联向其在东京的大使馆发送电报的密码。斯大林本可以轻而易举地把这个已被发现的外交密码换成几乎牢不可破的“一次性”密码，即每条情报使用的代码都是随时变化的（这已经被欧洲各使馆广泛应用），但他不仅没有制止德国人的窃听行为，反而让苏联情报人员故意在电报中发送虚假消息。

哈里斯说：“遥测信号中的欺骗也是如此。”也就是说，苏联仅仅需要为每个接受测试的导弹增加在某个方向上存在偏差的额外测量数据，就可以发回让美国窃听者误以为不准确的数据。但是接收数据的苏联科学家知道这些数据中哪些是假的，因此他们就可以轻而易举地忽略其中的偏差。而对此毫不知情的美国方面就无法从搜集到的数据中将虚假的部分排除。

那苏联为何要如此大费周章来欺骗美国呢？哈里斯的解释是 SS–7 洲

[1] 原注：参见詹姆斯·班福德（James Bamford）《迷宫》（*The Puzzle Palace* [Boston: Houghton Mifflin, 1983]）。

[2] 原注：参见奈杰尔·韦斯特《军情六处》第 28 页及其以后。

际导弹[1]，就是这个由杨格尔设计局[2]在1958年到1959年间研发的导弹，促使了苏联的决策者们在新一代导弹的精度问题上欺骗美国。如果美国情报机构意识到，这些导弹的制导系统已经有能力在突袭中瞄准并摧毁美国发射陆基导弹的所有80个控制中心，他们就会有所行动：要么实施一项酝酿中的计划——把美军导弹力量安置在移动的火车上，要么进一步稳固地面发射台以增强其抵御性。无论采取哪种对策，这无疑都会削弱苏联SS–7洲际导弹的威慑力。因此苏联才刻意歪曲遥测数据，制造出SS–7精度低的假象，从而隐藏了实力，最终赢得了一场珍珠港式先发制人的战争。

哈里斯指出，截至60年代初，“克格勃不仅在其导弹测试中心（测试SS–7洲际导弹的地方）设立了外地办事处，还实际上掌握了该测试场内导弹制导和校准设备的相关技术”，从而控制了中情局借以判断这些武器杀伤力的“指示器”。不仅如此，他还提到苏联在这场骗局中丝毫没有收手之意，“飞行试验之前，每组多余设备中的一个或多个机器所记录的错误校准都会导致一系列的测试，苏联战略火箭部队在系列测试中就能够找出真正的制导错误”，同时也能够蒙蔽美国。

回到纽约后，我找到一沓老旧的笔记。哈里斯不是第一个提到加速度计的人，我记得威廉·沙利文在1976年死于猎杀事件之前也曾在另一件事情上提及过。当时我看不出这二者之间有什么联系，但当重读手中的笔记，我才明白这和哈里斯之前告诉我的多么契合。

沙利文说过，60年代初，一个在联合国教科文组织纽约办事处工作的苏联外交官瓦季姆·伊萨科夫（Vadim Isakov）曾引发联邦调查局在全国范

---

[1] 译注：SS–7洲际导弹是前苏联研制的第二代洲际弹道导弹。它具有威力大、射程远、精度高、威慑力强等特点。

[2] 编注：杨格尔设计局（Yangel Design Bureau），成立于1954年，首任领导人为米哈伊尔·库兹米奇·杨格尔，最初的目的是为了设计用于投放核弹头的弹道导弹。

围内对一群军火商的紧急追杀。当时这名外交官知道自己受到监视，但仍冒险同军火商交易，他的购买清单中就有加速度计。最终在 1965 年，一直监视他的联邦调查局发现他在新泽西联系到了一个军火商，而后者在同意出售加速度计的同时迅速被捕了。沙利文旨在表明，美国能够发现苏联这次军火交易完全是事先布好的局，但他没有透露更多。

在得知苏联对加速度计的兴趣之后，中情局便要求联邦调查局责令他们在联合国的两名双重间谍“软呢帽”和“高顶帽”提供他们所掌握的有关伊萨科夫任务的信息。二人都说他们曾收到莫斯科关于了解美国导弹制导控制信息，即加速度计的调查问卷。

“软呢帽”随后利用探亲假回到了莫斯科。当再次返回纽约时，他为联邦调查局带回了更多的情报。他说他曾经了解到苏联科学家正面临测量弹头和导弹分离的精确时间的难题，因此他们急需知道美国科学家是如何解决这个问题的。

沙利文当然知道“软呢帽”实际是处在苏联控制下的（这一点在他返回莫斯科后也被证实了），因此他判断，苏联正在利用双重间谍故意向美国提供关于它的制导系统缺乏准确性的虚假情报。

当我把“软呢帽”的真实身份告诉哈里斯时，他表现得毫不惊讶，只是说并非只有双重间谍这一个渠道被用来强化错误的遥测信息。其实还有一个，但他坚持拒绝谈论。现在我已经掌握了足够的信息，可以好好做一番推测，尤其是经过了之前和卡茨的那番谈话，于是我很快猜到另一个渠道就是卫星摄影。毕竟，正如卡茨告诉我的，二战后，图像识别专家已经能够通过对炸弹和炮弹坑的研究判断出武器的精度。显然这就是卫星的一大用处所在。

就此问题我咨询了一位参议院情报委员会的成员，他对这类骗局也很有兴趣。也许是高估了我对这个问题的理解，他很实事求是地回答了我，他说国家侦察办公室运用弹坑分析证实了苏联导弹的低精度，而这项工作主要是由卫星协助完成的。当天气状况允许时，卫星会在试射之后拍摄苏联在西伯利亚的导弹测试场。得知此事的苏联方面甚至故意将他们用作瞄准点的电线杆留在原地。因此推算出弹头运行距离并非难事。

后来我了解到所谓的“弹坑撞击分析”几乎可以提供现有的所有类型导弹的精度信息，而且分析结果和被拦截的苏联遥测数据以及“软呢帽”的汇报几乎一致。卫星摄像、遥测技术和双重间谍——苏联巧妙地利用这三种渠道来互相印证，最终使得美国战略家们低估了苏联导弹的精度，却还对自己的判断深信不疑。

他还告诉我，在70年代初期，一些偶然获得的情报却戏剧性地呈现出了不同的结果。有很短一段时间，苏联其实并没有意识到他们误以为是信号卫星的东西其实在拍摄他们的导弹发射场，但苏联情报机构可以制造假象，使得照片呈现出来的内容都是苏联推土机夜间作业填埋或者挖掘弹坑以及移动的瞄准点。据推测，这些小工程都是为了第二天会经过导弹场上空的美国卫星专门准备的。真真假假的弹坑其实是为美国卫星布置的骗局：这和真假加速度计的混合运用如出一辙，主要就是为了掩盖苏联导弹真实的精度。此外，这也表明“真空清理”不同的渠道并不会导致骗局的暴露，只要苏联能够协调好其他渠道让敌人听到、看到的各种信息。在这个案例中，遥测技术、双重间谍和卫星摄像——这三个渠道提供的线索都是服务于同一个目的的，就是使整个骗局更加可信。这场天衣无缝的合作使得美国人错误地估计了苏联导弹的精度长达5年。[1]

一旦发现美国人上钩，苏联马上终止了这次行动，“软呢帽”和他的同事们也不再向美国提供表明苏联导弹精度的报告。苏联随即对加速度计中的遥测数据进行加密，从而防止中情局再次使用。现在看来，苏联自始至终都在利用各种渠道欺骗美国，使他们看到的假象和没有看到的真相尽

[1] 原注：参见《苏联假弹坑》（“Soviet False Craters”，载于《华盛顿时报》[*The Washington Times*]，1985年8月7日，第1版）。

可能一致。这不是一场精心策划的骗局还是什么？这场骗局最终灾难性地误导了美国的战略家们。

事实表明，苏联有能力策划并实施这样一场骗局。1959 年，苏联导弹指挥部改组，一个代号为 GUSM 的特别小组专门负责导弹秘密测试的安保工作。然而整个骗局我们仍然漏掉了一环——反馈。

“窗口”角色

1961 年，GUSM 为了安排这场大规模的骗局并使之持续 6 年之久，专门设立了一个哈里斯所谓的“窗口”，负责反馈苏联情报是否被美国拦截。比如说，它要确保中情局已经掌握了苏联遥测技术的“平均化方法”（该方法由一位苏联科学家在一次受美国监控的会议上透露），确保中情局就加速度计的问题已经上当，并且国家侦察办公室已经把弹坑里的电线杆误当作瞄准点，还要确保美国手头没有任何可以暴露整个骗局的情报源。为了达到以上目的，这个“窗口”需要一个内应，一个可以接近美国最机密和最独特情报的角色。

为此，我特意请教了托马斯·D. 福克斯（Thomas D. Fox）[1] 上校，他是我 1975 年做毒品控制调查时认识的，那时他在为一家精英禁毒机构工作。60 年代末他曾领导过国防情报局的反情报工作，并且对国防建设中内奸遗留的错综混乱的蛛丝马迹有着复杂精细的准确记忆。现在我希望从他那里知道谁是当时为苏联提供信息反馈的人。

“确实有一个人，既有这个职权也有相应的途径，他叫惠伦。”福克斯的记忆像电脑文件一样，就这样向我敞开了。威廉·亨利·惠伦（William Henry Whalen）中校曾是被怀疑为苏联间谍的最高级别的美军军官。1940 年，25 岁的他参军，后来遭遇车祸，饱受伤痛之苦的他在 1941 年成为华

[1] 原注：参见拙作《恐怖机构》。福克斯于 1973 年服务于国家禁毒情报办公室。

盛顿情报部总参谋长办公室的一名特殊工作人员。这个部门是参谋长联席会议（Joint Chiefs of Staff）下属的秘密情报部门，几乎能够接触到所有的军事机密。40年代后期，他被指派负责寻找并重新安置美国境内的德国火箭研制专家——这项工作需要“与工业研究、科学和学术组织保持联系”。他也因为这份工作获得了一个最高秘密级别特权。50年代中期，他又被派去日本协助通信情报系统的组建工作。1955年至1957年间，他返回华盛顿并在五角大楼的对外联络办公室（Foreign Liaison Office）工作，负责向苏联军事机构提供“清理后”的情报（包括虚假情报）。福克斯推测就是从这时起，他开始进入苏联情报人员的视线。

随着越来越多的军事情报被搜集汇总，苏联陆军武官谢尔盖·叶杰姆斯基（Sergei Edemski）上校也开始用宴会或者以送给小朋友当作礼物为名义的小礼金等手段和惠伦培养关系。他发现惠伦对这些钱并不排斥，于是他开始逐渐增大金额。据苏联安插在五角大楼内的另一名线人称，惠伦并没有向上级汇报他和苏联之间的非正常联系，于是叶杰姆斯基开始对他进一步施加压力。比如说，他会要求惠伦提供一些美方的不涉密手册以取悦苏联的上级。惠伦照做之后他会再提出更多要求。终于，惠伦意识到这样下去不仅会毁了他的事业，更会把他送进监狱。但此时他已经别无选择，只能继续维持和叶杰姆斯基的关系。

1957年7月，惠伦被晋升为联合情报调查局（Joint Intelligence Objectives Agency）的副主席，负责评估从科学家那里获得的秘密情报。1959年，他又当选为陆军参谋长的情报顾问——美国最高级别的情报职位之一。利用这两个职务之便，他可以凭借“工作所需”的名义获取任何与联合参谋长的军事计划和军队配置有关的信息，包括卫星、通信和电子情报搜集。直到1962年，惠伦一直在向苏联泄露这些情报，而这一时期也是苏联骗局的反馈环节中最重要的阶段。福克斯说：“他肯定把我们从拦截到的苏联遥测数据中推断出的结论告诉了苏联方面。”

后来，惠伦受到联邦调查局的监视并被捕，他对自己的所作所为供认不讳，最终在 1966 年接受审判，以勾结苏联的罪名被定罪。[1]

因此可以说，起初苏联骗局策划者们所需的“窗口”角色是由惠伦来扮演的，直到 1962 年。那么在此之后呢?

“之后是杰克·邓拉普（Jack Dunlap）。”福克斯说，杰克·E. 邓拉普和惠伦的身份有天壤之别，他只是国家安全局的一名普通警长。之所能接触到核心机密，是因为他是国安局参谋长加里森·B. 科弗代尔（Garrison B. Coverdale）少将的司机。马里兰州米德堡的国安局总部，是美国所有电子窃听活动处理和分析的地方，包括空间卫星电线上的数据真空清理、海军间谍船以及在敌对国家安装窃听设备等等。在这个地方，安全意味着防止任何人从基地里带走任何数据。任何人经过大门时都要接受搜身，但有一个人除外，他就是邓拉普。作为参谋长的司机，邓拉普被特批开车出入基地时免于搜查。因此，按照福克斯的说法，这辆车就成了唯一一个不经查验就可以离开基地的交通工具。

邓拉普手头还经营了一份小生意，这也极大地增加了他接近核心机密的机会。由于他的车享有独一无二的“免检”地位，他自愿帮助国安局的高级官员向外偷偷运送物品，比如打字机或者家具等在家可以用得到的东西。至少有六位官员曾在他的帮助下连续不断地偷运物品长达两年之久。后来的调查还发现，一名国安局的上校甚至传授给邓拉普方法，教他如何避开国安局的其他检查程序。

在这期间，邓拉普一直扮演着苏联间谍的角色，他是 1957 年在土耳其叛变并投靠苏联的。尽管假装仅仅是帮助长官们往外运送小物品，邓拉普和他的克格勃上级们实际上却掌握了美国最高级别情报机构的完整运行机制。邓拉普的顺手牵羊不仅让他得到了办公室的钥匙和保险箱的密码，还为他和苏联秘密勾结的行为提供了看似合理的理由。他也因此能够向苏联接头人传递用于破译美国密码的各种机器的几乎所有说明书、维修手

[1] 原注：惠伦在 1972 年被假释，参见拙文《谍战》（“Spy War”，载于《纽约时报杂志》[*The New York Times Magazine*]，1980 年 8 月 28 日，第 102 页）。

册、数学模型和设计方案的缩微胶卷副本。

1961 年，国安局参谋长指派邓拉普负责国安局和中情局之间的秘密资料的运输工作，当时正是安格尔顿手下的一批反情报工作人员借“工作需要”的名义参阅了国安局拦截的苏联情报。邓拉普由此获得了一个难得的机会，来确认并向他的苏联上级反馈中情局反情报人员就窃听来的苏联情报所提的问题。直到 1963 年，邓拉普一直用福克斯所谓的这套方法为苏联提供情报。

但是这些还不能被军事情报机构做出判定。1963 年 10 月 10 日，就在有证据表明邓拉普就是苏联内奸之前，他却在自家的车库里窒息而死，而且明显是自杀。

福克斯说，事后约瑟夫 · P. 卡罗尔（Joseph P. Carroll）将军在国安局组织了一次全面调查，他还说关于此次调查的内容我可以凭借《信息自由法案》[1] 得到，后来也确实如此。根据福克斯的叙述，邓拉普在生前曾短暂地充当了国安局和安格尔顿的反情报部中间人。于是我决定去会一会安格尔顿。

读毕卡罗尔报告（Carroll Report）——他显然之前看过——安格尔顿颇显阴郁地说：“真正的悲剧在于邓拉普从未接受过任何审判，就直接死了。”我也记起其他很多苏联特工在有可能接受审问之前就自杀了，1968 年仅在德国就有三起这样的例子。安格尔顿故作神秘地耸耸肩，“把谋杀伪装成自杀早就不是什么新鲜事。”

安格尔顿不想谈邓拉普和他的反情报部有什么关系，只是说“那不是问题所在”。1962 年，正当邓拉普成箱成箱地向苏联运输国安局数据时，国安局正忙于中情局新型中央计算机的安装和安保工作。整个计算机系统不仅关乎中情局的档案，更为情报机构向外界安全传输数据提供了电子通道。安格尔顿认为计算机会是苏联情报界的首要目标，因此担心邓拉普会

[1] 原注：福克斯还协助我依据《信息自由法案》拿到了约瑟夫 · P. 卡罗尔将军的调查报告，里面揭露了顺手牵羊的全部操作。

泄露计算机的安保设计。若果真如此，苏联就能够“从外部破坏计算机”，并一步一步地掌控中情局“处理情报问题”的方式。20 世纪 60 年代末，他的反情报部和安全办公室共同发现了确凿的证据，表明苏联对计算机系统的内部破坏果真发生了。苏联通过此举得到了他们想要的反馈信息。下图为遥测骗局中虚假信息的传播路径示意图。

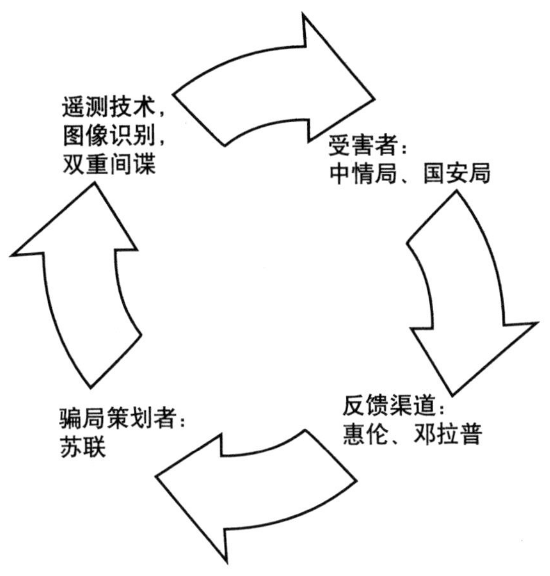

1962—1967年遥测骗局中虚假信息的传递渠道

[第十二章]

“鼠　战”

“明君贤将，所以动而胜人，成功出于众者，先知也。先知者，不可取于鬼神，不可象于事，不可验于度，必取于人，知敌之情者也……内间者，因其官人而用之……凡军之所欲击，城之所欲攻，人之所欲杀，必先知其守将、左右、谒者、门者、舍人之姓名，令吾间必索知之。”

——孙子

邓拉普一事引发了我的一个疑问：中情局为什么难以抵御敌方的内奸？因为设置内奸并非易事，不仅需要适当的职位、适当的时机，还需要一个心甘情愿冒着生命危险背叛祖国的人。那么，克格勃究竟是如何发掘它的“内应”的呢？

在我调查的早期，一位中情局苏联部的官员曾向我大致描绘过他准备创作的一部小说，名字就叫《密信》(*The Letter*)。

情节的开始是一名在美国驻瑞士伯尔尼大使馆工作的中情局官员收到一封匿名信，信上揭发他的一位上级是苏联间谍。发信人说会在本周内亲自联系他，为了表示诚意还会奉上一份秘密文件。最后发信人提出：要这位中情局官员将此事保密，甚至不许向中情局的上级汇报，唯恐被局里的内奸和克格勃知道。

但收信人并没有照做，而是严格遵守中情局的程序，将此事告知了他的长官。几个月后，他又从这位神秘的发信人那里收到第二封信，信中说克格勃已经知道了第一封信，正着手在苏联安全机构内展开调查。为了证明克格勃在中情局确实安插有内奸，发信人还随信附上一个人名，此人是中情局正着手策反的东欧外交官。他还说如果信件泄露，他无疑将会被捕；否则，他还会继续联系他。

中情局官员这次相信了神秘人的话，断定他的身边确实存在内奸，于是决定遵照信件的指示，而没有告知中情局。

几周过去了，这位中情局官员在一个大型酒会上意外遇到一位苏联外交官，宣称自己就是给他写信的神秘人。他自称是克格勃反情报官员，想要叛逃美国，甚至还说现在他的命运完全掌握在他的手上。此外，这个神秘人还开出了一个难以抗拒的条件：他将会提供苏联情报机构运行的所有资料，这样就可以在中情局内找出苏联内奸。作为回报，他只需要中情局帮他隐藏身份直到揪出所有内奸。

这个中情局官员告诉他自己在这件事上无权做主，他收到的所有苏联资料都必须要通过其他渠道上传。

神秘人于是想到一种方法，既可以把文件交给上级，又可以让他免受克格勃的调查，也就是让这个中情局官员在向上级汇报时误报他俩见面的时间，从而为他提供不在场证据。

中情局官员认为他向上级撒个小谎应该不会被发现，这样既能保护这个情报源的安全，又能让自己以英雄的身份揭发局里的内奸，于是他接受了这个条件。

这份秘密文件就这样流传开来。凭借它，这名官员也在不知不觉中成为了中情局苏联部举足轻重的人物。他甚至受到了总统的接见。

但他的情报源，那位本也应该水涨船高的神秘人却开始抱怨他正日益面临克格勃内部调查的危险。尽管当时误报的时间差为他制造了不在场证据，但继续为中情局提供情报迟早会让他遭到怀疑。现在他需要中情局帮他转移克格勃的注意力，因此请求这位中情局官员去趟维也纳并汇报说他的情报源就在那里（尽管他仍然身在瑞士）。

由于急需下一批苏联文件，这位中情局官员决定参与这场没什么风险的骗局。他在瑞士拿到这批文件，秘密藏在女友公寓内，然后去了维也纳。在那里他希望能引起苏联人的注意。从维也纳返回后，他得到文件并交给了上级，一同上交的还有一份他和神秘人之间相互联系的虚假报告。

随着秘密情报的增多，他在中情局的地位也逐渐变重。他也因此不得不花费更多的精力为他的线人编造虚假身份，包括伪造消费收据、约见时间和见面地点等等。

最终，这名中情局官员深陷其中。这时他的情报源却突然变脸，拿出了一份完整的档案，里面是这期间克格勃为他巧妙伪造的资料，从他本人出现在一些并不曾去过的地方的照片、他在报告中从未提到过的苏联外交官，到以他的名义开办的银行账户存折，一应俱全。

这名中情局官员这才如梦方醒，意识到如果他的上级看到这份档案将会对他作何感想。面对对方要他充当苏联内应的新提议，他目瞪口呆，茫然无措：如果接受，对方承诺克格勃会让他当上中情局局长；如果拒绝，他的档案将会直接传到中情局反情报部。

他决定从中脱身、断绝和苏联的所有联系，并对他曾伪造记录的行为供认不讳。但上级却没有相信他。他拼命证明自己的清白，可是一场新的噩梦还是开始了。以上是那位作者告诉我的故事大纲。

我向安格尔顿复述过这个故事，当时他说，“这并不是小说，而是发生在 1962 年的事实”。

两个版本的唯一区别就是故事的结尾，现实中那个中情局官员由于自己的热心、同情与抱负而身陷泥潭，他被强行辞退，即使测谎仪也没能说服反情报部人员相信他的故事。安格尔顿了解到，后来他成了一名成功的银行家。[1]

发展内应的三个条件

一位训练有素、忠心耿耿、经验丰富的中情局官员居然如此轻易地上钩？这激发了我极大的好奇心。情报机构发展内奸的整个过程看起来更像是一门学问。正如安格尔顿所说，实际操作中培养一个内奸并没有像外界看起来的那么难，原因就在于：尽管多数人在知道真相后都不愿叛国，但面对敌方的诱惑，多数人又都会忍不住多少打破一些忠心爱国的戒律。一旦上钩，整个事态就不只是个人意志决定出卖国家机密这么简单了，一张精心布置的大网会让人越陷越深。在心理学家和社会行为学家的协助下，情报机构更是将整个过程发展成为一门科学。发展一名内奸需要三个条件：接近渠道、易妥协性和低抵抗性。

接近渠道，或者说在不引起怀疑的情况下接近目标，是一个比较容易解决的问题。敌方情报人员尤其是从事间谍活动的人本来就需要与对方情报机构保持联系，用安格尔顿的话说，"这就是他们工作的一部分"，就像中情局间谍的工作是策反苏联情报人员，而克格勃的工作则是策反美国情报人员。负责间谍活动的中情局苏联部就以美国外交官的名义向众多国家和联合国的美国大使馆派驻情报人员。克格勃对外事务局的美国部（或称为第一总局）也为苏联扮演着类似的角色——以外交官身份为掩护，向国外和联合国的苏联大使馆派驻情报人员。双方对这身外交官的外衣都心照不宣，因此对彼此的真实身份都心知肚明（而且即使有什么疑问，双方都有可以确定对方身份的影像档案）。

在一些外交场合，东西方两大阵营的情报人员会像久违的老友一样互

[1] 原注：有关苏联集团的案件负责人是贝格雷。1977 年他跟我讲述了这个小说。安格尔顿五年后对其作出评论。

相寒暄，彼此都试图找出对方身上的可趁之机。这个过程中，中情局和克格勃人员很容易将目光瞄准对方。随后就会邀请彼此参加宴会、家庭出游、体育运动或者其他社交活动。甚至还会向对方故意泄露一些零散的情报——当然这些情报都是被自己人提前“清理”过、专门用作“鱼饵”的。据安格尔顿的说法，整个过程中唯一的约束就是每位情报人员必须上交一份手写的关于他和敌方联系的记录。

除了外交形式的联系方式，双方还经常采取“示弱”的方式建立联系。比如说，为了吸引对方的注意，他们通常会假装对工作不满、面临经济困难或者两性问题。这种形式主义的“调情”耗费了美苏情报机构相当大的精力。安格尔顿估算在“鹿园”里随时都有上百名情报人员，而他口中的“鹿园”就是由双方间谍和他们的目标共同编织的这张情报大网。

第二个条件“易妥协性”比较难满足。并不是所有的目标都那么容易妥协，当然情报机构自有办法挑出其中的薄弱环节从而加以利用。“备选目标”在某种程度上必须要被引导着做出一些违背国家利益和原则的事情——无论这个事情多么微小。诱饵可以是任何有可能吸引他的东西，比如金钱、美色、毒品、友情、晋升或者以上的结合。1966 年，一份题为《背叛的动机》（*Motivations to Treason*）的研究报告呈递给情报部门的助理陆军参谋长，报告指出贿赂是迄今为止最常运用的诱饵。（讽刺的是，情报部长的副手，中校惠伦，后来就被指控为了金钱利益向苏联情报人员提供美国机密。）[1] 贿赂不一定采取直接的方式，可以是向其亲属借款、支付咨询费用、提供赌博的信息、股票交易内部消息或是参与有利可图的商业投机等间接的形式。提供这些好处的人并不需要表明他的真实身份。性诱惑也能成为诱饵的一种，这是针对人类天性弱点的一种特别方式。

---

[1] 原注：参见弗雷德里克·福赛斯（Frederick Forsyth）的小说《奥迪萨密件》（*The Odessa File* [New York: Bantam, 1974]）。故事基于一个真实的案件，其中东德情报官员假扮纳粹分子的身份甚至虚构了一个秘密纳粹机构专门引诱那些仍对纳粹心怀同情的西德情报人员。

一个国家其实可以很轻易发现他的哪些负责发展内奸的自己人拥有某种先天的倾向——比如费尔比、伯吉斯、麦克莱恩和布朗特就对共产党有着先天的同情心态，但没必要这样做。在假象的掩护下，一个克格勃的招募人员可以像千变万化的演员一样设想他的目标可以拥有的任何先天倾向，无论该目标对共产党怀有多么大的敌意。安格尔顿回忆起一个案子，其中的克格勃官员就假装是以色列官员、北约陆军武官甚至新纳粹主义分子。一旦这些人违反了报告要求，他们就会被要挟加入克格勃。既然任何障眼法都可以被采纳，那么任何对某种倾向或运动有极度信任的情报人员都是易妥协的。[1]

由于情报机构之间奇特的共生关系，招募者也可以利用职位晋升吸引敌方情报人员。安格尔顿说："事业也可以作为诱饵。"他们既可以让对方在己方的情报机构内如鱼得水，也能够让其翻身落马——因为敌方情报机构的成功通常依赖于对方。对中情局和克格勃而言，终极目标就是在敌人阵营里培养出自己的"资源"。始终不变的一点是，这些"资源"总是敌方情报人员。一个能够在敌方阵营中找到并培植出这样资源的情报人员总是能在自家获得事业上的提升。由此而言，"资源"非常重要，因此接近资源的人也很重要。

尽管金钱、性、意识形态和事业心都是不错的利诱，但真正把人改造成内奸的关键手段还是威逼。安格尔顿曾跟我说过："所谓威逼就是把对方牢牢控制在自己的手掌内，一旦他无处可去，你就可以尽管放心地慢慢压榨他了。"其目的就是使对方相信，相比于反抗，合作是更好的选择。具体实施起来，情报人员也许需要数月的时间监视目标和组织筹备工作，以及雇佣专家组来协助工作。无论诱饵是什么，关键就是让被招募者没有机会向他的上级解释他的所作所为。最终他会因为没能及时汇报，而不是自己的疏忽而不得不接受策反。

---

[1] 原注：参见《德黑兰档案》之《背叛的动机》（"Motivations to Treason"，选自卷51，第30页）。

我在《德黑兰档案》中发现的一份文件就具体介绍了以上过程的实际操作步骤："从苏联情报机构的角度来说，任何愿意和苏联人建立非官方私人关系并且向上级隐瞒实情的美国人都已经迈出了第一步。"克格勃接下来的每一步都是为了加深这种负罪感。"通过接受招募者逐渐提出的各种秘密要求，比如不用办公室电话和苏方联系或者同意在非常规时间和地点会面等等，美国人的妥协倾向会逐渐加重……整个过程就是为了把美国人拖进一种'可信任'关系里，这时美国人会慢慢意识到他已经无法从中脱身，除非冒着极大的尴尬，甚至严重的个人危险把这一切如实禀告上级。"[1] 当他陷得够深时，他就无法向上级合理解释自己的行为，而面临着可能失去他所珍惜的事业、名声甚至家庭的风险，他将会不得不选择向敌方出卖国家情报。最初他也许只是被要求提供一些完全无足轻重的文件，比如大使馆的圣诞卡名单之类的，但这种看似无害的行为会逐渐成为将来要挟他的筹码。

不过为了获得反馈，仅仅做到这一步是远远不够的，还要把他们在适当的时间安插在适当的地方或者说职位上。这可绝非易事，因为情报机构本身通常是有严密的部门格局、严格的规定和"可信任人员名单"，后者明文规定了哪些情报人员可以看到最机密的文件。因此，仅仅通过在情报机构内走马观花式地闲逛或者和同事们在走廊里闲聊，一个内奸是不会那么轻易拿到他的操控者想要的东西的；他必须要得到一种高级特权，可以让他借由工作之名看到这些文件。为了获得这种特权，他必须在错综复杂的官僚集团内通过巧妙的人为操作和职位晋升被安插到适当的位置上。但是照安格尔顿的说法，真正的问题就在于如何遥控其工作，从而把他放到适当的位置上。所谓适当的位置，包括中情局的负责搜集和分析特工上交的所有报告的报告部、负责报告审查的反情报部和负责协调美国各情报机构的联络部。由于克格勃不可能找到一个内奸符合以上所有要求，它就需

[1] 原注：贝格雷做了关于费尔费的中情局损失评估报告，后来我同安格尔顿讨论过这个案子；文中的相关分析来自安格尔顿的观点。

要通过人为操作使之在这些职位之间来回调动。

正是中情局和克格勃之间特殊的共生关系为彼此提供了调动的机会。双方都会为对方提供一个位高权重的情报来源，但众所周知这只是幌子。比如，克格勃会允许中情局招募他的特工充当“外援”，随后“外援”会给“内应”提供情报，从而把后者送到一个新的职位上。这种里应外合、开局让棋的策略的典型代表就是海因茨·费尔费（Heinz Felfe）。

费尔费于1951年被苏联策反，当时他是西德情报机构的一名小调查员。依照苏联情报官员的指示，他把目标瞄准自家的反情报部门，第二年就得到了提升，在反情报部负责调查从东德涌入西德的难民的证件。为了发展他的事业，苏联情报部门授意他从这些难民中揪出六名东德特工。这六人分别同意接受西德的策反并向费尔费招供。此外，他们还都愿意成为西德的双重间谍。

这些“成功”让费尔费成了上级眼中的英雄，并为他带来了顺利的晋升，1959年费尔费成为了西德反情报机构的副主管，克格勃甚至让他获得了接触西德其他机构和部门情报的权力。比如，克格勃曾为费尔费专门送上一位特工——作为象棋中牺牲的那个棋子——被西德警察逮捕。这名被牺牲的特工手头握有一份名单，上面都是北约中响当当的人物。这份名单让费尔费获得了调查这些名字的特权，他可以以工作之名、借职务之便和中情局及其他西方情报机构接触。随着事件的进一步扩大，他的权力也越来越大。50年代末，通过精心准备的“资源”，克格勃已经把他安排到他们需要的位置上，这个职位可以为克格勃提供关于盟军情报机构对这些“牺牲棋子”所提供的虚假情报的评估的反馈。费尔费甚至还参观了华盛顿的中情局总部。（直到1963年，他的身份才被暴露。）

那么，克格勃对中情局的渗透有多么普遍呢？尽管针对服务于敌方情报机构的现特工和前特工的合法行动数量相对较少——截止到1948年才只有12起——但克格勃对中情局的渗透本来就不是一个可以借助于合法手段说清楚的问题。根据安格尔顿的说法，当中情局发现内部可能出现内奸的时候，它所运用的反情报手段并不是为了逮捕或公开审判他们，因为这样一来知道东窗事发的克格勃就会马上用新人替换掉被发现的内奸。因此，安格尔顿说，中情局所做的只是把他们的怀疑目标从重要职位上悄悄调走。

情报机构在发展内奸上并不需要百分之百的成功率。一个人失败了，马上会有另一个接替他。即使只有十分之一的成功率，按照安格尔顿的说法，情报机构就可以得到他们需要的反馈。此外，由戈利岑引发的关于针对北约的渗透行动的研究结果也并没有让人放心。苏联借以在英国、法国、加拿大和西德等国情报机构（这些还只是情报战中的二流目标）发展和安插内应的手段使得安格尔顿更加坚信，克格勃会使用相同的手段渗透进它的宿敌——美国情报机构里。安格尔顿认为，“没有理由相信中情局的人对此具备完全的免疫力。”

中情局本身就是特别机构，是40年代后期由不同机构混搭而成的。其内部工作人员缺乏同质性：一些人拥有常春藤盟校毕业的教育背景，一些人具备俄罗斯或东欧的背景，只不过由于语言优势才被选拔进来。中情局很多员工都曾在战争期间效力于苏联，或者与共产党在东欧支持的地下反抗组织有秘密联系。如果苏联也像对待英国那样对待美国，这些中情局员工中很大一部分就都有可能成为其目标。一旦某位高官被苏联策反，从诸如海军守卫、秘书、使馆窃听器和偷来的文件等其他低级渗透渠道中得来的数据，就能被克格勃用于支持更大规模的策反。

60年代初，当安格尔顿和他的同事们重新查看这批文件时，他们发现这些联系记录过于“零星和混乱”，以至于无法确定他们是否真的对内奸处于有效控制中。即使我们假设没有一个人真正决定出卖国家，也不能从之必然推断出没有人有过出轨的行为或者接受过盟军的好处。因此，苏联情报机构将可以对他们施加影响，强迫其做出叛国行为，而且这种施压可以持续多年。

在惠伦和邓拉普的案例中，克格勃表明他们甚至可以从一个毫不起眼的小特工身上得到最高级别的重要情报评估。他们仅仅利用这些人与整个情报集团内其他机构的核心部门取得联系。“他们的作用在于把不同部门之间的情报像拼图一样组合起来，因此，这些人，自费尔比开始，就成了克格勃对美渗透的主要目标。安格尔顿提到了戴维·巴内特（David Barnett）的案例，这个人曾为中情局在亚洲工作了20年，主要是作为秘密执行人员。他离开中情局后，马上就被克格勃盯上了。克格勃试图把他安插到参议院情报特别委员会里。巴内特在中情局里只是印度尼西亚地区的一线工作人员，因此价值有限：只能提供中情局在他所在地方的资源，但这并不会导致针对苏联情报集中评估的任何渗透。而到了参议院情报特别委员会的巴内特则有权力接触所有情报机构及其所有信息，从而为苏联提供必要的反馈。（但就在行动之前，巴内特遭到逮捕和审判，并以私通苏联情报机构官员之由获罪。）

借着这个案例，安格尔顿想要说明，情报机构的核心任务就是在敌方安插内奸并使之为我所用。和广告等当代的商业模式一样，苏联已经发展出了一套技巧来完成整个任务。如果像苏联、美国、英国、法国、西德和以色列等国家，在研究过秘密情报之后仍不相信培养内奸这种事情是有利可图、值得一试的，克格勃、中情局、军情六处、（法国）对外情报与反谍报署、（前西德）联邦情报局（BND）和（以色列）摩萨德等间谍机构就根本无法延续到今天。另外，克格勃通过费尔比、惠伦、邓拉普等人也表明，它有能力发现并破坏美国情报机构的核心部门。所以，认为苏联已经或者能够获得它所需的反馈是一个比较谨慎的判断。

安格尔顿的这番道理还说明了克格勃也能够被中情局渗透。渗透本身难道不是把双刃剑吗？美国是否也在苏联发展了他们的内应？

安格尔顿并没有否认。《德黑兰档案》里保存的中情局文件也清楚地表明，中情局苏联部对自己在苏联“安插并运行……的能力”信心满满，包括为内奸谋求政府职位甚至当事情败露时帮他们洗清污点。之前的会议也表明，二战结束以后苏联部至少发展了上百名苏联叛徒，其中的大多数即使不是中情局或其同盟机构派出的自己人，也至少是由叛国的苏联人担任的。[1] 但其持续时间都相对较短，奥列格·潘科夫斯基只做了短短七个月就受到克格勃的监视。[2] 然而其中有一个突出的例外就是彼得·波波夫（Peter Popov）中校，这位苏联陆军武官曾为中情局充当内应长达八年。中情局发展的这些内应几乎都是享有出国权限的苏联人——包括外交官、军事随员和情报人员，即戈利岑所谓的“外部克格勃”。但在这上百人中，中情局却没有一次成功地将一个内应推到苏共情报机构、各国政府联络办或中央评估中心的核心职位上。而克格勃却有本事把内奸安插在他们感兴趣的美国情报机构的各个角落。迄今为止，美国境内发现的苏联内奸除了情报人员和外交官，还包括核科学家、火箭技术专家、防御系统工程师、密码破译员、遥测分析员、国会工作人员、经济学家、数学家、档案管理员、翻译、反潜艇战专家、医学研究者、记者、电脑操作人员和商业主管。

中情局和克格勃的差距

中情局和克格勃的差距并非源于前者智谋和手段的缺乏，而是开放社会和封闭社会之间的根本性差异，即智库分析家所谓的“不对称性”。起初苏联并不需要依赖其间谍机构或卫星来获取关于美国领导人的政治意志、国防政策上的争论或科技发展情况等基础情报，他们从众多媒体渠道中就可以得知。像《纽约时报》、《华盛顿邮报》（*The Washington Post*）等报刊都与美国高层精英们有很密切的联系；《麦克尼尔 / 莱勒新

[1] 原注：约上百名苏联叛徒的结论源于中情局的前成员理查兹·J. 霍耶尔（Richards J. Heuer）的研究，1984 年 9 月在美国海军研究生院的会议上还对这个结论做了讨论。

[2] 原注：关于潘科夫斯基一案最好的研究成果是小约瑟夫·D. 道格拉斯（Joseph D. Douglass, Jr.）的《奥列格·潘科夫斯基上校和无缘可查的情报政变》（“Colonel Oleg Penkovsky, Intelligence Coup—But Whose?” [mimeo, privately circulated, November 1981]）。

闻时间》(*MacNeil/Lehrer Newshour*)、美国广播公司的《夜线》(*Nightline*)等电视节目上也常常报道政策制定者们辩论的画面；还有《航空周刊》(*Aviation Week*)这样的贸易性出版物，上面经常有国防建设的承包商们发布的关于工程建设的最新消息；另外，国会的报告和会议记录也常常提前透露国家政策。为了补充并验证这些情报，苏联外交官、记者和其他身居美国的研究者可以利用公共图书馆、档案馆和诸如大学缩微胶卷工程之类的大学服务机构获取应《信息自由法案》的要求而公开的缩微胶片参考书、博士论文、电话簿、科研论文、政府数据。苏联情报机构还可以假借计算机搜索的借口咨询美国的奈克斯数据库和出版社，也可以利用联合国的调查机构，这些机构与多数经济数据库都有联系。它甚至提出自己对《信息自由法案》的要求。(这点并不奇怪，苏东集团多次提出此类要求。)除此之外，苏联还可以派遣观察员参加几乎所有西方国家政府的听证会，这是法律明文规定的政务公开化。尽管苏联的情报人员权力有限，但他们通常可以从美国记者、国会工作人员和特别检察官尽职尽责的工作中获取信息，更不必提那些政治上的异见论者由于反对执政党的当前政策而在书籍、杂志和国会听证会上披露的信息了。

除了在公共领域得到的大量信息，苏联情报机构还根据自己的兴趣，通过合法的、普遍接受的手段，有组织、有系统地窃听美国的电话通信。举个例子，位于华盛顿的苏联大使馆内安装的天线（并不违背美国法律)、苏联在古巴设置的天线（能接收到所有的跨大西洋卫星电话）或者由《限制战略武器会谈协议》授权许可、作为国家技术手段的苏联空间卫星，都是所谓合法的、普遍接受的手段。以上窃听手段的有效性源于两个原因：第一，不同于苏联，美国的电话使用率非常高，苏联情报机构的几乎所有目标都会拨打和接听电话。第二，电话拨号已经普遍计算机化，因此很容易找出拨打特定号码的电话，比如美国政策制定者、国会和国防部的工作人员、国防工程建设承包商、科学家和政治说客的家庭电话或办公电话。

还有一点不同于苏联的，就是美国的电话簿是公开的。苏联外交官甚至可以从美国市场调研机构那里买到政府工作人员的邮箱簿和号码簿。随处可见的电话成了极易受到攻击的薄弱点，这意味着即使美国人不向新闻媒体公开任何信息或者出席国会作证，苏联人还是可以通过电话窃听到一切。

美国有着极其明显的就业流动性，即使是这些从事秘密工作、掌握机密的情报人员，其变换工作的可能性也是极大的，这就进一步增加了信息控制工作的难度。技术人员、法律工作者和学者在私人和公共领域内来来回回地快速调动使得电话用户的隔离几乎不可能。而且一旦公务员离开政府职位进入民间工作领域，国家就无权再强制他们使用专门的“抗干扰”电话。也没有什么《官方保密法》之类的强制手段禁止前政府工作人员向筹划写书的记者提供国家机密，但中情局雇员撰写自己的回忆录除外。政府工作人员离职后，尽管不再有机会直接接触国家机密，但依旧可以从朋友熟人那里听到只言片语从而加以传播。华盛顿庞大的咨询业界也存在着腐化堕落，主要就是由于前雇员仍然可以接触到美国国防政策的重要信息。公司可以通过聘请顾问获取想要的信息，同样，苏联情报机构可以通过设立虚假公司达到“挂羊头卖狗肉的目的”。

事实上，美国情报高层大可以利用以上公共渠道故意放出虚假情报，例如在新闻媒体、国会证词、个人资料和电话通信上编造故事，但是试图操控媒体的美国政府施加的各种制裁和谴责极大地削弱了这种可能性。政府担心的不是虚假情报，而是一旦这些情报被媒体披露所可能引发的爆炸性后果。之前里根政府计划运用虚假情报破坏利比亚总统卡扎菲的政权，但相关政府和军事人员马上从职业角度指出了这种做法的危险性。约翰·H. 莫勒林（John H. Moellering）中校代表美军参谋长联席会议也表示强烈反对，担心虚假情报会被曝光。他曾说：“要是风声走漏了怎么办？”[1]

事后果真如此，这个计划被《华盛顿邮报》的鲍勃·伍德沃德（Bob

[1] 原注：参见鲍勃·伍德沃德《面纱：中央情报局的秘密战争》第 473 页。

Woodward）知道了。据推测，消息是从中情局和五角大楼的“中东问题专家组”走漏出去的。伍德沃德报道说，这些专家对此可能在美国媒体中引发的爆炸性后果感到惊骇不已。他以头版位置公开这项计划，媒体正如之前预测那般纷纷表示愤怒，计划中所牵扯的众多人员的职业生涯也被泼上了永久性的污点。这场教训深刻表明了虚假情报的风险性，没人敢保证敌方在当前或未来的管理中一定不会走漏风声。这点也是很多美国官僚机构所关心的头等大事。尽管苏联情报机构不能完全确定没有任何美方虚假情报会流入公共渠道，但它可以断定这种情况极少会发生，除非美国的媒体也是当事人。

美国必定会借助所有情报资源拼凑出展现苏联意图的“拼贴画”，但即使如此，掌握了对美国及其盟友的公共领域数据的合法访问权的苏联，依然能够把间谍活动的所有精力都集中在向美国少数几个不公开领域的渗透工作上。在这项工作上，公开社会和封闭社会的差异性理论仍然适用，苏联还是相对占据优势，即中情局的目标是高度集中、严密管理的苏联社会，而克格勃面对的却是开放得多的西方世界。

从间谍活动具体实施的角度来说，目标国家的公民普遍享有出境自由——这本身就是一个至关重要的优势。苏联显然不存在这种情况。苏联公民没有特批一律不准出境，即使是掌握机密情报、享有安保特权的情报人员。很多情况下，他们甚至不得在苏联境内的不同城市之间流动。因此，如果中情局在苏联发展一个内奸，它就必须要在境内——在美国及其盟国驻苏外交官所在地，同时在苏联警察的监视下完成装备、补给、后勤服务等一系列工作。以莫斯科为例，中情局需要在美国驻苏联大使馆设立专门的行动基地。据内部消息，1988 年间，中情局就在大使馆内安装了大量微型窃听器，人在那里工作就像“鱼在电子鱼缸”里一样。而且他们用来保障通信安全的秘密房间和加密设备也多次受到克格勃的侵入，后者凭借海军护卫队可以畅通无阻地出入使馆。甚至离开使馆区的美国外交官也处于不间断的监控中，要么被微波辐射跟踪，要么被喷洒化学示踪剂，甚至被狗追踪。他们不得不面临的另一个严峻现实就是，通过中情局的叛逃者爱德华·李·霍华德（Edward Lee Howard），克格勃已经知道了一部分他们最为重要的、用于和莫斯科的潜在苏联叛徒进行通信以及对他们进行策反所用的手段。在这种艰苦条件下继续保持秘密联络的可能性微乎其微。

相比之下，克格勃就没有这么多困扰。即使是接受安全调查的美国公民也可以依照自己的意愿在世界范围内自由出入境（进出墨西哥和加拿大甚至不需要护照），因此克格勃情报官员可以把他们的约见地点安排在被监视概率较小的位置。很多情况下，被策反的美国人都被要求飞往奥地利，在那里克格勃和当地安保机构保持着秘密联系，极大地保障了他们和间谍的安全。即便是去东欧国家旅行的美国人，也不会引起多大的怀疑。

苏联方面占据的第二个优势就是美国几乎不加限制的就业流动性。而苏联公民却不能随随便便更换工作，除非得到所在单位领导、所在党组织和警察的批准。这对中情局来说就意味着：它在苏联境内招募的苏联公民是无法轻易调换工作的，想要换到一个有机会接近目标情报的工作绝非易事。比如说，一个持异见论调的学者或者心怀不满的公务人员如果被中情局发展为内应，他们在军队里谋得一个相对核心的职位的可能性几乎没有——甚至仅仅是一个相关的请求都会让他受到怀疑。而在美国，职业更换率相对较高，克格勃也就相对容易把自己发展的内应通过人事手段安插到有利于他们的目标职位上。个人也不需要为工作调动做任何特别解释，用“有助于自我提升或者兴趣使然”之类的陈词滥调就可以搞定。除了联邦调查局敷衍了事的安全检查，想要得到一份有机会接近国家机密的工作几乎没有任何障碍。

除了以上两点，在一个相对开放的社会里，宪法保障意味着保护公民免受政府职权的滥用，但副作用也随之而来——宪法也保障了敌对间谍机构的相对安全。而在苏联，国家暴力机关的行为几乎不受任何限制，如果怀疑某人和国外势力有联系，他们可以采取各种行为，诸如私启邮件、监听电话、擅闯住宅、获取医疗记录、恐吓他的朋友甚至在没有法院批准的情况下拘留他。这种全权委托制的权威在苏联的政治生活中随处可见，也极大地增加了间谍活动的风险和难度。美国的警察就没有这种不加限制的权力。要想窃听公民电话或者搜查民宅，他们必须要有法院的授权，在某些情况下还需要司法部长的批准。嫌疑人可以根据《宪法第五修正案》质疑官方的调查，他的配偶、律师、会计师、心理医师和医生都无权泄露他的任何个人信息。此外，针对间谍活动的相关法律也为政府施加了举证的压力，政府不能只是"合理怀疑"，还要向陪审团"证明"，被告不仅向克格勃泄露了国家情报，他这样做还侵害了国家利益。在 1985 年理查德 · 克莱格 · 史密斯（Richard Craig Smith）的案子中，被告承认他向克格勃出售了美军机密，但是由于政府无法证明被告的意图，被告最终被无罪释放。[1]

面对美苏之间的不对称性，相比于劝说苏联特工继续作为双重间谍留在苏联工作，中情局在鼓励他们叛逃方面更加卓有成效就变得容易理解了。尽管中情局这方面的业绩被媒体大肆宣传，但他们并没有增强其对那些能为美方提供持续反馈的苏联机构的破坏力，反而导致了政府向间谍活动拨款金额的削减。根据安格尔顿的一个旧部下的说法，海军上将特纳就在 70 年代后期裁减了间谍机构中多达一千个职位，这导致间谍活动规模缩水 40%。这是间谍界的恶性循环：间谍人员越少，克格勃就越容易降低他们的效用；这种结果反过来又会导致进一步的裁员。

现在我越来越明白了，为什么之前那场空军会议的与会者们都把美国间谍嘲笑为"不值钱的东西"。但是没有这些人，美国又将如何抵御苏联来势汹汹的渗透活动呢？

[1] 原注：参见《纽约时报》1984 年 4 月 5 日及 4 月 10 日。

[第十三章]

“不会被骗”

“在情报世界里，坚信自己在骗局面前无懈可击，就是承认自己有机可乘。”

——詹姆斯·杰西·安格尔顿

克格勃的“运转原则”

在关于欺骗的系列会议中，我参加的最后一场会议让我受益最多。1985 年 9 月 26 日至 28 日，该会议在加利福尼亚州蒙特利的美国海军研究生院召开，主题本应是苏联战略性骗局。但我后来了解到会议赞助方——中情局另外安排了一套日程：一份论文被提交给会议组，论文有效地否定了中情局会被克格勃欺骗的可能性。

会议开始后，中情局顾问、前情报机构官员理查兹·霍耶尔（Richards Heuer）首先概述了论文的主要论据。论文认为，中情局已经掌握了来自 100 多名二战以来苏联情报机构的双重间谍和叛逃者的情况汇报，和苏联情报机构的持续“联络”使中情局“比美国政府的其他任何机构都更了解克格勃”。这种观点得到了在座的其他中情局重要人物的认可，包括负责苏联骗局的弗雷德·哈钦森（Fred Hutchinson）和负责苏联事务的阿诺德·霍利克（Arnold Horlick）。

接下来，霍耶尔解释说，根据以上结论，中情局已经推断出“克格勃的组织原则”，该原则为克格勃规定了在其和美国的情报博弈中什么可以做、什么不可以。这些“铁律”是苏联领导层的产物，具有不可侵犯性和非折中性。从这个意义上讲，它们就像牛仔电影中万年定理“印第安人夜间不打仗”一样牢不可破又无处不在。

据称，其中有一条“运转原则”(operational rule)，要求苏联情报人员不得向中情局泄露文件中的任何苏联机密。霍耶尔认为，这也就从根本上意味着克格勃无法利用苏联机密“作为诱饵”来增加他们派出的伪特工的可信度。他还指出，这条严格的限制源于“苏联对保密工作的高度重视”。“对于苏联人来说，如果还有什么东西能比欺骗敌人更重要，那就是确保他们自己的安全。”[1]

霍耶尔话音刚落就被其他有备而来的与会者们的问题打断：上述所言是否意味着机密情报绝不会用于骗局当中？在不远的将来，如果像卫星侦察这样的事件泄露了这些机密怎么办？

对此，霍耶尔断然坚持“秘密文件无论如何都不会由克格勃传递出来”。克格勃的原则也就为美国测试苏联内奸的诚意提供了万无一失的机会。如果苏联内奸提供的文件确实含有真正有用的情报，它们就不可能被克格勃故意暴露出来，因此这些内奸的诚意就可以得到验证。

克格勃的这条原则从理论上讲不仅适用于当前，还适用于过去，因此中情局便有机会重新评估安格尔顿和他的同事们怀疑的所有苏联叛逃者和双重间谍，包括诺申科、“软呢帽”、“高顶帽”等。所有这些怀疑对象都曾为中情局提供过秘密情报，所以当时他们必定没在苏联控制下。70年代

[1] 原注：参见我参加的会议中的讨论和霍耶尔的论文《苏联战略欺骗的组织和理论》(“Soviet Organization and Doctrine for Strategic Deception” [mimeo, 1985]) 第26—30页。

末，这些重新评估让中情局相信，自己从来没有在任何具有战略重要性的问题上被任何苏联双重间谍欺骗过，至少在过去 10 年内也没有任何虚假情报传入中情局。[1] 随后中情局秘密部门的长官大卫·布利（David Blee）向参议院情报委员会就论文内容进行说明，随着他的讲解，论文的重要论点也逐渐呈现出来。他说，“中情局下一步的工作重心将不再是证明情报提供者的诚意”，而是验证他们提供的信息。如果情报准确无误，中情局就可以断定情报提供者的可靠性。直到 1981 年，中情局局长特纳上将还在指责，“中情局反情报人员对上述结论的过分偏执”[2] 应该为六七十年代中情局的一系列情报失败负主要责任，这一系列失败所造成的损失也确实是由中情局补救的。

但是中情局为什么能够如此确定它从克格勃的一条“运转原则”中推论出的所有结论呢？事后证明，苏联的叛徒和双重间谍也不是如中情局断定的那般无可指责。霍耶尔也承认，他们中的许多人根本就不是来自苏联情报机构，而是来自东欧和古巴的情报机构，这些人根本不知道什么克格勃的“运转原则”。这些苏联人的盟友倒确实被指示不得以泄露苏联机密为代价求得身份可信度的提升，但这并不意味着克格勃自身不能打破它的原则。苏联叛徒中的绝大部分都是军队或外事部门中的低级官员，因此他们也不大可能知道苏联最敏感领域的这些“运转原则”。另有一些人早在 1953 年克格勃创立之前就叛变美国了，因此对这些原则更是无从得知。在克格勃里一些职位较高、有可能知道这些原则的双重间谍，他们的代表性人物，诸如“软呢帽”和伊戈尔不仅已经返回莫斯科和克格勃、被认定为伪间谍，而且还被其他当时苏联情报界显然不甚了解的美国情报监察技术

[1] 原注：中情局关于自己从没被苏联双重间谍在任何重大战略问题上欺骗过的结论源于大卫·沙利文，是他起草了关于参议院赫尔姆斯的问题并为我提供了他们的答案。沙利文是前中情局的分析专家和评论家，他的工作是让中情局的数据在亨利·杰克逊（Henry Jackson）参议员看来更加可信。沙利文也参加了此次会议。

[2] 原注：特纳上将关于“中情局反情报人员……的过分偏执”的评估，参见他的自传《保密和民主》第 72 页。

证实——他们向中情局传递情报时仍处于克格勃控制之下。最重要的一点就是，这些人提供的情报彼此都不一致。戈利岑说过他们是在克格勃的批准下向中情局提供苏联情报的；一旦这些情报受到克格勃委员会的清理，他就用大量细节宣称克格勃内将有一次重组。正如我们看到的，这种做法就从本该驻扎国外的情报人员中把参与骗局的成员分离了出去。这就可以解释为什么其他叛逃者也对苏联的欺骗战略知之甚少。那么为何霍耶尔及与会的其他人员如此确信克格勃的这个“运转原则”？

会议临近结束时，与会者终于给出了一个答案回应以上疑问。一位中情局高官说局里最近捕获了一个克格勃叛逃者，他的供词可以推翻以上所有质疑和反对。1985 年 8 月以前，这个人一直在克格勃工作，因此他十分了解整个机构的运转。作为未来的准将军，他位于苏联情报机构的“顶层”，是克格勃总部的六个最高长官之一。数周之后，他的身份就被公开了，他就是维塔利·谢尔盖耶维奇·尤尔琴科（Vitaliy Sergeyevich Yurchenko）。中情局相信这个人很好地终结了这场关于骗局的争论，因此给我发了一份他在克格勃的档案。借由他的档案[1]和跟他有过接触的情报人员的采访，他的故事在我的脑海里慢慢成形。

谁是尤尔琴科

尤尔琴科，49 岁，长着斯大林式胡须，这似乎是他脸上的一大败笔。根据中情局整理的关于他的档案，1960 年加入克格勃反情报部之前，尤尔琴科曾是苏联太平洋潜艇舰队的一个参谋。1961 年至 1968 年，他为克

[1] 原注：参见《维塔利·尤尔琴科的传记：中情局文件》（*Vitaliy Yurchenko biography: CIA document*，在波士顿大学我的档案中可以找到）。我在 1985 年至 1986 年间关于尤尔琴科案件所做的调查，是为《生活》（*Life*）和《观察家》（*The Observer* [London]）中。

格勃负责潜艇的安保工作。随后的三年里，他被调往埃及，主要工作就是防止西方情报机构招募苏联间谍。1972 年 5 月，他被任命为克格勃军事情报局情报部门（Military Intelligence Directorate）的副主管。之后他专门负责设置“诱饵”，该行动一直持续到 1975 年，主要目的是监测西方情报机构、掌握他们的工作流程、混淆其视听、削弱其士气。他出色的工作表现让他又被调往华盛顿，从 1975 年 8 月到 1980 年 8 月间一直担任苏联大使馆的安保人员。除了阻止中情局、联邦调查局和国家安全委员会对苏联大使馆的渗透——这项工作再次涉及向联邦调查局派遣诱饵——他还组织了“国外游客……对苏联的志愿服务”。

1980 年，中情局开始主动联系身处华盛顿的尤尔琴科，自然也提议他充当中情局的双重间谍。出乎意料的是，他竟然接受这个提议。他主要是出于长远考虑，担心将来他的事业可能会遭遇瓶颈。1980 年 8 月，按照原定计划，他返回了苏联。

回到莫斯科的尤尔琴科成了克格勃一颗冉冉升起的新星（根据他向中情局做出的相关汇报）。同年 9 月，他已经成为第一总局的一员，还担任了负责调查克格勃内部可疑间谍的反情报部的长官。他在该部的首要工作就是调查克格勃招募的国外特工的可信度——这项工作偶尔会用到“特殊药品”。他说，他的工作还包括调查克格勃内部可能出现的叛国行为以及监督国外的克格勃反情报人员。

1985 年 4 月，他被晋升为部门副主管，专门负责针对美国的间谍活动，包括监视苏联情报人员以及协调他们和东欧各国情报人员的合作。

尤尔琴科就这样迎来了他事业的巅峰，在这之后不到三个月的时间里，他利用五年前中情局提供给他的一个地址找到了中情局并提出愿意为其提供情报。如果他的请求以及关于自身情况的介绍都是真的，那么他无疑是中情局期待已久的意料之外的成功。一是因为，他是迄今为止同西方合作的克格勃官员中级别最高的；二是因为，他真的是能够回答困扰美国情报界的关于苏联骗局的种种问题的不二人选。

尽管动机不明，准将军尤尔琴科还是向中情局暗示他准备泄露克格勃最高机密：克格勃的资源和手段。1985 年 7 月的最后一周，他同中情局约好在罗马碰头。

对中情局而言，尤尔琴科的提议来得正是时候。当时西方情报机构刚刚遭受了一连串灾难性损失，急需补救措施，这恰恰需要克格勃提供的资源。那年夏天的早些时候，克格勃逮捕了一个名叫 A. G. 托尔卡切夫（A. G. Tolkachev）的中情局特工，此人被认为是中情局在苏联最重要的情报源之一。[1] 研究军用航空和空间探测系统的苏联精英智库雇佣的一位电子学家指出，尤尔琴科的职位使得他能够在苏联地面和空间雷达的监视下将苏联科技情报传递给中情局，这些数据将会表明美国潜艇和飞机在面对苏联骗局时的抵抗性有多差。同时，其他中情局特工怀疑他们遭到了陷害，正面临着被克格勃逮捕的危险，都在寻求方法企图抽身。首先，在印度，已经被中情局秘密发展成了内奸的苏联大使馆的第三秘书伊戈尔从他的岗位上叛逃；随后，在希腊，苏联军事情报员谢尔盖·博汉（Sergei Bokhan），曾经把苏联渗透希腊军队的行动泄露给中情局，目前正在寻求美国大使馆的保护；一个月之后，在英国，苏联大使馆政务参赞兼克格勃成员奥列格·安东诺维奇·戈迪维斯基（Oleg Antonovich Gordievsky），曾在多年前把苏联机密出卖给英国情报机构，目前正急切地计划潜逃，而全然不顾妻子和两个孩子。[2]

短短三个月内，西方精心安插的四个间谍就这样突然终结了他们的职

[1] 原注：参见威廉·库茨威兹（William Kucewicz）的《克格勃叛逃者证实美国情报惨败》（“KGB Defector Confirms U.S. Intelligence Fiasco”，载于《华尔街日报》[*Wall Street Journal*]，1985 年 10 月 17 日）。

[2] 原注：关于伊戈尔和博汉的投诚，参见《基督教科学箴言报》（*Christian Science Monitor*, 1985 年 10 月 28 日）和《纽约时报》（1985 年 10 月 1 日、11 月 1 日）。关于奥列格·安东诺维奇·戈迪维斯基的投诚，参见《时代周刊》（1985 年 9 月 23 日，第 20 页）和《华盛顿邮报》（*The Washington Post*, 1985 年 9 月 14 日）。英国情报机构军情五处放出了大量虚假情报，其中一则情报声称奥列格·安东诺维奇·戈迪维斯基被护送离开了莫斯科。

业生涯。尽管这一切会被美国媒体大肆报道为中情局的胜利，但事实却并非如此。它们其实代表克格勃成功地切断了情报外泄的通道。正如中情局1973年秘密备忘录的题目《改造红顶》所显示的那样：

> 那些叛逃者们尽管能够、也确实提供了关键情报，但只在极少数情况下，倘若他们回到原来的工作岗位，或至少在一定合理时期内继续工作，还不会对我们有很大的价值。……我们的最终目标就是使这些不请自来的叛变者返回其祖国，继续他在红顶国内部的工作，并作为我们的内应、保持与我们的特工关系。[1]

尤尔琴科可以解释这些苏联特工是如何被策反的，他也能够说明克格勃是如何在北美招募特工的，还能够识别出那些已经混入美国情报界的内奸。有了尤尔琴科提供的情报，中情局立刻把它苏联部最有经验的情报人员之一科林·汤普森（Colin Thompson）派往罗马，随行的还有一组审讯人员。

初步的审讯被安排在罗马市郊的一栋安全屋内，时间是7月的最后一周。尤尔琴科随后做出了一个让汤普森吃惊的举动：他没有按照预期所想的那样返回莫斯科，而是说他想要叛逃美国。中情局需要他提供的情报，于是别无选择只能答应他的要求。

8月1日，尤尔琴科正式申请了美国驻罗马大使馆的政治庇护。第二天他就搭乘一架军事运输机飞往美国。官方地讲，他是凭借中情局的口头保证进入了美国境内。

尤尔琴科被安置在一栋孤立的两层小楼里，房子周围树木环绕，湖水掩映，距华盛顿大约22英里。随着审讯的进行，他告诉中情局调查员，

[1] 原注：1973年中情局秘密备忘录标题为《改造红顶》（《德黑兰档案》，第53卷，第28—29页）。

克格勃已经发现了西方派往苏联的特工，但不是借助任何内部情报，而是通过最新的监视技术。他描述了克格勃是如何往莫斯科的西方外交官身上喷洒一种隐性粉末的，这种粉末会在不知不觉中沾到他们碰过的所有纸张上。当外交官们向西方情报人员发送秘密信件时，克格勃就能够通过中央邮局的机器探测到这些粉末从而追踪到这些信件。早前中情局和国务院曾检测出这种粉末，但不知道有何用途，现在尤尔琴科为此提供了一个合理的解释。

不过托尔卡切夫的案子似乎无法用这种喷洒到外交官身上的粉末来解释，因为当时中情局没有派外交官而是派了一个新闻记者代替他同“罗马父亲”联络。但是尤尔琴科补充说，他所知的一个名叫“罗伯特”(Robert) 的前中情局官员把中情局如何联系其在莫斯科特工的程序告诉了克格勃。

他解释说，这个前中情局官员在 1983 年访问过位于华盛顿的苏联大使馆，随后又去了奥地利的圣安东参加与克格勃的会面。这些细节立即让人把怀疑焦点集中在了一个 33 岁的前中情局官员身上，联邦调查局曾在 1983 年华盛顿的苏联大使馆中看到过这个人。他就是爱德华·李·霍华德。

1981 年霍华德加入中情局，局里准备将其特训后派到莫斯科的美国大使馆，负责特工的联络和服务工作。就在接受这项任务之前，仍处在测谎检验期间的霍华德突然承认了一宗医药案子，他的认罪带来了灾难性后果，1983 年 6 月他在中情局短暂的职业生涯就此结束。几个月后，他被发现身于苏联大使馆，当私下里被问到原因时，他承认此行的目的就是泄露情报。

掌握了关于“罗伯特”的更多情报之后，联邦调查局再次审讯了霍华德。后者承认，他在圣安东见过几个苏联官员。尽管从会面日期来看，可以确定霍华德就是“罗伯特”，但仍不确定他是否出卖了托尔卡切夫——因为 1983 年霍华德离开中情局时托尔卡切夫还未被招进来。然而还没来得及对霍华德进行进一步审讯以解开这些疑点，他就从圣菲的家中消失、逃往莫斯科了。

尤尔琴科还提供了一条诱人的情报，是关于另一个之前曾为克格勃提供过情报的美国人。这个人原来在国家安全局，1980 年 1 月到了苏联大使馆，把国安局窃听鄂霍次克海域（Sea of Okhotsk）苏联潜艇的行动告诉了克格勃。国安局一直以来就知道苏联已经发现了他们的窃听设备，这个线索的重要意义不在于此，而在于合理解释了他们是如何发现的。美国方面很快查出这个国安局的前雇员叫罗纳德·佩尔顿（Ronald Pelton），此人随后也被判处间谍罪。

尤尔琴科的招供为中情局带来了他们期待已久的、可以终结谁是内奸这场旷日持久的争论的准确证据。他说这些特工并没有被轻而易举地策反，却是因为苏联使用的化学监视手段，而这点又很容易防御。克格勃招募的两个美国人——霍华德和佩尔顿都是前雇员的身份——两人对苏联的用处其实都不大。除此之外，尤尔琴科说，他所了解到的苏联所有针对中情局人员的策反尝试都以失败而告终。让中情局更加放心的就是，尤尔琴科宣称克格勃从未打算在中情局里投放任何“诱饵”，也不曾派出过任何假意叛逃的人。克格勃因此并不掌握任何来自西方情报机构的反馈渠道和反馈信息。在进一步的施压下，尤尔琴科还证实了中情局的一个假设，即克格勃的内部运转确实遵循着一些可预见的“运转原则”。

10 月中旬的时候，尤尔琴科被带去见了中情局局长威廉·凯西，后者同意了媒体对他的采访请求并授权出版了一本关于他的书，和中情局之前那本秘密畅销书《潘科夫斯基档案》一起宣扬中情局对克格勃取得的胜利。作为这项出版计划的策划人之一，中情局副局长约翰·麦克马洪（John McMahon）把它当作有力的证据，用以证明克格勃还不具备欺骗有影响力的参议员或国会议员的能力。10 月 31 日，麦克马洪反驳了当时最有影响力的评论家，来自美国怀俄明州的共和党参议员马尔科姆·瓦洛普。

瓦洛普认为，讽刺的是，麦克马洪为他带去了一则关于中情局“万圣节大屠杀”（Halloween massacre）七周年纪念的新闻，这个事件里上百名中情局高官遭到辞退或调动。他把这次人事重组当作中情局预防苏联骗局的能力的一种“可耻的进步”。[1]

麦克马洪否定了瓦洛普的看法。尤尔琴科的供词充分表明克格勃由于自身的各种限制，根本没能对美国情报机构发动任何长期的渗透活动。没有这种反馈渠道，想要赢得这场对中情局的骗局是几乎没希望的。

瓦洛普对这种“一面之词”并不完全买账。他反问道，中情局是否考虑过另一种可能，即尤尔琴科是克格勃专门派来误导中情局的。他指出，毕竟尤尔琴科说的都是中情局想听的。

麦克马洪的回答是“不可能”。尤尔琴科提供的其他暂不能对外公开的信息都证明“尤尔琴科不是假意叛变的”。因此麦克马洪判定“不再需要其他证明”，他的结论就是“我愿意打赌，用我的事业保证尤尔琴科的诚意”。48 小时后，这句话就为他带来了无尽的悔意。

尽管麦克马洪和其他中情局高层公开了这个案子，科林 · 汤普森和他的调查小组还是发现了其中的疑点。科学家对尤尔琴科所说的克格勃用于追踪的“化学粉末”做了详细研究，发现这种物质中的放射性成分会急速变质，因此克格勃根本无法用它挑出中央邮局里的信件——而且这已经是在信件寄出几天以后。此外，美国情报机构用了所有稀奇古怪的技术也没有找到任何证据表明苏联用这种方式筛选信件或者拥有这样的机器。印度、希腊和伦敦的案子里那些特工也不是用这种粉末跟踪的，多是通过克格勃的秘密技术手段，越来越多的证据表明所谓的“化学粉末”纯属虚构。

除了这些，尤尔琴科供出的那两名美国前情报人员也被证明其实早已被克格勃发现。霍华德没有通过测谎检验，在苏联大使馆被联邦调查局盯上，并在 1983 年向中情局安保人员承认了他和苏联有过电话联系。据推测，克格勃可能从对霍华德的审讯中就知道这些，而且也已经认定霍华德

[1] 原注：参见 1985 年 12 月 5 日我对参议员瓦洛普的采访。

过于妥协因此没有什么长远的情报价值。

同样，克格勃也认定佩尔顿五年前就叛变了，当时他向华盛顿的苏联大使馆连打了两通电话。克格勃当然明白电话处于联邦调查局监控之下，从而提前放出风声，说一个美国前情报人员将会到苏联大使馆泄露情报。还能确定的是，联邦调查局从它对苏联大使馆的访客照片和监控中发现了这个人的基本体貌特征——白人、有胡须、中年、男性，有了这些线索，再和上百幅最近一些嫌疑犯的照片对比，联邦调查局很容易就可以找出佩尔顿（五个月前已经离开国安局）。另外也可以通过联邦调查局的磁带识别出他的声音。即使克格勃没能在 1980 年找到所有这些线索，1985 年 4 月佩尔顿没有如期参加克格勃的维也纳会面也应该让克格勃明白，这个人就算没被捕，也已经用处不大；唯一的用处也许是分散美国人对克格勃派驻在美国的其他特工的注意力。所以，尤尔琴科在审讯过程中告诉中情局的，都是克格勃认定中情局已经从其他情报渠道知道的东西。

更让人怀疑的是，在 7 月和 8 月的最初审讯之后，尤尔琴科对苏联在加拿大和美国的非法移民网络一直保持沉默。比如，他提到过苏联的非法移民为间谍提供了藏匿情报的隐蔽地点，而这点长期被美国忽略，但是作为克格勃北美事务部的副主管，他本该知道更多。越是强迫他，他反而越沉默。即使每供出一个苏联内奸就能得到 100 万美金的条件也没能让他说出克格勃的具体运作。相反，他像背书似的一直反复强调，克格勃在他担任反情报部主管的过去五年内没有招到过任何美国特工为其充当内奸。

尽管尤尔琴科的嘴很严，但中情局的调查员还是有其他证据证明他的话不是真的。中情局和加拿大的反情报机构派出了“诱饵”，故意让他们在尤尔琴科担任克格勃反情报部长官期间投降苏联。如果尤尔琴科真的担任过那个职位，他应该知道这些双重间谍，但实际上他却没能认出他们——这让中情局严重怀疑他的真实身份。

正当中情局饱受这些问题困扰的时候，汤普森和其他来自苏联部的同事完全明白了尤尔琴科和 21 年前的诺申科之间的微妙关系。诺申科也像他这样宣称自己曾在莫斯科的克格勃总部工作过——这个职位在两人的案子中都出现了，而且是中情局无法通过任何独立渠道证实的一个职位。两人的另一个共同点就是，诺申科也向中情局反复表明其内部并不存在任何内奸，他也提过一种用在被跟踪对象鞋子上的化学粉末，并用它来解释克格勃是如何发现中情局派往俄罗斯的特工的。此外，和尤尔琴科一样，诺申科也供出了一些根本不再掌握情报的前特工。但是一旦诺申科被囚禁，中情局将完全无法证明他所说的是不是真的。

随着尤尔琴科的沉默，中情局的调查也陷入停滞，这个案子的负责人决定不再犯和当年诺申科事件中同样的错误。他们没有限制尤尔琴科的行动，而是决定测试一下他的意图。

当尤尔琴科要求去加拿大和一个来自苏联的老朋友见面时，中情局决定同意这个过分的请求。之所以说"过分"，是因为出于人身安全和防止向昔日同事泄露任何机密的考虑，即使是来自克格勃的叛逃者，中情局也通常不允许他们和苏联公民联系。尤尔琴科要见的这个人是蒙特利尔一位苏联高级外交官的妻子，他说自己和她曾有过一段恋情。中情局决定同尤尔琴科做个交易——以见面换取开口，但尤尔琴科拒绝了。

11 月 2 日，中情局和尤尔琴科之间的这场博弈终于告一段落——从他到达美国的寒冷、飘雨的周六午后算起，时间已经过去三个月。即使中情局不是真的想让他回到苏联大使馆，他们也可以给他很多离开的机会。首先，他们把他带去马纳萨斯镇（Manassas）附近的一家服装店为他买了大衣、帽子和伞，还留给他一部手机，他往苏联大使馆打了两个长途电话告知当日值班的工作人员他要返回的消息。随后，他被一个中情局官员开车送到距苏联大使馆几个街区的一家餐厅内，并看着他穿戴一新走出餐厅。尤尔琴科离开后，这个中情局官员没有向联邦调查局或华盛顿警局汇报；因为二者中的任何一个都会在大使馆的门口拦住他。这是中情局设置的终极测试：如果尤尔琴科真的背叛了克格勃，他就不会直接回大使馆；如果仍然处于克格勃控制之下，他就可以直接走进使馆大门。

尤尔琴科稍后拨打了中情局电话，告知对方他已经安全抵达目的地——苏联大使馆。一切水落石出。但无论怎样，这都难以称作一次逃跑。

如果尤尔琴科以外交官身份默默地回到莫斯科，也许整个事件就可以落幕了。甚至如果任何人问及他，中情局都没有义务对关于这名双重间谍的任何质疑做出回答。或许这也是中情局所希望的。

但是克格勃却为中情局和那位因为尤尔琴科而名声受损的副局长另外准备了一份惊喜。11 月 4 日，周一，中情局接到一个关于当天下午某电视记者招待会的邀请函。会议发言人就是尤尔琴科（当时他因为是中情局的悬赏叛逃者而为人所知）。

尤尔琴科不放过每一个嘲讽中情局的机会，他竟然说他被绑架到罗马，被下了药，甚至坐了三个月的牢。他还坚持说，自己不仅没有泄露一丝情报，反而利用接受审讯的机会从中情局的工作内容中掌握了其调查重点和调查手段。他甚至提到了他和凯西的那次会面。

克格勃使用了一些稍微包装的线索嘲笑中情局对尤尔琴科的控制。例如，就在那个星期的早些时候，国务院向苏联外交部提出抗议，八年前美国情报特工尼古拉斯·夏德林（Nicholas Shadrin）在维也纳遭克格勃投毒以致瘫痪，最终被越过边境转移至匈牙利。国务院的这条情报就来自尤尔琴科。现在，苏联大使馆又向美国国务院提出类似抗议，指责他们中情局对尤尔琴科做了同样的事情。这条情报同样来自尤尔琴科。一个克格勃成员居然有如此本事——五天之内先后为美苏两国提供情报，然而却遭到两者否认。

第二天，尤尔琴科到国务院说明他的行为并没有受到苏联的胁迫。他在那里见到六位中情局和国务院官员以及一位心理医生——后者经过一个半小时的观察认为尤尔琴科确实是自愿返回苏联的。尤尔琴科离开时，得意地把拳头高举过头顶以示胜利。周三，他搭乘飞机回到祖国，而他的任务已经完成。

情报委员会副主席、参议员帕特里克·J. 莱希（Patrick J. Leahy）亲眼见证了此案的全过程，他认为尤尔琴科是克格勃用以欺骗中情局的双重间谍。[1] 国家安全顾问罗伯特·麦克法兰（Robert McFarlane）也向《纽约时报》如是说："整个过程就是一出好戏，于我而言，好戏还在上演。"[2] 麦克法兰无疑阅读过中情局的报告，报告中称尤尔琴科没有为美国提供任何之前不曾知道的重要情报。尤尔琴科完全是在演戏，这个结论源于以下两方面的独立考量。第一种考量是尤尔琴科显然相信克格勃肯定会让他回国。

对于出卖国家机密的叛徒，苏联历史上从来没有过大赦或者既往不咎的先例。与此相应的是，苏联反间谍机构 SMERSH 就是它的口号"间谍必死"（Death to All Spies）的俄文首字母缩写。作为一个有着 25 年工龄的克格勃反间谍人员，尤尔琴科肯定知道卖国贼的下场是什么——或者说在没有合法委任的情况下向中情局出卖祖国机密的任何一个克格勃成员的下场是什么。尽管在许多情况下不可能接触到国家机密的普通苏联公民，包括芭蕾舞者、知识分子、记者和士兵在回国后都没有受到处罚，但承认出卖国家机密的克格勃成员却有着完全不同的命运。因此，中情局认为任何回国后没有因为泄露机密而受到惩罚的克格勃成员都是在其授意之下佯装叛国的。（过去的 25 年里，已知的这类案例只有一个。一个名叫阿纳托利·特切博塔雷夫（Anatoli Tchebotarev）的苏联情报人员在 1971 年再次叛逃，他被中情局反情报部确定为苏联刻意栽培的伪叛徒，被克格勃安插进中情局长达三个月，为的就是获取中情局审讯流程。）

尤尔琴科的自愿返回只有两种可能：他要么是克格勃派去执行任务的，要么就是真的叛国者。如果是第一种，他就可以安全回国；若是第二种，他把自己交到克格勃手里就是完全发疯了，因为这等于死亡或者入狱。

---

[1] 原注：参见《华盛顿关于诺申科的思考》（"Washington Ponders Nosenko"，载于《纽约时报》1985 年 9 月 9 日）。关于"禁止接触"，参见 1985 年我对斯科特·米勒的采访。另见《尤尔琴科如何向中情局告别》（"How Yurchenko Bade Adieu to CIA"，载于《纽约时报》1985 年 11 月 7 日）。

[2] 原注：参见《纽约时报》，1985 年 11 月 8 日，A10 版。

第二种考量是克格勃完全相信尤尔琴科不会逃走，因此同意他在离开中情局两天后再次现身国务院。苏联人（尤尔琴科）的这种自愿行为意味着克格勃充分相信尤尔琴科的理智。如果尤尔琴科真的失去理智、心神不稳或者情绪过度紧张，克格勃就不会让他到国务院大楼里接受采访，因为他在那必然会受到中情局代表、心理医生和国务院官员的检察。而且在采访过程中，他也可以再次提出叛变或者被说服叛变。如果尤尔琴科真的是叛徒，那么苏联就不能排除以上可能性。如果他对这件案子交由中情局处理感到不安，或者由于苏联对他和家人的突击报复而感到受威胁，中情局就肯定有办法帮他。如果尤尔琴科真的是叛徒而且已经改变了主意回到苏联，至少从苏联的角度来看，他是有可能在美国的游说下再次改变主意的。

苏联大使馆没有义务把尤尔琴科交到美国人手上，或者再给他提供一次改变命运、二次叛变的机会。如果尤尔琴科真的是叛徒，苏联情报机构就需要用尽一切办法从他嘴里套出他曾经泄露给中情局的每一个字，接下来就会由对此类案件相当熟悉的专家对他进行密集的审讯。这就意味着克格勃会对尤尔琴科采取严密控制——直到从他嘴里榨出他们想要的每一条信息。

若以上种种情况属实，尤尔琴科就不可能出现在国务院（尤其是如果他真的精神状况不稳定、神志不清或者不值得信任）。克格勃也根本不可能相信一个立场变幻不定的叛国者。可以确定的是，克格勃之所以能让尤尔琴科现身国务院，就是因为知道他是纪律性极强、已经通过自己执行的任务证明了忠诚性的克格勃老特工。这样就可以解释他为什么被允许出席那天的记者招待会。

以上两种考量——尤尔琴科信任克格勃、克格勃信任尤尔琴科——综合在一起就能确定克格勃确实在控制着尤尔琴科的一举一动。这种结论对中情局来说无疑是个巨大的冲击。如果尤尔琴科仅仅是苏联用来接近太平洋对岸他们的美国对手、放出误导信息、最后再返回祖国的众多棋子中的一枚，这就可以被看成是一场诱饵游戏的一部分。但是尤尔琴科已经被中情局当作它具有足够防渗透和防欺骗能力的证据带到了大众甚至是挑剔的议员面前。中情局甚至听信了他的话，将其作为所谓的克格勃“运转原则”的终极证据。

现在他已经返回苏联——摇身一变成为活跃在莫斯科的克格勃官员，这充分说明了他在美国的过去 90 天里向中情局传达的每一条情报都是任务的一部分。这样一来，中情局就无法确定中情局的其他特工都是如何被策反的。肯定不是通过什么化学粉末，也许是借助克格勃在西方情报机构里的强大渗透。中情局既不能相信尤尔琴科信誓旦旦的承诺——过去五年里克格勃没有在北美地区发展或策反任何特工，也不能相信中情局内部没有内奸。除此之外，尤尔琴科的这次行动其实违反了克格勃“不得把苏联机密泄露给美国”的原则。他本人就向中情局揭发了霍华德和佩尔顿——两人都是克格勃特工（尽管最终他们都人间蒸发了），这表明克格勃允许其特工使用这类安全机密充当骗局中的诱饵。

这就把中情局置于一个推论怪圈中：如果它承认尤尔琴科一直以来都是克格勃的双重间谍，它就不得不放弃关于克格勃“运转原则”的推论，因为该推论会反过来和中情局的另一个结论相矛盾——它有一套明确的方法来评估来自苏联的叛变者。因此中情局必须承认它被苏联欺骗这个事实，而且所有来自苏联的情报都必须接受再检查，包括作为国家技术手段的卫星提供的大量情报。

但那些把事业都押在尤尔琴科身上的中情局高层依旧嘴硬，坚持认为尤尔琴科在美国短暂停留期间既没有欺骗也没有误导中情局。在尤尔琴科回莫斯科后，即使总统的国家安全顾问已经根据中情局苏联部（苏联部负责了整个案件并允许尤尔琴科返回克格勃）的调查结果宣布了尤尔琴科的虚假身份，即使里根总统本人基于相关审讯报告公开宣称：“（尤尔琴科）提供的情报毫无价值。”[1] 中情局高层还是坚持他们的观点。

[1] 原注：参见《总统识破苏联花招》（“President Sees a Soviet ‘Ploy’ ”，载于《纽约时报》1985 年 11 月 7 日，第 1 版）。

中情局局长凯西向参议员和记者透露，中情局相信尤尔琴科告诉给中情局的所有内容都是真的——他在媒体会议和国务院采访中所说的才是谎话。换言之，从8月1日到11月3日，尤尔琴科为中情局服务期间所说的全部属实，11月3日之后他才是骗子。总之，在尤尔琴科回到克格勃之后，中情局仍然宣布他是值得信任的人——这意味着他向美国政府证明过自己的忠诚。但事实上，连他本人都承认对美国做出的欺骗行为——首先是通过返回克格勃的举动，其次是在国务院显露他对苏联的效忠，最后是把中情局的审讯程序一五一十地告诉给克格勃。还从来没有一个叛徒能在这种情况下依然被美国视为忠诚。为此，凯西和其他中情局高层不得不因为这一个特例而颠覆中情局为了鉴定双重间谍的诚意所设置的几乎所有标准。

中情局否认的还有媒体间流传的关于尤尔琴科立场不定、不理性的故事（尽管凯西和麦克马洪在他二次叛变的前一周还承认其身体状况良好）。媒体甚至传言尤尔琴科和一个苏联女子在多伦多的自杀有关，尽管尤尔琴科与此人素不相识也从未有过任何联系。1986年2月，《纽约时报》、《生活》和国家公共电台（National Public Radio）以及其他媒体几乎全部充斥着各种胡编乱造的故事，说尤尔琴科已经被处决，甚至还添油加醋地说他的家人也遭到了炸弹袭击。就在这些故事铺天盖地地出现在全国范围的电视节目上之后，尤尔琴科现身欧洲媒体，宣称他正在筹备一本关于中情局的书。

尤尔琴科的案例表明，一旦情报机构认可一种否认自己上当受骗的观点，这个观点就会永久性地延续下去。关于这场骗局的所有证据——甚至是尤尔琴科二次叛逃如此明显的证据——都可以睁一只眼闭一只眼、暂时搁置或者完全忽视，甚至是在这些证据都已经向公众公开之后。

造成苏联骗局成功实施的最后一个因素就是否认存在骗局的任何可能性。所谓否认，有时是对想象的合理限制。在自然科学中，骗局假说也许会很不着调，否认就是为这个假说设置外部边界，一些解释受到宽容。通过排除骗局的可能性，至少是在骗局的组织层面上，情报活动会从中受益，这些骗局可能导致该情报机构的内部纷争、士气低落甚至结构瘫痪，正如安格尔顿还在时中情局遭受的那样。毕竟，通过骗局假设的提出，一些观念被颠覆，尤其是情报活动从成功——比如发展一个内奸——走向失败；而且无论间谍大师、电子奇才和卫星技术人员以多大的创造性和代价从苏联那里获得什么样的情报，这些情报都可能被不切实际的反情报专家立马指责为虚假情报。

情报活动和自然科学的一个区别就是观察对象的不同。和微生物不同，敌对国家可以时不时要要它的研究者们。尤其是苏联这样的国家，甚至可以从 30 年代起通过巧妙、系统地伪造地图[1]来误导国外观察者。此外，正如我们从遥测骗局中见识到的，苏联情报机构还可以对高科技卫星拦截的数据施加影响。

在尤尔琴科的案例中，因为一个人而采取全盘否认的态度，是使得美国聪明反被聪明误、稀里糊涂帮助了敌人、最终自己骗了自己的重要因素。

[1] 原注：参见《苏联官员承认地图系伪造》("Soviet Officials Admit Maps Were Faked"，载于《纽约时报》1988 年 9 月 3 日，第 1 版)。

[第十四章]

忠诚游戏

“骗局是施骗者和受骗者共同制造的产物。它的成功与否最终取决于‘诱饵’。”

——爱德华·J. 爱泼斯坦

骗局双方的合作

在一场骗局中，如果最初传递的情报被认可，那么接下来骗局得以继续的关键因素就是施骗者和受骗者之间基于双方共同利益的默契关系的逐渐发展。以尤尔琴科的案子为例，正如克格勃把他作为诱饵安插进中情局，施骗者需要强化受骗者对该诱饵的信任，还要有诱饵帮助这个人在对方及其盟友的眼皮下谋求职位晋升——这会大大增加骗局的成功率。而受骗者则要反过来从他和尤尔琴科提供的情报中获益——如果此人没有遭到怀疑。受骗者因此会对保护施骗者的声誉抱有直接的兴趣，正如中情局百般维护尤尔琴科一样。受骗者为了得到施骗者的情报所付出的金钱越多，他越愿意向上级证明所获得的情报的真实性；相应的，为了确保施骗者的诚意而下的注就越大。

此外，骗局双方通常必须要共同合作才能维持两者关系的秘密性。他们必须安排隐秘的接头地点、密码、联络信号和其他秘密交易。这就像男女私通，双方协作有助于保持并强化共同参与。受骗者陷得越深，他就要越发相信施骗者。

合作案例

当这名诱饵呈现出有利于施骗者的趋势时，受骗者唯恐诱饵受到指责、被人当作骗子，因此双方的协作会达到顶峰。比如在很多情况下，受骗者会把他们的疑点告诉这名诱饵以帮助其完善供词，甚至明确告诉他有必要提供一些证据来向外界证明他身份的合法性。这种默契协作，例如1935 年的《英德协议》（*Anglo-German Treaty*）就包含了类似的默契协作关系，使得双方对战舰规模做出限制。但德国有预谋有计划地建造大型舰船违背了该协议，它就是施骗者；而依旧坚守协定的英国就是受骗者。

当时德国建造了两艘超级无畏战舰——“俾斯麦”号（Bismarck）和“提尔皮茨”号（Tirpitz），英国情报机构依据空中侦察判断两艘战舰已经超出了协议规定，但当年负责协议谈判和监督德国的英国皇家海军决策部（Plans Division of the Royal Navy）却依旧坚持他们并没有被德国欺骗。随后的调查发现，曾参与谈判的海军军官等人变得越来越倾向于维护作为协议双方的英德之间不存在任何欺骗。[1] 他们一致决定忽视之前的侦察结果，于是英国在不知不觉中就变成了德国的盟友。甚至当相关证据已经非常明显的时候，他们还能继续找到专门的理由来忽视德国违背协议的每一个举动。最终的结果就是，面对空中侦察提供的强大证据，英国居然眼睁睁地默许了一场骗局的发生。

另一起最近发生的相类似的案例是 1987 年 2 月总统特别审查委员会（President’s Special Review Board）披露的关于伊朗对总统身边工作人员的

[1] 原注：参见阿麦隆·卡茨《核查和限制战略武器会谈》第 12—14 页。

操控事件。当时伊朗制造的防空导弹和其他军事武器需要美国制造的零配件，它对伊拉克的战争也需要美国卫星情报提供的至关重要的情报，因此伊朗政府急需白宫方面的合作。但里根政府已经公开表明了美国对伊朗的敌对态度，还大力组织了一次针对武器和技术出口的禁运行动，因此美伊之间的合作只能采取秘密方式。

1984 年夏天，伊朗政府派出一批特工，他们的任务是接近那些和中情局有联系的国际军火商，并向其提供有关伊朗的情报来换取禁运名单上的美国武器。就像列宁执政时期的“信任”行动一样，这批特工对军火商说伊朗霍梅尼（Khomeini）政府濒临倒台，他们想要投靠国内亲西方派。军火商立即将此消息上报中情局，指出“每年我们都会接到 30—40 个来自伊朗公民或伊朗流亡分子的请求，提供我们感兴趣的相关情报和重要政治消息，我们需要做的就是为他们提供 12 架贝尔武装直升机或 1000 枚陶氏反坦克导弹或其他武器的军火交易。”[1]

中情局预计这是场骗局，因此拒绝了所有请求，事后证明当时的判断是完全正确的。一无所获的伊朗特工只能打道回府，继续完善计划争取能骗取里根政府的同意。

1984 年 11 月，一名曾经代表霍梅尼政权购买军火的伊朗前特工接近了刚刚退休的前中情局高干西奥多·沙克利，并提供了比之前更为诱人的条件，这个人叫马努切尔·戈尔巴尼法尔（Manucher Ghorbanifar）。[2] 他担心到了 1987 年伊朗会变成苏联的傀儡，除非伊朗政府中的温和派能够“和华盛顿方面建立富有意义的对话联系”。为了避免像上次一样受到中情局的怀疑，他专门给白宫准备了一批新情报：“我们知道中情局过河拆桥……想把我们像纸巾一样——先利用完再团作一团扔出窗外。”[3] 所以他

[1] 原注：参见总统特别审查委员会（President's Special Review Board）的《塔沃委员会报告》（*The Tower Commission Report* [New York: Times Books/Bantam Books, 1987]）第 106 页。

[2] 原注：参见《塔沃委员会报告》第 106 页。

[3] 原注：参见《塔沃委员会报告》第 107 页。

这次准备的新情报就是："能掌握伊朗人民命运的，非里根总统莫属。"

为了显示诚意，戈尔巴尼法尔主动赎回了在贝鲁特关押的中情局特工威廉·巴克利（William Buckley），此人曾被恐怖分子逮捕。据伊朗人所知，他的释放一直是中情局及其局长威廉·凯西的首要目标。戈尔巴尼法尔还进一步提出，想用伊朗在伊拉克缴获的秘密苏军装备换取美国的陶氏反坦克导弹——他希望这些条件能引起五角大楼的兴趣。

此次行动相比上次完善了很多，也更加符合白宫拉拢伊朗的愿望，因此得到了美国国家安全委员会的慎重考虑。然而国务院和五角大楼坚决反对，认为这会损害美国发起的武器禁运行动，最终伊朗的提议再次遭到驳回。

但另一方面，戈尔巴尼法尔和他在德黑兰的首长们也取得了一些胜利：至少国家安全委员会误以为霍梅尼政权确实即将寿终正寝，而且认为美国应该暗中干预苏联寻找和联系伊政府中温和派的行动。伊朗人从第三方，特别是以色列的军火商那里得到反馈——美国正在寻找温和派的代理人，因此伊政府加紧修改他们为戈尔巴尼法尔设定的故事，使他更符合美国的要求从而成为其代理人。这个案例中，施骗者不断更换"诱饵"，就像不断破解电话答录机的访问代码：尝试各种数字组合，直到答录机发出回复。

1985 年 7 月，在戈尔巴尼法尔通过以色列军火商接近国家安全委员会、宣布代表"伊朗政府的个别高干"[1]之后，伊朗人的计划终于成功了。戈尔巴尼法尔声称，他的整个故事包括了在霍梅尼死后如何在伊朗设置一个反苏政府的详细计划和实施手段。霍梅尼当时是癌症晚期，因此戈尔巴尼法尔声称一切会按部就班地很快来临。他说包括伊朗总理米尔·侯赛因·穆萨维－哈梅内伊（Mir Hosein Musavi-Khamenei）、能源部部长吴拉姆·利萨·阿加扎德（Gholam Reza Aqazadeh）和总参谋部的大部分成员的所谓温和派，出于伊朗担心苏联正准备借助伊朗境内的共产党对伊朗采取

[1] 原注：参见《塔沃委员会报告》第 210—213 页。

行动，他们当时已经向伊朗总统和国会部分领袖展示了他们阻止共产党发动政变的计划，但他们还需要来自军队方面的支持与信任。如果他们能够获得美国在背后的支持，其获得支持的成功的概率也会大大提高。

戈尔巴尼法尔为白宫奉上了美国期盼已久的插手伊朗地缘政治的机会——这是美国长久以来的愿望。国家安全委员会现在可以名正言顺地对伊朗人展开秘密调查了。

戈尔巴尼法尔建议美伊“对话”的第一步应该是双方展示诚意。他提议美国向伊军而非共产党的革命军提供武器、零配件和卫星情报。作为回报，伊朗会释放境内关押的美国人质，取消恐怖分子对美袭击，同时避免在波斯湾的战事。

国家安全委员会和戈尔巴尼法尔之间的交易同当年联邦调查局和“软呢帽”的如出一辙。如果国家安全委员会同意戈尔巴尼法尔为自己服务，它就不得不使他最大程度上取信于温和派，即通过一些迹象表明美国对他的支持。而且他们能提供的迹象越多，他们就越得继续这种合作。

1985 年 8 月，在国家安全顾问罗伯特 · C. 麦克法兰的强烈要求下，里根总统授权以色列向伊朗秘密出售 508 枚陶氏反坦克导弹。一旦东窗事发，以色列就会成为美国的“掩护”。

起初一切进展顺利。9 月 14 日，在最后一批武器抵达伊朗后，美国在黎巴嫩的一名人质本杰明 · 威尔（Benjamin Weir）牧师被立即释放了——这表明戈尔巴尼法尔之前所说属实。最终以武器换人质，美伊实现了双赢。

戈尔巴尼法尔随后再次显示了他的诚意。他预测，伊朗领导人在即将于德黑兰发表的演说中一定会强调避免对美国实施攻击。后来中情局也确证了此事（伊朗领导人没有继续再为苏联代言）。美国国家安全委员会相信在这笔交易上他们找对了人。[1] 但是他们显然忽略了另一种可能：戈尔巴尼法尔的真实身份并不是温和派代表人，而是伊朗政府的特工，这次交易就是伊政府为了诱使白宫打破其武器禁运而限制精心布置的骗局。

[1] 原注：参见《塔沃委员会报告》第 205—207 页。

1986年，美伊秘密合作进一步加深，美国通过土耳其向伊朗提供了“霍克”地对空导弹，国家安全委员会具体承担了这次运输任务。白宫显然是越来越相信与之打交道的是温和派，而非霍梅尼政权。美伊军火交易和秘密会见的次数越多，国家安全委员会对维持戈尔巴尼法尔的诚意的兴趣就越浓。

与此同时，戈尔巴尼法尔利用美国对自己的重视，频频对其施加压力，要求得到更多的武器和情报，以维持温和派对他的信任。[1] 有一次“霍克”导弹运输延误，戈尔巴尼法尔甚至嚣张地宣称他的伊朗领导——政府总理和能源部长——已经向总统保证导弹会准时送达，稍有延误就可能引起对他们及温和派的怀疑。这让负责此次武器运输的奥利弗·诺斯（Olive North）上校陷入了困境。中止运输会导致白宫最担心的结果：苏联对伊的控制卷土重来；此外，戈尔巴尼法尔还暗示，如果美方中止运送，伊朗的反对派也许会公开此次武器交易，这无疑会让里根总统陷于尴尬境地。在美国参与过的所有合作中，这是最严重的一次威胁。

为了避免合作关系的终止，诺斯不得不遵照戈尔巴尼法尔的意愿。他在给麦克法兰的便签中指出：“最开始，我们拿武器换来了威尔。当时他要求就我们‘付出’，这样他才能维持德黑兰方面对他的信任。”因此诺斯编造了一个清单，上面的内容就是为了表明国家安全委员会已经没有选择余地、只能继续和戈尔巴尼法尔的交易。他的结论是：“无论我们是否相信他，戈尔巴尼法尔都无可否认地是目前我们对现任伊朗政府最深入的渗透了。”[2]

问题在于，在外界没有陷入此事的旁观者看来，戈尔巴尼法尔似乎远达不到忠诚的标准，正如中情局的一个报告所说：“他是个骗子……他的所作所为损害了美国的利益。”在中情局的测谎检验中，戈尔巴尼法尔被问及的15个相关问题中显示“撒谎指数为13”，还有另外两项答案都是

[1] 原注：参见《塔沃委员会报告》第224—244页。

[2] 原注：参见《塔沃委员会报告》第193—194页。

"不确定"。测试报告书还尤其强调戈尔巴尼法尔"就恐怖活动方面撒了谎","试图误导我们相信他和伊朗右派的关系",最重要的是"就是否控制伊朗政府的问题上欺骗美国"。测试显示出戈尔巴尼法尔已经提前知道人质不会被如约释放。[1] 如果测试结果准确,就像其他案件中的测试一样,戈尔巴尼法尔就可以被确定为骗局的重要参与者,目的就是让里根总统相信,他的所作所为都是为了推进伊朗的反苏活动——而事实上他的真实目的是帮助伊朗政府发动对伊拉克的战争。

尽管如此,诺斯上校和他的长官们却对此视而不见。在一份需要总统签名的备忘录中,诺斯写道:"如果温和派显示出他们试图使伊朗对抗伊拉克和遏制苏联干预的诚意,他们就势必会掌权。"[2] 为了给伊朗提供他们的这种保障,诺斯进一步建议美国应该"向伊朗当权势力采取前所未有的渗透"。随着武器运输的加紧进行,他还讽刺地指出,"一种依赖关系正在建立中……这使得美国有机会插手伊朗的内政。"但他没能料到的就是,这种依赖并不是单向的。

在获得总统批准之后,中情局开始介入,负责为伊朗筹集武器、在瑞士银行开户、安排武器空运和伪造相关文件等。不顾副局长的抗议,中情局还被命令为伊朗提供美国对伊拉克阵地拍摄的卫星图片,和以非法手段获取的伊拉克军事设备的使用手册。中情局甚至提供了有关苏联在阿富汗和其他地区相关部署的秘密情报——尽管中情局判断它和伊朗的通信渠道并不安全,而且一旦这些情报被苏联截获,中情局的最高机密——线人和手段——都会被泄露。1986 年春天,这份重要情报最终由国家安全委员会传给了伊朗温和派。

1986 年夏天,国家安全委员会奔赴伊朗参加双边会谈,形势已经很明显:美国的对手不是德黑兰的反动集团,而是霍梅尼政权本身。除此以外没有其他原因可以解释美国出售的导弹和零配件是如何抵达、付款、试

[1] 原注:参见《塔沃委员会报告》第 206—212 页。
[2] 原注:参见《塔沃委员会报告》第 215 页。

射，并像美国情报显示的那样在伊政府内得到广泛讨论的。显然购买武器这件事情不只戈尔巴尼法尔及温和派知道，1986 年 6 月 29 日的《华盛顿邮报》上刊登的杰克·安德森（Jack Anderson）的故事甚至直接曝光了美伊商谈的具体细节。无论如何，一个月前，中情局中东问题专家查尔斯·艾伦（Charles Allen）已经断定，霍梅尼自己对此事早已心知肚明。艾伦在一个备忘录里提出，霍梅尼政权此举有三个原因：一是“需要武器”，二是在对伊拉克战争中占据优势，三是恢复伊朗“应有的地位”。[1]

一切真相大白了。戈尔巴尼法尔上演了一场组织精良的骗局。美国的人质最终也没被释放，因为伊朗政府明确表示他们需要这些人质作为筹码为今后谋求更多的武器装备。

在事实面前，国家安全委员会拒不承认所谓的温和派就是场骗局。诺斯、麦克法兰、波因德克斯特（Poindexter）及其他主要参与者异常坚定地相信，伊朗和戈尔巴尼法尔并没有欺骗他们。实际上，不仅这次以武器换人质的交易备受质疑，美国和其他组织比如尼加拉瓜反抗军的金钱往来也存有疑点。但即使如此，诺斯等人在备忘录里依旧沉浸于他们确实在和独立的温和派进行交易的幻想中。戈尔巴尼法尔本人根本不可信，因为他在很多其他相关问题上明显撒谎了——比如恐怖分子袭击——而且伊朗政府似乎也是他的同谋。在他编造的故事里，国家安全委员会成员摇身一变成为戈尔巴尼法尔的“亲戚”，并作为“第二渠道”连接着他与温和派。能证明这场骗局的最后的证据在 1986 年 11 月出现了，一份什叶派[2]报纸披露了关于美伊协商的全过程，还有假想中的“反动派”不仅没有被逮捕，反倒继续受到霍梅尼的青睐。

这场骗局给霍梅尼带来的不仅是陶氏反坦克导弹、“霍克”导弹、零配件和卫星情报，更通过向全世界的曝光摧毁了美国的禁运行动。既然美

---

[1] 原注：参见《塔沃委员会报告》第 212—213 页。

[2] 译注：什叶派（Shiite）是伊斯兰教的一个派别，产生于教内领导权之争造成的第一次分裂后。

国可以把导弹卖给伊朗，为什么我们在欧洲和亚洲的其他盟友不可以呢？

面对事件的曝光，国家安全委员会发现自己已经很难抽身，它被自己的合作伙伴骗得太深了。两周后，总统在一次电视新闻会议中讨论起这件事，他仍然坚持自己的老观点，认为他的情报人员们确实是与温和派在做交易。他说："我们现在还保持着联系……并且会在这条合作道路上继续前行。"[1] 他的这番话也充分证明了这场骗局制造出的信任是多么的强大。

我一边研究这些存档完好的案例，一边渐渐明白：骗局是施骗者和受骗者共同制造的产物。它的成功与否最终取决于"诱饵"。"诱饵"不仅要相信它从施骗者那里得到的情报，更要对自己的判断有足够的信心，从而防止任何妨害骗局运转的怀疑发生。这种信任把欺人和自欺完美地融合在了一种心态中。

[1] 原注：参见《塔沃委员会报告》第 502—505 页。

第三部分

不战而胜

[第十五章]

千年之战

“如果能以诡诈取胜，英明之君绝不会使用武力。”

——马基雅维利[1]

诡 战

当今时代，超级大国之间的战争往往不会采取核战或者一般暴力战争的形式，而是用其他非武力形式。马基雅维利有言：如果同一个目标可以通过和平的诡诈手段轻易取得，为什么要用耗费更大的暴力呢？今天，武器的威力越来越大、足以毁灭人类，而这种逻辑依然适用。列宁在执政早期就曾采纳马基雅维利“不战而胜”的战略，他的口号为“和平就是武器”，也反映了他对和平共存的理解。和平状态不仅包括维持现状的任何协议，还有以其他方式延续的阶级斗争。列宁颠覆了克劳塞维茨[2]“战争是政治的另一种延伸”的名言，他认为和平——至少苏联战略

[1] 译注：马基雅维利（Machiavelli，1469—1527），意大利政治家、历史学家及政治理论家。主要作品《君主论》是一本专为统治者写的手册。

[2] 译注：克劳塞维茨（Clausewitz，1780—1831），普鲁士将军和作家。主要作品《战争论》是战略方面的杰作。

家是这么称呼的——将会是战争的延伸。

核武器更加强化了列宁的逻辑。直到 60 年代初，美国一直保持着输送系统上的霸主地位，而至少是从广岛原子弹爆炸后，苏联就被断绝了和美国的所有直接军事接触。过去的 44 年里，苏联在列宁的领导下找到了实现国力扩张的“其他手段”，它在美国及其盟友的同意下先后得到了爱沙尼亚、拉脱维亚、立陶宛以及波兰、德国、罗马尼亚、芬兰和日本的部分地区；并且通过政变获得了对捷克斯洛伐克和阿富汗大部分地区的控制权；此外，还通过提供军事、经济和情报援助成功拉拢了利比亚、古巴等国。美苏之间的冲突——不妨称之为“冷战”或“和平竞赛”——至少从 1945 年起就初见端倪。虽然美国曾与朝鲜、北越等苏联盟友交战，但苏联军队从未参与过与美军任何形式的直接对抗。这本书的前提就是，当今这种低级别的冲突将不会转化成核战甚至常规暴力战争，而是会一直延续至新的千年，延续至崭新的 21 世纪。届时，战争将会像列宁设想的那般，成为一场诡战。

可以想见在这种形式的战争中，对手会不断尝试通过和平手段破坏对方的经济和军事联盟、误导对方把精力浪费在毫无意义的事情上、削弱对方的政治和道德权威性。胜利将不再来自任何一场战斗，而是全球政局量变的累积。这种情况下的某一时刻，一个超级大国——美国或者苏联——就会发现自己处于缺乏盟友和资源的不利位置或者需要与对方竞争。这种想法本身就已经意味着失败——即使战争还没有开始。

赢得这样一场运用欺骗的战争的策略可谓相当简单，只需要参战一方歪曲另一方的情报。尤其是通过转移敌人焦点而模糊其对现实的感知，比如引导敌人忽略真正的目标而追求伪造的，例如把盟友当仇敌而把仇敌当盟友。

自 1917 年苏联成立以来，它在军事实力上一直寡不敌众，而且几乎没有任何掌握现代先进技术的渠道，只能依靠诡计而非武力。据美国情报界搜集的资料显示，冷战巅峰时期的苏联战略主要包括三大目标：瓦解西方联盟；从西方国家获得购买技术所需的金融信贷；通过自我限制条约和其他限制抵消美国的核优势。据推测，如果苏联能够破坏美国联盟、打破自身技术边缘地位并掌握核战优势，仅仅凭借自身的领土规模和常规军力部署，它就能够成为超级大国。

可以肯定的是，苏联在实施不战而胜的策略方面并不占有绝对优势。40年代后期，美国试图借"遏制政策"的名义在苏东集团中引发一场政治混乱，这就是旨在苏联和其东欧盟友之间制造裂隙的多方合作、广泛协调的秘密行动。首先，一个英美专案组将会向苏联领土投放武器和流亡人士，从而挑战苏联政权的合法性；稍后，美国情报机构会通过双重间谍散播虚假情报以挑衅和诋毁它们选出的苏东集团领导人；随后，政策协调办公室（该机构后来与中情局合并）会利用虚假的叛徒伪造故事、欺骗广播电台或者采用其他诡计，从而试图为斯大林制造真假难辨的敌人。与此同时，西德的电台也试图挑起混乱、耍弄民族主义者和反苏的同情者们，目的就是为了误导斯大林，诱使他进一步对东欧内的反苏压力采取行动。但事与愿违，这些诡计——正如我们所见——全都失败了，原因就在于美国的战略家们没有想到，苏联情报机构早已通过金·费尔比和其他内应，像英美专案组一样渗透进了这些流亡组织。

1986年美国国务院、中情局和国家安全委员会策划了一场骗局，目的就是颠覆利比亚的卡扎菲政权。此次策划基于的战略被表述如下："任何取代卡扎菲的政权都将更加符合美国的利益。"而行动的主要目标就是利用卡扎菲的多疑心理，通过一系列隐蔽、外交、军事和公开行动引起卡扎菲对其军事参谋部的怀疑——或者是后者对卡扎菲的怀疑。相关备忘录指出，其中的"关键"就是"通过虚假情报使真实和幻象相互交织……目的就是让卡扎菲误以为利比亚境内存在大规模的反动势力，其深信不疑的亲信也并非忠诚，美国正准备发动针对自己的军事政变"。这份备忘录作为"最高机密"还记载了美国制造的诸多假象，例如用美国潜艇输送橡皮筏、资金和通信设备——总之要让卡扎菲手下的警察们误以为"政变正在策划中或者已经在实施中”。此外，为了引起卡扎菲的怀疑，美国战略家们还干扰了电台和其他信号，制造美国飞机在利比亚上空盘旋的假象。即使利比亚空军进行拦截也还是一无所获。与此同时，美国还到处散布虚假情报，谎称美国和法国正准备从乍得（非洲中北部国家）发动对利比亚军队的武装袭击并通过媒体大肆宣扬“利比亚国内各派纷争，只为夺取后卡扎菲时代”。美国驻利比亚外交官也帮助散布谣言。所有的一切只为了不断制造无中生有的事端，直到卡扎菲的情报系统（由东德组建）不再寻找这些幽灵般的叛乱者，或者开始怀疑总参谋部等无辜者。美国希望引起卡扎菲的多疑从而做出错误行动——用自己的军队引发真正的政变。

由于美国自身安保系统的漏洞，这场骗局并没有如期实施。当时国家安全委员会的一名成员向《华盛顿邮报》泄露了备忘录的内容，这显然降低了计划的有效性。[1]

美国自身防守的弱点

不得不承认双方其实都掌握有充足的情报资源和策划专家，都有能力准备一场类似的骗局从而破坏敌方的领导权、瓦解其盟军或者在其他方面误导敌人，但问题在于如何高效地执行这场骗局。关键不在于计划有多么精巧——因为计划总是可以被不断完善——而在于敌人是否在骗局完全展开之前就识破了自己（就像利比亚的例子一样）。因此，诡战的核心不是进攻，而是防守。

既然是诡战，自然无法用常规的标准来衡量，比如军队有几个师，有多少坦克、轮船、飞机或者导弹，而是要用情报系统的有效性作为标准。一方骗局的成功依赖于另一方情报的失败。而问题就是：超级大国对骗局的辨识力是否旗鼓相当？如果答案是否定的，是否有一方在欺骗和误导对

[1] 原注：参见鲍勃·伍德沃德《面纱：中央情报局的秘密战争》第473页及其以后。

方情报机构的能力上占据绝对优势呢？它又是否能深入敌腹从而对其了如指掌呢？还有，它是否能够利用以上优势影响或控制己方对情报的判断呢？一切都取决于哪个超级大国有这样的能力、倾向和“意志”可以识别出敌方的虚假情报。

据我了解，美国在这方面有明显的劣势。对耗资天价的情报卫星和其他先进技术越来越多的依赖，使得美国情报机构——正如我们在之前美苏遥测骗局中看到的——越来越不能忍受它用这些设备搜集的数据不仅不能揭发敌方骗局，反而强化了自己对敌方的信任。由于只看情报不问出处，反情报机构的作用也已经日渐衰弱，这也是特纳上将在他的自传中重点提到的。中情局的思维定式使得他们有时甚至拒绝自己上当这种念头，即使在尤尔琴科一案中，当它最器重的特工已经公然返回莫斯科的克格勃总部时，中情局仍不愿意承认骗局的存在。这种不愿承认、不敢面对的心理造成了美国自身防守上的一大漏洞。

[第十六章]

薄弱环节

"卑而骄之……此兵家之胜……"

——孙子

三种假设

1988年6月，戈尔巴乔夫（Gorbachev）的政治局常委乔治·阿尔巴托夫（Georgi Arbatov）正在为苏共机关刊《共产党人》写文章。他在文中指出苏联不战而胜的策略："日渐削弱的'敌人的幻想'，对于美国及其盟友的外交和军事政策来说至关重要。打破这种偏见……就是戈尔巴乔夫的武器。"他指出，"没有'敌人'，没有'苏联的威胁'，所有的军备竞赛、第三世界的强权政治，抑或军事集团都是无法想象的。"文章还说，"当然，这个武器不是什么秘密，但它却有无比的威力。"[1] 这表明美国默许了苏联威胁形象的日渐弱化。这个策略是基于以下三种假设。

1. 大西洋联盟的团结是基于以下判断——无论该判断是否准确——苏

[1] 原注：参见乔治·阿尔巴托夫《面临抉择》（"Facing a Choice"，载于《共产党人》[*Kommunist*], 1988年6月第5期，第18页）。

联是潜在的敌人。换言之，欧洲国家眼中的苏联不仅有能力直接发动坦克和炸弹攻击、切断通讯线路，还能通过谋略颠覆他们的政权。这种判断的结果就是北大西洋公约组织——欧洲与美国和加拿大的一个军事联盟——的建立。北约的成立使得美国在全球范围内获得对北约成员国领土范围内278个军事基地的使用权，也使得美国与澳大利亚、日本、以色列等国签订情报服务协议，形成各国反情报工作的合作机制，共同实施对苏联情报人员的严密监视，并在全球范围内拦截和追踪苏联信号。美国还与日本共同致力于对苏东集团的经济制裁，拒不提供他们急需用于巩固自身实力的战争储备、科学技术、金融信贷和工业资金。此外，美国与北约成员谈判达成政治协议，作为"遏制政策"的正式或非正式内容，共同遏制苏联对其他国家的"红色影响力"。

2. 如果苏联在西方世界的威胁形象被清除或者被有效破坏，北约联盟也会随之四分五裂。要不然，为什么这些本来是美国经济对手的欧洲国家要耗费大量国力防御一个根本不构成威胁的国家呢？为什么他们会允许美国军用飞机在自己的领土降落或者在他们的领空进行实战演习？他们又为什么能够为了战术武器甘愿冒着把国家变成核战场的危险？他们为什么限制本国技术、生产商进入苏联市场并占据优势呢？在没有必要遏制苏联影响力的情况下，他们为什么又要继续实施不合时宜的"遏制政策"呢？

3. 没有北约联盟，美国将无法插手别国内政，或推行阿尔巴托夫所说的"强权政治"。如果没有北约成员国提供的燃料补给和武器储藏基地，如果没有他们的领空进行空军演习，美国的飞机将无法在安全有保障的基础上抵达以色列、土耳其、沙特阿拉伯或巴基斯坦，或者得到补给，美国也就不能在危机来临时确保他们的安全。若果真如此，到时北约各国别无选择，只能与苏联达成和解。

这些目标仅仅通过一场骗局就被展现得淋漓尽致：夸大苏联经济的低迷程度，使美国和他的北约盟友，以及日本不再把苏联视为严重威胁。苏联希望通过制造自身的弱点削弱维系北约联盟的苏联威胁论以及公众对美军驻扎日本、西德、韩国和菲律宾等国的支持度。此举有效的话，苏联经济形势低迷的假象还能让西方相信，苏联为了得到西方的援助愿意在谈判中做出让步。这个策略就像零售商店假装“即将停业”让顾客误以为商品会打折，也像航空公司佯装濒临破产从而在与劳工的谈判中取得对方的让步。

经济衰退的假象

1985 年，戈尔巴乔夫在他的新书《新思维》（*Perestroika*，以俄语和 16 种外语出版）中把苏联经济描述为“守旧、老化”，可谓是亲自释放了这个散布苏联经济假象的幽灵。他在书中号召，为了实现高效行政，必须要对政府行政结构进行大刀阔斧的改革。苏联刻意制造的经济假象体现在苏联官员的发言和谈话中、专门为中情局和西方情报机构提供的苏联经济报告中、苏联媒体的大肆报道中，以及阿尔巴托夫美国问题研究所和少数戈尔巴乔夫手下的高级官员向西方记者、学者和其他大人物提供的私人简报中。这其中最重要的人物就是戈尔巴乔夫的私人经济顾问阿贝尔·阿甘别吉扬（Abel Aganbegyan）。在 1985 年这场骗局的最初阶段，他向西方经济权威、国外意见领袖和美国新闻媒体人提供了令人印象深刻的数据，表明自 1980 年来苏联的经济增长几乎停滞。[1] 最终，苏联经济面临严重困境的假象成功吸引了西方的注意力。

针对右翼势力，苏联试图向他们证实：他们关于共产主义已经过时的判断是正确的；针对左翼势力，苏联表示支持裁军鼓吹者们的观点：无论过去的政策是什么，苏联现在需要的是和平；针对中间派，苏联提出只要两个超级大国愿意放弃政治异见谋求经济和生态问题的解决，意识形态就

[1] 原注：参见《中情局怀疑苏联经济》（“CIA Cites Doubts on Soviet Economy”，载于《纽约时报》1989 年 11 月 2 日，A9 版）。

不再是问题；针对工商业者，苏联承诺提供巨大的贸易市场和更多的贸易机会；针对政府工作人员，苏联保障他们享有政治协商的权利。

针对苏联树立的新形象，美国国家安全政策也做出了相应调整，1988年8月11日的《华尔街日报》以《策略转换》（*Strategic Shift*）为标题对此进行了专题报道。基于对美国现任及前任政府官员的大量采访，文章指出："自冷战以来，美国第一次调整了它的国家安全政策。"文章还进一步解释说，此次政策的调整，尽管"仍在酝酿之中"，但是直接源于美国领导人改变了他们对冷战对手的形象的认识。一位美国官员尤其强调了"俄罗斯的内政问题"，并进一步推断"戈尔巴乔夫经济改革的决心恰恰表明了共产主义的失败"。

美国政界普遍相信苏联经济和共产主义行将就木，因此过去美国遏制苏联的政策也即将过时。在《华尔街日报》提出的新共识中，遏制政策不再"适用于这个苏联正试图重建其濒临崩溃的经济体系，共产主义作为意识形态正在走向衰落，美国公众对美日经济竞争或其他针对美国的恐怖袭击的担心超过超级大国之间的冲突的时代"。该报的采访还透露出一点，即里根政府否认苏联威胁论的说法，开始把焦点从苏联方面转向其主要战略盟友上。[1] 苏联经济老化的形象作为一个合理的理由，为以普遍贸易和反毒品政策取代冷战遏制政策的策略转换提供了政治便利。

然而苏联巧妙投射给西方的国家形象是否真的符合其经济现实呢？即使苏联在经济上不可能生产出可以达到西方生活标准的消费产品，在军事和政治上它是否也无力构成威胁呢？对一个国家经济产量的评价可以有很多标准，比如国民生产总值——能够为国民提供的所有商品和服务的价值总和——这也是美国主要的经济评价指标。换言之，国民生产总值把娱乐、汽修、婚丧嫁娶和个人交通都算作经济产品，照此标准，美国经济水平远远超过苏联。但这种衡量指标也存在漏洞，如果每一位美国公民都

[1] 原注：参见沃尔特·S. 莫斯伯格（Walter S. Mossberg）、约翰·沃尔科特（John Walcott），《华尔街日报》，1988年8月11日，第1版。

自己先把汽车砸坏再拿去修，全国产生的维修费用也会使国民生产总值提高（尽管人们没有从中获益）。另一方面，如果使用工业生产作为衡量标准——它衡量一个经济体支持国家发展、进行战争、控制和威胁其他国家所需的能源、材料、武器和资金的能力——那么苏联经济不仅没有不景气，还能与美国相抗衡。

1948年，苏联工业生产量只有美国的五分之一；该数据在1988年却已增长至四分之三。这意味着美苏工业实力近乎持平。作为双方产业优势竞争的核心，能源是所有工业的基础，也作为典型代表体现了苏联工业的飞跃。1948年，苏联汽油的日生产量是50万桶，只占美国的十分之一；到了1988年，苏联日产石油1200万桶，已经占到美国的一半。再比如，1948年苏联全年的天然气产量不足800万立方米，只占美国的2%（甚至不能满足其国内石化产业的需求），而1988年苏联天然气产量接近8000亿立方米，几乎是美国的两倍。到了90年代，苏联的天然气管道每年可以向欧洲输送480亿立方米天然气，它也成为欧洲大部分国家采暖和工业原料的主要供应商。

苏联经济在基本材料生产方面也超过美国。例如，1948年，苏联年钢铁产量只有2500万吨，只有美国的四分之一；1988年，钢产量达到美国的两倍——16200万吨。再比如，1948年苏联年产铝70万吨，是美国的十分之一；而1988年这个数字高达300万吨，几乎和美国的产量相当。另外，苏联水泥、铜丝和钛产量都超过美国。

苏联的经济腾飞很大程度上受益于西方越来越多的技术输出，尤其是1971年国际关系缓和后，苏联甚至得到了西方的机床、干船坞和计算机。现代化使苏联在造船、拖拉机装配、航天发射和工厂建设方面走在了美国前面，也让它拥有了世界上最大的卡车生产基地——卡马河工业园区。

苏联的非农业劳动力在1948年比美国少20%，到1988年反超了10%。此外，尽管生产效率低下，但苏联的总产量并没有因为罢工、停业或工业破坏行为遭到损失。（而1988年，美国由于罢工损失了超过1000

万个工作日的产量。）[1]

1988 年，中情局做出了一个迟来的判断：两年前阿贝尔·阿甘别吉扬为西方媒体和苏联问题专家提供的私人简报中的数据是错的。他们发现所谓的戈尔巴乔夫上台前苏联经济的零增长“低得太不真实”。但为什么戈尔巴乔夫的人要故意低估苏联经济的增长呢？中情局对此的初步解释是，这有利于戈尔巴乔夫获得“国内政治”上的帮助。这已经不是苏联第一次诱导美国低估它的产量。早前中情局就受到过苏联关于其未来石油产量评估的类似误导，当时中情局从自己和西德的情报源获得的分析报告得出苏联石油产地已经迅速恶化，到 80 年代初石油资源就会枯竭。中情局的报告根据这份数据预测苏联将会成为重要的石油进口国；可事实恰好相反，苏联在 1988 年已经是继沙特阿拉伯之后世界第二大石油出口国。

此外，苏联用于军事和政治目的的经济投入也要超过美国——尽管苏联的公开化政策有些言过其实，但这仍然表明它急需为国民提供更多消费品，因此其经济并不对美国构成威胁。事实上，根据美国中情局最准确的预计，甚至在 80 年代戈尔巴乔夫执政后，苏联用于满足国民基本生活需求的预算也持续降低，而其军事预算从国民生产总值的 10% 增加到了 12%，是美国的两倍。[2] 商船和民航等常规比较项目易于导致美国对苏联军事实力的低估，因为这些民用产业中的相当一部分设备是专为苏联军队设计的，并已经在军队中得到了完全应用。即使面对 1988 年亚美尼亚地区的灾难性地震，苏联空军也没有停止执行在阿富汗平均每天 200—300 次的轰炸任务。这一切都表明自冷战开始以来，苏联的军事实力得到了显著提升。[3]

---

[1] 原注：关于苏联工业产量的数据源自《戈尔巴乔夫经济改革计划研究论文集》（“Gorbachev’s Economic Plans,” Study Papers, Joint Economic Committee, U.S. Congress, 100th Congress, 1st Session [Washington, D.C.: Government Printing Office, November 23, 1987]）。

[2] 原注：参见亨利·S. 罗文（Henry S. Rowen）《戈尔巴乔夫的最佳防守》（“Gorbachev’s Best Defense”，载于《华尔街日报》1988 年 9 月 29 日，第 30 版）。

[3] 原注：参见《苏联军力：对威慑力的评估，1988 年》（*Soviet Military Power: An*

以防空能力为例。1948 年，苏联还完全不具备空中抵御能力，没有任何核力量或洲际轰炸机实施报复性空袭或制止空袭，苏联几乎被美国在欧亚非三洲的轰炸机基地完全包围，美国间谍机（spy planes）可以在其领空任意飞行。

到了 1988 年，情况发生了戏剧性的转变。美国不再享有核武器、空中战略防御、大量空军基地、民防掩体甚至安全部署的地面导弹等诸多方面的垄断。[1] 而苏联不仅掌握了能够抵御轰炸机、侦察机甚至潜艇发射导弹弹头的空中战略防御系统，还在莫斯科周围部署了反导防御体系，在其他地区则部署了巨型相控阵雷达——这种雷达利用软件可以使移动火箭发射器和小型车装雷达跟踪器在一个更广泛的反弹道导弹系统中协作。苏联还建造了附有专线铁路的地下掩体，空间之大已经足够容纳苏联所有的领导决策人员。

苏联在航天领域也超过了美国——至少它能够把吨级设备送入轨道。当时苏联由核反应堆供能的雷达已经顺利运行，能够从太空中侦测到美国潜艇。

尽管苏联的军事投入多于提高人民生活水平的基础性投入，但没有任何证据表明这威胁到了苏联政府对苏联人民的统治。兰德公司在 1988 年开展的一项计量经济学研究发现，苏联及其他社会主义国家对社会的管理已经达到这样一种程度，即人民普遍认为社会主义国家不需要像资本主义国家这么多的消费品。而且用于警察和军事机构的国家收入的很大一部分，本身还是共产党维持其统治的政权体系的一部分。[2]

Assessment of the Threat, 1988 [Washington, D.C.: Government Printing Office, 1988]）。关于北约，参见亨利 · F. 尤庞恩（Harry F. Yopung）和科林 · 苏斯曼（Colleen Sussman）《北约图集》（*Atlas of NATO* [Washington, D.C.: Government Printing Office, 1985]）。

[1] 原注：参见托马斯 · H. 穆勒（Thomas H. Moorer）、阿尔文 · J. 科特雷尔（Alvin J. Cottrell）《世界形势与美国政策》（"The World Environment and U.S. Policy"，载于《战略评论》[*Strategic Review*]，1976 年春季刊，第 2 期，第 64 页）。

[2] 原注：参见本杰明 · 齐彻（Benjamin Zycher）、泰德 · 戴利（Tad Daley）的论文

尽管苏联领导人想要通过目前所有经验主义的指标——包括经济、军事或政治指标——提高今后的工业生产效率和技术开发能力，但相比于1948年，今天的苏联俨然成为一个不可小觑的威胁力量。因此，苏联威胁论的消除并不是建立在苏联的石油生产量、苏军的规模、苏联发射空间核反应堆的能力或者它拥有数量持续增长的国外基地上，而是基于苏联领导人关于苏联不再是威胁力量的宣言。当然，这种主张也许是真诚的，也许只是苏联不战而胜的部分策略。可见，想要预见诡战的未来，就要回望它的过去。

《共产主义制度下的军队特点》(“Military Dimensions of Communist Systems” [Santa Monica, Calif.: RAND, June 1988]) 第3—7页。

[第十七章]

苏联的公开化时期

"公开化是把剑，能自己治愈自己割开的伤口。"

——列宁

"公开化（或者公开性）"（Glasnost）在俄语中的字面意思是"公之于众或者开放"[1]，但它还有一层引申义——自布尔什维克革命（Bolshevik Revolution）初期，它就成了苏联政策的一个代名词。这个词的最初使用者是列宁，他率先意识到权力源自否定别人享有私人的决定权。因此"公开化"或者说"广开言路"就成了共产党的一个武器。通过强制地方官员参加"批评和自我批评"，要求他们主动承认自己的错误或指出他人的错误，列宁把所有政府公务员和基层党员日益控制在共产党的纪律和整肃中。这样不仅巩固了党的领导权，还在表面上营造出一种言论自由的景象。正如列宁所说："公开化是把剑，能自己治愈自己割开的伤口。"[2]

公开化这把奇迹之剑还可以用作骗局中的强力武器。列宁提倡的批评与自我批评在外国人眼中就是一种毫无限制的自由批评，因此公开化成功

[1] 原注：参见米哈伊尔·海勒（Mikhail Heller）《苏联人的组成》（*The Formation of Soviet Man* [New York: Knopf, 1988]）第 13 页。

[2] 原注：参见米哈伊尔·海勒《苏联人的组成》第 13 页。海勒指出，列宁在他的写作中使用"公开化"一词不下 46 次。

营造了一种生机勃勃的民主幻象。在所有骗局中，一种现象总是可以通过一个关键词来表述——此处，批评就象征了开放的社会。这个逻辑就是：民主国家允许人民对官员的公开批评，而苏联允许这种批评，因此苏联是个民主国家。

公开化的实施还牵扯一个更加长远、更加实际的目的。为了使共产党一手控制的苏联媒体成为苏联对外展示的有效途径，必须制造一种假象即苏联媒体是独立于政党的。通过打造苏联言论自由、媒体自由的形象，公开化使得政府控制下的这些新闻媒体获得了相当好的信誉，否则它们就会被国外的媒体和观众视为共产党的喉舌和传声筒。公开化还为苏联政府提供了改头换面的机会，即向外国展示一个不同于以往的苏联形象。公开化为国外的记者、学者和其他苏联问题观察家提供了一系列便捷的观察渠道，让他们看到苏联想让他们看到的画面。

起初苏联领导人非常在意其在国外的形象。列宁为了让他的苏维埃革命得到国外资本主义国家和社会主义国家的认可，不得不把苏联描绘成它完全不是的样子：民主国家的宪政联盟。所谓的“苏维埃社会主义联盟共和国”这个名字就是旨在让苏联看起来不像一个一党专政国家，而是一个由人民选出的工人阶级的“苏维埃”管理的自治的“共和国”联盟。

苏联宪法也是如此。宪法规定政府由主席团、最高苏维埃（Supreme Soviet，苏联最高立法机构）和法院系统共同构成其政治体系，但这仅仅就是个名号而已。甚至各部委也仅仅是共产党在不同机构的代表而已。列宁还为这个伪造的“共和国”虚构了全套的工作内容以迷惑国外的观众。比如他曾自导自演了一出远东共和国和莫斯科方面关系破裂的戏码，只是为了让美国和日本政府误以为这个远东共和国是一个和苏联持不同政见的国家，从而诱导美日向其提供武器和装备。

然而早期的这些骗局都没有形成较为持久的效果。媒体打造的苏联民主形象很快就破灭了，因为共产党的发言人粗暴地宣称这些新闻报道应该被用于宣传或者鼓动。每当苏联面临一次经济困境，信任危机就会出现一次。

1921 年，苏联工业产值已经跌落至 1913 年的五分之一，即使是卢布通货膨胀的情况下，国民总收入也只有战前水平的三分之一。[1] 工厂由于缺少零配件而被迫停产；铁路也由于缺少燃料而瘫痪；缺少钎头等造成油矿停止出油；农民缺乏肥料和农具，无法继续生产农作物以保证城市粮食供应。此外，苏维埃革命派也进口不到他们急需的装备。美国、英国、法国和日本不仅支持反共势力、干预苏联内战，还禁运这些苏联急需的物资。即使苏联有渠道从其他国家买到，也没有钱付给他们。西方国家冻结了苏联的外汇黄金储备，禁止一切信贷。

列宁意识到，苏维埃革命的存亡取决于国内外形势能否得以好转。为了振兴经济，苏联必须从那些视它为敌的资本主义国家进口设备和物资。为此，列宁不得不改变苏联的国家形象——从敌人变为潜在的友好国家。而实现这种转变的工具就是公开化政策。

第一阶段：新经济政策[2]

(1921—1929)

1921 年春，列宁向世界宣布了他 180 度的政策反转，一改往日对西方的抵触政策，他将这次变革视作共产主义的演变。他说苏联公民没有自由、权利、私人财产，一贫如洗的“战时共产主义”时代已经终结，还说取而代之的将是苏联由计划经济向自由市场经济的逐渐过渡。个体有权拥有私人财产；农民可以拥有自己的土地；中小型企业可以由工人和企业家以合作社的方式持股；大型工业也将改为公有。货币购买代替国家分配再

[1] 原注：参见亚历克·诺夫（Alec Nove）《苏联经济史》（*An Economic History of the Soviet Union* [London: Penguin Books, 1982]）。

[2] 原注：New Economic Policy，简称 NEP。

次成为合法交易手段，债券可以流通，以利润为导向的市场将重启。

此外，这次的经济“结构调整”将会伴随着政治上的自由化政策。个人可以在苏联境内自由通行，移民或者参与地方政治也都得到允许。甚至国外的流亡分子也享有国家特赦权。以上种种政策表明，苏联正在缓慢但不可逆转地走上资本主义道路，即使它的改革不能完全落到实处。

新经济政策的深层意义在于：共产主义的演变将会被苏联和西方的贸易加速。因此，西方更加倾向于向苏联提供而不是禁止贸易信贷。

当时共产党的安全机构——国家政治保卫总局[1]的局长是费利克斯·捷尔任斯基，他被指控向西方泄露了苏联情报。捷尔任斯基曾一手策划了之前著名的“信任”行动，因此他有机会借助已知的反动分子为中间力量向11家西方情报机构传递情报；列宁还任命他为新经济政策最高经济委员会主席。利用以上两条便利，他不仅掌握了秘密情报，还掌握了相关的传递渠道。前者用于说服西方相信苏联的社会主义革命已经是步履蹒跚，后者用于向西方表明苏联的民主都是表层假象。

为此，捷尔任斯基利用了大量地下“反动”报刊。比如《新俄罗斯报》(*New Russia*)，该报的读者主要是莫斯科的西方记者，他们之间也保持着合作关系。西方记者对该报观点表示认同，认为目前苏联正处于令人兴奋的变化中。同时，捷尔任斯基让国家政治保卫总局里自己的手下为逃往西方的俄罗斯流亡作家安排了秘密旅行，为他们提供重返苏联、采访最近释放的政治犯和出席反动会议的机会。这些流亡作家会向他们的读者呈现关于新经济政策是如何终止了书报、艺术、戏剧审查和文化批评的第一手资料的。

苏联领导人甚至尝试发动其下属所有的机关单位宣传新经济政策。例如1922年，外交事务人民委员就曾向列宁积极献策：“如果美国相信我们

---

[1] 译注：国家政治保卫总局（全称为苏联人民委员会国家政治保卫总局，英文缩写为OGPU），是1923年7月至1934年7月苏联的情报机构，它是由国家政治保卫局（全称为俄罗斯苏维埃联邦社会主义共和国内务人民委员会国家政治保卫局，英文缩写为GPU）改组而来。

虚构的那些代表机构，我们不妨做出一些没有什么实际意义的意识形态上的小小让步来欺骗他们。”[1] 让这些从一开始就是苏联杜撰的代表机构撒撒谎，列宁自然没有什么意见。正如他私下里向其他共产党领导人所说的，新经济政策“不是为了与资本主义达成和平，而是为了一场新的战争”。

苏联在公开化的良好氛围下开辟了一条列宁所谓的“小径”，借此让那些曾为苏联提供信贷、商品和技术的美国工商企业、公关公司和说客、有政治影响力而又有动机为苏联提供支持的政界名人和苏联建立起联系。

在苏维埃革命之后不久一次激烈的讨论中，列宁向在座的其他布尔什维克主义者指出这条“小径”的潜能。他笃定地断言，共产党将会赢得对资本主义的胜利。但随后一个对此表示怀疑的党员打断列宁，提出基于苏联战略物资短缺的现状，共产主义要从哪里获得能实现这样一场胜利所需的物资。列宁答道：“资本家们会卖给我们。”不仅如此，他们还会以借贷的形式卖给我们。[2]

列宁机智应答的背后是其强大的洞察力。尽管国外资本家始终是共产主义的头号敌人，但短期来看，他们更是苏联最可依赖的盟友。这个悖论背后的逻辑很简单：帮助列宁打破西方政府强加给苏联的外交和经济孤立能让美国企业获得实实在在的利益，因为他们想要占据苏联的市场份额。列宁就专门设饵，为这些资本家提供这种他们在本国自由市场很难找到的机会：政府担保下的垄断权。这种垄断将会以“特许”的形式让这些外国人在俄罗斯的企业投资并从中分得一杯羹。

而摆在苏联眼前的问题就是让1917年被布尔什维克夺走财产却没有得到一分钱补偿的西方商人现在相信，四年过去了，苏联已经变成了一个安全的投资之地。可当时的实际情形却是苏联经济几乎垮台，私有财产国有化已经是必然趋势。

[1] 原著：参见安纳托利·戈利岑的《谎言，又一个谎言》第42页。

[2] 原注：参见约瑟夫·法德（Joseph Finder）《红地毯》（*Red Carpet* [New York: New Republic/Holt Rinehart & Winston, 1983]）第8页。

为了解决这个难题，列宁提出一项误导计划，将西方人的注意力从目前苏联的国内困境转移到这块宝地的光明未来上。列宁特别命令部下找到一个美国商人，为他提供新经济政策实施后苏联承诺的第一个特许权，让他在其他美国企业面前充当苏联的活广告，从而说服更多的美国商人，让他们明白投资苏联是审慎安全之举。这个策略就像屠宰场用头羊们引诱牛群进圈。列宁指出："我们想要展示的、想让别人知道的……是美国应该接受我们的优惠。"他还指出"这有非常重要的政治意义"[1]，充分表明了列宁对这家美国公司所产生的广告效应的高度评价。

这个被苏联选中的美国商人就是阿曼德·哈默[2]。[3]尽管他当时只是一个年仅 21 岁的医学院学生，陪同他父亲朱利叶斯·哈默（Julius Hammer）来莫斯科游玩，但他的大名早已传到列宁那里。朱利叶斯·哈默曾是美国共产党内一个激进派的创始人，由于这个身份，朱利叶斯在苏维埃革命前见过列宁和其他苏共领导人。1917 年列宁掌权后，身为美苏贸易总代理的朱利叶斯借助短命的爱沙尼亚共和国的第三方渠道为苏联提供了当时禁运的物资。他还让苏联政府成为他的美国联合公司的秘密股东。因此，尽管作为美国公民，朱利叶斯却被任命为苏联驻纽约的商务专员，和一个名叫路德维希·马尔顿（Ludwig Marten）的苏联官员一道，负责组织美苏之间的贸易和逃避美国的禁运政策。

1921 年末，朱利叶斯和苏联政府之间的关系遭到美国司法部的调查，马尔顿被严令驱逐出境。不久，他本人也因为一场莫名其妙的指控被判入

---

[1] 原注：参见《列宁选集》第 45 卷（Vol. 45 of *V. I. Lenin Collected Works,* [Moscow: Progress Publishers, 1970]）。

[2] 译注：阿曼德·哈默（Armand Hammer，1898—1990），是美国企业家和慈善家。1921 年前往苏联，对其灾民给予医药援助，被列宁劝服留在苏联。20 世纪 20 年代末期，他的企业，包括一家铅笔工厂在内，全被苏联收购。

[3] 原注：参见拙文《阿曼德·哈默之谜》（"The Riddle of Armand Hammer"），载于《纽约时报杂志》[*The New York Times Magazine*]，1981 年 11 月 29 日，第 69 页）。关于阿曼德企业的详细记录来自司法部的调查，参见我在波士顿大学的档案。1981 年我同阿曼德本人在一系列采访中讨论过这些问题。

狱，这项指控源于他曾经实施的一次非法堕胎手术，他因此被送往纽约州新新监狱（Sing Sing）服刑三年。此次入狱让他的儿子阿曼德不得不挑起了领导美国联合公司的重任。

阿曼德·哈默毫不费力就与苏联取得了联系。一到莫斯科，他就见了他父亲以前的合作伙伴路德维希·马尔顿。此人现在列宁的情报主管费利克斯·捷尔任斯基的手下工作，而捷尔任斯基当时是新经济政策最高经济委员会的主席；更确切点说，他直接负责苏联和西方商人之间"小径"的开辟工作。马尔顿把阿曼德引荐给鲍里斯·莱因斯坦（Boris Reinstein)，后者为列宁负责"对外宣传"工作。随后，借助莱因斯坦的举荐，阿曼德得到了列宁的接见。列宁承诺如果他愿意为苏联"做广告"，苏联愿意给他提供投资上的优惠。

由于苏联的目的并非从中获益而是以此为诱饵获得更多的招商引资，列宁在 1921 年 10 月指示马尔顿马上给阿曼德的公司提供一份包含苏联提出的各种优惠的合同，"尽管合同只是用来装装样子"。列宁许诺对方可以投资"石棉或者其他乌拉尔地区的资源，甚至任何你想投资的项目"。[1]

列宁随后给新任命的苏共秘书长约瑟夫·斯大林（Joseph Stalin）写信，要求他和其他中央政治局委员全力"支持"阿曼德·哈默的投资。他解释说，"这是一条通往美国商界的捷径，我们应该最大限度地全面利用这次机会。"他还强调，所谓的"全面利用"是指这条捷径也可以服务于秘密行动、特工和情报工作。这封信的复件还被送给了捷尔任斯基和斯大林。[2]

1922 年，得到苏联优惠承诺的阿曼德决定对美国公开这一消息（就像鲍里斯·莱因斯坦的宣传局做的那样）。阿曼德走访了一个又一个美国实业家，表明投资苏联的好处和潜在利益。他告诉这些商人，列宁曾向他公开承认"共产主义不管用了"，苏联当前需要的是资本主义，只有资本主义才能拯救苏联。1925 年，阿曼德成功说服了不下 38 家知名企业在苏联投

[1] 原注：参见《列宁选集》第 45 卷，第 347 页。

[2] 原注：参见《列宁选集》第 45 卷，第 559 页。

资，其中包括大名鼎鼎的福特汽车公司。随着这条美苏投资“小径”逐渐发展成美苏贸易“高速路”，又有300多家国外企业签署了贸易协议。随后，机器、卡车、零配件、轮船、飞机甚至整个工厂开始大批量地从西方以信贷形式输入苏联。[1]

为了表示对美苏贸易的支持，捷尔任斯基声称苏联情报机构有足够的能力运用苏联的双重间谍、伪叛徒和假通信等秘密渠道获取西方情报，从而巩固并保护政府的公开渠道。正如列宁曾精确描述的，只要让资本主义听到他们想听的，他们就会不自觉地接受而不是反抗我们的骗局。而资本主义想要听到的就是，苏联是一个充满无限商机的富矿。

与此同时，苏联政府也在通过外交途径强化苏联的公开化信息，即苏联政府正日益演变为一个温和的政府。苏联的外交官和贸易代表团现在更加强调和平共处，而不是1921年的他们呼吁的世界革命。苏联外交部还故意利用已经被英国破译的苏联密码指示海外特工中止对反西方的颠覆活动的支持，还说列宁领导的共产国际是一个独立的实体，不受列宁的控制。

以上信息被西方接受，部分是由于它们符合了西方政府想要听到的内容。如果仅仅因为苏维埃革命结束了西方对莫斯科采取军事行动的压力，那么不难推断这场革命是失败的。而且西方政府很乐于相信美苏贸易会削弱而非加强苏联政府中的革命因素。

无论如何，新经济政策成功地打破了西方对苏联的封锁和孤立。除美国以外的几乎所有资本主义大国都实现了和苏联的邦交正常化，取消了贸易禁运；德国还帮助苏联重新武装了红军，不少于12个国外共产党在这期间加入了共产国际。苏联还得到了振兴工业最急需的西方信贷。

1929年，完成了所有使命的新经济政策突然落幕了，所有私人企业被收归国有，对国外贸易的优惠也全部取消（多数外国投资被无偿充

[1] 原注：参见安东尼·C. 萨顿（Anthony C. Sutton）《西方技术与苏联经济发展》（*Western Technology and Soviet Economic Development* [Stanford, Calif.: Hoover Institution Press, 1968]）。

公）；农业资产被没收；农场也被集体化（后来的“重建政策”就是针对这个背景下被强制并入国家集体的私人农场）[1]；审查制度被重启；反动活动被镇压；党外报刊被关闭；几周之内，新经济政策曾经存在过的所有迹象都消失了。

第二阶段：苏联宪法

(1936—1937)

相比于新经济政策，公开化的第二次尝试更加短命。30年代中期斯大林宣布苏联应该着手经济建设，如果需要的话甚至不排除采取资本主义的路线。他称这些激进改革为“重建”或“改造”，包括利润由原来的按需分配改为按劳分配。他说：“如果我们不能使人民生活富足……那么1917年所谓的颠覆资本主义就是没有必要的。”为了展现极速改革中的苏联面貌，他宣布苏联要回到西方的宪政模式。

在西方人看来，1936年的宪法俨然就是民主的写照。[2] 宪法至少以书面形式保证了人民的言论、出版和集会的自由。还允许人民以不记名投票的方式参加选举。

苏联领导人的这些话主要是说给国外报纸听的，但西方媒体还是对此表示怀疑。虽然他们认为斯大林在按照资本主义路线实施经济重建，他们不确定新宪法是否能让苏联在一夜之间变成民主国家。甚至一贯公开抨击共产主义的《纽约时报》也在措辞上多有迟疑：“上周俄罗斯前所未有地允许她的人民享受各项自由，并展现出一个真正的全国普选的迹象……不再公开举手表决而是根据自己的真实意愿在投票亭的红色帷幔后秘密投票。而问题就在于‘俄罗斯无知的民众是否有能力理解民主的精髓……约

[1] 原注：参见《致编辑部的信》(Letter to Editor，载于《纽约时报》1988年2月28日)。

[2] 原注：参见米哈伊尔·海勒《苏联人的组成》第319页。

瑟夫·斯大林又是否能够允许人民这样做’，但可以肯定的是宪法改革尽管有其局限性，仍足以表明斯大林‘已经明显修改了他的共产主义学说’。”[1]

自由的宪法只是这场旨在让苏联披上欧洲国家自由民主外衣的运动的序幕，苏联还让自己的记者、贸易官员、外交官和其他发言人向他们的外国同行宣称，他们如今可以对苏联自由发言、自由批评，因为新宪法保障他们的言论和出版等自由。

与此同时，斯大林还不断借助中立国家的大使馆和国际联盟的外交渠道来强化他的改革声音。捷克斯洛伐克总统爱德华·贝奈斯（Edvard Benes）等曾受惠于苏联情报机构的重要政治人物都被迫充当苏联的传声筒，向英国、法国和波兰外交官传递他们被苏联粉饰过的外交见解。在更加隐蔽的层面上，这种见解甚至被反苏流亡组织直接传递到西方情报机构手里。该组织总部设在保加利亚，人称“内线”（Inner Line），在创建初期曾致力于对抗欧洲的苏联特工并充当其他反共团体的安全机构。截止到30年代，该机构已经被苏联情报人员控制。和它的前身“信任”组织一样，“内线”现在也成了苏联传播虚假情报的渠道。

这些舆论背后的推动力量就是对斯大林形象的正面宣传：他是一个实用主义者，而非理论空想家；是一个民族主义者，而不是国际主义者；是一个管理者，而非革命家；他反对恐怖主义，而不是制造恐怖主义。如此一来，西方才有可能愿意同苏联进行贸易往来。

贝奈斯和其他外交的渠道纷纷声称，斯大林的外交政策不是共产主义的空喊口号，而是要和所有反法西斯的资本主义国家发展联盟。斯大林那句著名的“社会主义在一个国家的胜利”的口号已经被西方普遍看作苏联挽回面子的手段，因为列宁的国外干预和颠覆政策已经结束。

为了强化这种印象，斯大林多次向国外领导人表明他愿意让苏联做出

---

[1] 参见《时代周刊》第30卷，1937年12月20日，第17—18页。“社会主义在一个国家的胜利”，参见艾萨克·多伊彻（Isaac Deutscher）《斯大林》（*Stalin* [New York: Oxford University Press, 1966]）第431页及其以后。

改变。例如，他违背共产国际的原则公开保证，绝不支持美国共产党或任何其他企图颠覆美国政府的组织。此举让罗斯福总统扩大了美国对苏联的信贷规模和贸易优惠，也让他最终在1933年承认了苏联的政治地位。此外，苏共允许海外的共产党派批评自己做出的决策，从而使后者看起来更像独立的政党团体。此前它们一直被看作斯大林在海外的眼线而已，而现在它们可以声称自己是独立的爱国机构，和非共产主义党派一道加入代表"人民阵线"的政府的要求也变得更加合理、更让人信服。斯大林通过宣称地方共产党的合法性，为欧洲共产主义奠定了理论基础。

1937—1938年斯大林发起对苏共党内的大清洗运动，宣告了此次改革的终结。所有的宪法保障、选举权利、对外政策和外交承诺原来都是谎言。斯大林所承诺的"重建"也变成了彻头彻尾的"大恐怖"。1939年，在欧洲共产党的支持下，斯大林与希特勒结盟，彻底摧毁了欧洲各国共产党都是独立党派的幻象。

第三阶段：乔大叔[1]的伙伴
(1941—1945)

1941年6月德国入侵苏联，斯大林重启公开化政策，开始与英美两国建立伙伴关系，共同致力于战后世界的民主与和平。斯大林再次向世界发出讯息：好战的共产主义阶段结束了。

1943年，为了进一步表示诚意，斯大林解散了第三共产国际。共产国际曾是推动国外马克思列宁主义革命的、最著名的苏联机构之一，但当时它已经没有任何实权，只剩下象征意义，取代它协调各共产党支部的机构是苏共的国际部。为了象征性地做做样子，斯大林从国歌中删除了和世界

[1] 译注：乔大叔是对斯大林的昵称。斯大林本名约瑟夫·斯大林，所以美国人叫他"约大叔"，而中国普遍音译作"乔大叔"。

革命有关的内容。他还恢复了俄罗斯东正教的宗教自治权，提出审查制度和其他控制手段的自由化政策，更是允许俄罗斯公民拥有自留地。此外，斯大林同意战后加入联合国。

尽管这些举动都是故作姿态，但还是被英美领导人视作苏联改革的诚意，这样他们和苏联的结盟关系才能更加符合本国人民的意愿。丘吉尔给斯大林的信中写道："我们愿意将您解散共产国际的举动视为苏联政府不再干预其他国家内政的决定，我们也相信我们的理解是正确的。"

中立国家的苏联外交官和情报人员会故意放出风声，或者编撰一些情报来巩固苏联改革的表象。1944 年，一份来自英国情报机构的报告（事后证明其实出自苏联特工的手笔）宣称，俄罗斯战后重建的基础是"一种特殊的贸易结构，该结构借助政治协作既允许重工业的缓慢发展，也允许消费品的国外进口，目的就是为了在西方世界建构真正意义上的安全。"[1]

这恰恰是西方愿意听到的：苏联想要从西方购买物资，而不是颠覆资本主义政权。这样西方就可以理所当然地通过租借计划（Lend-Lease program）为苏联提供大规模的经济和军事援助，这些正是战场上对抗德国的苏联红军所急需的。罗斯福总统的顾问哈里·霍普金斯（Harry Hopkins）在 1945 年同斯大林在雅尔塔的会面后这样写道："我们发自内心地相信他们是理智的、有远见的，总统先生或者我们当中的任何人都坚信，美国人民和苏联人民将会在我们可以想象到的未来时间里共同生活、和平共处。"[2] 英国外交部也有类似的结论："世界革命的老观念已经过时。"[3] 对苏联伙伴如此乐观的评价使得英美两国对斯大林先前对于波罗的海三国拉脱维亚、立陶宛和爱沙尼亚的吞并既往不咎，也默许了苏联兼并波兰、普鲁士、罗马尼亚、芬兰和日本部分领土的战后计划。美国和英国在这种心态

[1] 原注：参见斯蒂芬·德莫布雷《苏联骗局和冷战爆发》（"Soviet Deception and the Onset of the Cold War"，载于《邂逅》[*Encounter*] 1982 年 7 月第 8 页）。

[2] 原注：参见亚历克斯·扬（Alex de Jonge）《斯大林》（*Stalin* [New York: Morrow, 1986]）第 434 页。

[3] 原注：参见斯蒂芬·德莫布雷《苏联骗局和冷战爆发》。

的支配下还承认苏联的影响力远远超过了东欧地区。

美英与苏联的和谐共存最终还是没能延续到战争结束。苏联对捷克斯洛伐克的占领、对希腊内战的支持和对伊朗部分地区的占领，让双方的联盟突然走到了尽头。铁幕[1]最终取代了公开化。

第四阶段：去斯大林化[2]

(1956—1959)

1956年2月24日，在莫斯科召开的苏共第二十次全国代表大会上，尼基塔·赫鲁晓夫（Nikita Khrushchev）启动了另外一个基于经济与政治改革的公开化进程。赫鲁晓夫在斯大林逝世后对其暴力行为大加鞭挞。他认为，斯大林一手引发的个人崇拜把共产主义革命事业引入了歧途并导致个人自由的丧失。赫鲁晓夫上台后认为，破除对斯大林的“个人崇拜”某种意义上就等于苏联民主的重建。尽管他的这番言论一经公开就被中情局描述为美国的一场情报政变，但其所传达的意义却不是什么秘密。[3]赫鲁晓夫将他的发言稿复件下发给苏联和东欧超过两百万的共产党员，根据安格尔顿的说法，至少有六个苏共下属的共产党支部的外交官将发言稿交给了中情局和其他西方情报机构。这份稿子的“故意泄露”让西方开始意

[1] 译注：铁幕（Iron Curtain），第二次世界大战结束后苏联设置的政治、军事和意识形态屏障，旨在把本国及依附于它的东欧同盟国封闭起来，不与西方和其他非共产党地区公开接触。1946年丘吉尔在美国密苏里州富尔顿的演说中提到这个词语。1953年斯大林去世后，铁幕的限制和严格程度有所松动，尽管1961年建造柏林墙又恢复了铁幕制度。1989—1990年由于共产党放弃了在东欧的一党统治，铁幕基本上已不复存在。

[2] 译注：去斯大林化（destalinization），一个否定苏联领导人斯大林影响力的社会过程，包括修改他的政策，移除他的纪念碑以及对以他名字命名的地点重新命名。

[3] 原注：参见小约瑟夫·D. 道格拉斯《苏联战略骗局》（“Soviet Strategic Deception” [mimeo, April 2, 1984]）第2—6页。叛逃者是约翰·塞纳和阿纳托利·戈利岑；对作者的采访在1982年。

识到：新经济政策后最彻底的公开化改革即将到来。

随后赫鲁晓夫大张旗鼓地宣布，苏联要铺设一条通往另一种俄罗斯改革模式的道路，据《纽约时报》称，此次改革就像“西伯利亚河上春天的破冰”。[1] 他说，竞争在农业和工业重建的过程中将发挥主要作用，苏联将率先在个别地区进行试验。在一个被广泛宣传的改革试点中，经济自由组被允许充当私人企业的角色。苏联甚至制作了一部以重回资本主义为主题的电影专门在海外发行。

苏联媒体也不断放大苏联重回资本主义的主题，发表了无数关于百万富翁、地下商业和迅速发展的黑市的故事。[2] 此外，媒体还充当了清除酗酒、裙带关系和腐败的主要推手，曝光了一系列的社会丑闻。

经济改革还伴随着政治改革。俄罗斯教会领袖享有了出境的权利；艺术家们被允许在莫斯科举办抽象画展；像叶夫图申科（Yevtushenko）这样的诗人被允许在美国做演讲；此外，索尔仁尼琴（Solzhenitsyn）批判斯大林时期苏联统治的作品——如《伊凡·杰尼索维奇的一天》（*One Day in the Life of Ivan Denisovich*）——被允许公开发表；苏联异见分子现在也可以联系西方媒体，像美国和加拿大研究所之类的学术机构也同样可以为美国记者提供“新闻”。[3]

赫鲁晓夫决定再次利用先前建立的美苏贸易联盟支持他的公开化政策。他找到了当初列宁选择的那个美国商人——阿曼德·哈默。1957 年，他接管了西方石油公司（Occidental Petroleum）——洛杉矶一家几乎没有任何资产的小型企业。

但是在 1961 年，西方石油公司却出现在证券交易所的名单里，该公司在阿曼德重回苏联之后俨然成长为大型能源公司。正如阿曼德在新闻发

[1] 原注：参见哈里森·索尔兹伯里（Harrison Salisbury，《纽约时报》1956 年 3 月 25 日，第 1 版）。

[2] 原注：参见安纳托利·戈利岑的《谎言，又一个谎言》第 120 页。

[3] 原注：参见安纳托利·戈利岑的《谎言，又一个谎言》第 125 页。

布会中指出的，当时他得到了美国商务部（U.S. Commerce Department）的批准去“寻求美苏和平贸易的机会”。[1]

阿曼德抵达莫斯科后受到了赫鲁晓夫的热情接见。在一次苏共演说中，赫鲁晓夫赞许了阿曼德在20年代列宁新经济政策中担当的角色。他还进一步回忆起阿曼德当年作为苏联改革的宣传者为苏联吸引了大量的美国资本。他以一种不容置疑的口吻指出：“我们的政府在列宁同志的倡议下采取了正确的措施，取得了显著的成果；它为社会主义在苏联的成功做出了贡献。”赫鲁晓夫自问：“新经济政策是一种倒退吗？”他随即这样回答：“显而易见，新经济政策是社会主义对资本主义的一次进攻。”[2] 换言之，尽管新经济政策在当时看来是社会主义向资本主义的倒退，但究其实质，它是一场成功的骗局。

在一次甚至没有翻译在场的私人会谈中，阿曼德说赫鲁晓夫向他抱怨苏联经济发展的低效，还几乎一字不落地重复了斯大林早期对西方的言论：“如果我们不能为人民提供资本主义体系之下你们为人民提供的，那就意味着共产主义不会成功。”[3] 赫鲁晓夫和列宁一样，也要求阿曼德向西方重申：苏联领导人正在接受共产主义的失败，内部经济改革是苏联的首要任务。

阿曼德回到美国后向肯尼迪总统汇报了赫鲁晓夫交代他的话。他也同样告诉西方媒体，苏联可以为美国商人提供巨额利润和大量的工作机会。他引用赫鲁晓夫的原话：“您为苏联提供信贷，苏联为您奉上丰收。”[4] 阿曼德说，赫鲁晓夫曾向他吐露“共产主义注定要失败”，除非它能为人民提供更多的食物和产品。为了巩固革命成果，苏联经济政策必须实现从战争时代到和平时代的转变。

---

[1] 原注：参见约瑟夫·法德《红地毯》第142页。

[2] 原注：参见约瑟夫·法德《红地毯》第146页。

[3] 原注：参见阿曼德·哈默（Armand Hammer）《哈默》（*Hammer* [New York: Putnam, 1987]）第323页。

[4] 原注：参见约瑟夫·法德《红地毯》第146页。

尽管这种论调在新经济政策推行时也曾听到（而且是出自同一位美国资本家之口，即阿曼德），但这确实是美国企业家和工人想要听到的。赫鲁晓夫预计，苏联至少可以为美国提供一百万个新工作岗位。

无论苏联如何成功地宣传了它更加温和、无威胁性的国家形象，此次改革并没有阻止苏联领导人实施他们的另一项战略目标。1959 年，正如戈利岑后来披露的，苏联从根本上重组了克格勃，使其能更加安全地执行长期的骗局（美国通信情报证实了克格勃的重组发生在 60 年代后期）。与此同时，苏联还创建了一个直属军事指挥部的特别战略小组，名叫 GUSM，专门负责骗局的实施。不久以后，正如我们在遥测骗局中看到的，苏联开始利用电子信号和双重间谍的虚假情报在导弹技术上示弱，尽管当时它们的导弹技术已经相当精准。这次欺骗帮助苏联在一次突袭中成功摧毁了美国的陆基导弹，但美国情报机构几乎要到 10 年后才弄清楚真相。1962 年，赫鲁晓夫试图改变美国关于他们能够在古巴部署中程导弹从而保卫自己的自信，就算不能改变美苏在古巴军力上的势均力敌。但是这次苏联击落了美国的 U–2 轰炸机，再加上对苏联异见分子的大规模逮捕，以及柏林墙的建立，彻底终结了此次的苏联改革。

第五阶段：国际关系的缓和

（1970—1975）

由列昂尼德·勃列日涅夫（Leonid Brezhnev）开启的第五次公开化进程为苏联的缓和政策提供了环境和良好氛围。如果苏联能够在限制战略性武器、进行互惠协议的磋商、缓和国内紧张局势这些方面都表现出足够诚意的话，勃日列涅夫就应该是首次塑造了一个不再迫切试图扭转东西方状态的苏联形象。

新经济政策中广开言论的举措让苏联的很多国情都为西方所知，这自然有助于西方人理解为什么苏联放弃了世界革命的最初目标。其主要原因就是，当时苏联政府的主要领导人都不是理论家而是技术官僚，两者的区别就在于技术官僚们对于坚持列宁阶级斗争学说并不感冒。相反，他们更像西方的同行，想要扩张并巩固本国的工业基础。简言之，他们想用黄油换枪支，以农业服务工业。[1]

参加帕格沃什会议（Pugwash，亦称“科学和世界事务会议”）的苏联科学家告诉他们的西方同行，他们是如何卷入了苏联内部日益加剧的共产主义意识形态冲突的。这些被中情局探听并进行了分析的众口一致的说法证实了，在勃列日涅夫统治下的苏联，科技精英们完全占据了主导地位。

在这期间，一直搜集西方学者、记者、媒体高管和国会议员对苏联社会的技术官僚改革影响的看法的乔治·阿尔巴托夫的研究所也加大了工作力度，将重心放在苏维埃革命舆论影响的余波和苏联新领导人的新政策的不同上。研究所的调查人员告诉他们的调查对象，尽管勃列日涅夫宣称内部消费，但他的真实目的无非是搞活苏联经济。为了实现经济增长，他认为有必要放松政府对国内科学家、工程师和其他各界精英的管制，同时吸收西方的先进方法和思想。莫斯科的异见分子中也有部分科学家和工程师，他们也获得了和国外同行交流的自由，尽管他们很少有机会说出自己的心声，但对低效行政和官僚主义的抱怨还是表明了技术官僚革命的必要性。

70 年代中期，随着改革的进展，勃列日涅夫也仿效斯大林颁布了一套新宪法。新宪法保障人民言论、出版、集会、结社和公开游行的自由，还有教育、医疗和就业的权利。苏联甚至在 1975 年签署了《赫尔辛基协定》[2]，将某些违反共产主义原则的行为合法化。

---

[1] 原注：参见阿尔伯特·帕里（Albert Parry）《新社会阶层划分：俄罗斯的科学技术与共产主义对战》（*The New Class Divided: Russian Science and Technology Versus Communism* [New York: Macmillan, 1966]）。

[2] 译注：《赫尔辛基协定》（*Helsinki Accords*），1975 年签订的国际协议，主要是谋求苏联与西方集团共同承认第二次世界大战后的欧洲现状（包括德国分为两个国家）来缓和双方之间紧张的局势。协议由所有欧洲国家（阿尔巴尼亚除外）以及美国和加拿

苏联外交官和情报人员在此次技术官僚革命中起到了不小的作用。美国在联合国的双重间谍“软呢帽”和“高顶帽”向联邦调查局报告称，由于勃列日涅夫的工程师身份，苏联对于国内的工程师和科学家多有照顾，为他们免去了意识形态上的过多束缚。1969 年，苏联外交官收到上级的新“优先级”调查问卷，要求他们调查美国的生化武器（Chemical-Biological Weapon，简称为 CBW）计划。

“软呢帽”被召回莫斯科接受调查后，向联邦调查局报告说苏联情报机构正面临着压力，因为苏联军事机构已经判定美国在生化武器方面占据无可匹敌的领先地位。苏联为了赶超美国决定增加相关的预算。

但苏联中央政治局不认为苏联经济可以支撑在生化武器上的投资。“软呢帽”称苏联因此陷入了温和派和激进派的争论中，前者认为目前情报不足，该项目实施与否还应该观望，而后者却坚持生化武器战略应该实施。（这条美国在生化武器方面完胜苏联的消息更加坚定了尼克松总统的信念，推动他做出了一个酝酿已久的决定，即单方面终止了美国生化武器的生产。）

但是苏联并没有依赖侥幸的公众舆论或者情报渠道获取美苏缓和的信号。他们手中有更高级的渠道能把消息直接传递到国防部长办公室（Office of the Secretary of Defense）、参谋长联席会议、国务院和国家安全委员会，而不需要中情局和五角大楼的掺和与调查，因为后两者主要的任务就是负责调查来自敌方阵营的普通通信。苏联的这条高级渠道就是军控进程。

通过切实限制或减少美国或苏联的战略武器，无论军控协议能取得多少成效，它都为苏联提供了一种向美国精英展示苏联国防政策的手段。因

大签署，此协议没有约束力，不具有条约的地位。苏联的主要兴趣在于获得国际上对它战后在东欧霸权地位的默认。作为交换条件，美国及其西欧盟国则促其尊重人权，并在经济、科学、人道主义和其他领域进行合作。

为当时他们对这些政策的了解主要还是通过间谍活动、卫星图像、信号拦截、军事演习和莫斯科的游街示众。在军控协议中，苏联可以向美国人展示美国多年来通过常规情报渠道搜集的所有关于苏联的情报代表着什么意思。苏联还可以利用军控协议试探美国情报机构的技术能力，比如说故意违反协议，看看美国是否能够侦测到，这样他们就能知道美国的情报机构能看见什么，又不能看见什么。军控协议的作用还包括转移注意力，即苏联可以利用该协议将美国卫星的注意力转移到苏联骗局策划者们想让美国看到的东西上。比如说，如果苏联谈判代表建议移动导弹应该被限制在东欧的基地，美国情报机构就必然会把他们情报卫星上的摄像机对准那里，从而拍出高清的照片。这样就相当于苏联谈判代表引导了美国卫星的观测，美国人看到的东西都是苏联故意呈现的，为的就是佐证其他渠道的情报。当然这些情报不只局限在武器上，还可以是关于苏联政权的本质、新一届领导、改革意愿等等。

60 年代早期，苏联在勃列日涅夫亲信米罗诺夫（N. R. Mironov）的直接监管下提出了它自己的军控协议。[1] 作为苏共行政部的最高领导人，米罗诺夫主要负责协调旨在推进国家政策进程的军事、外交、秘密和情报活动。根据戈利岑的说法，他还是勃列日涅夫的首席战略家，曾于 50 年代后期成功推动了克格勃和苏共国际部的重组，以便使二者能够更加安全地执行从列宁新经济政策就开始的这场历时久远的骗局。约翰 · 塞纳（John Sejna）将军作为行政部和捷克斯洛伐克军事决策者在 60 年代的联络人，1968 年叛逃至美国。他在审讯中说，米罗诺夫最初想用军控来延迟美国的军事计划，瓦解美国和其他北约成员国的关系，并掌握西方对苏联政策的看法。

[1] 原注：参见小约瑟夫 · D. 道格拉斯《为什么苏联违反军控条约》卷 1（*Why the Soviets Violate Arms Control Treaties* [Maclean, Va.: Falcon Associates, 1986]）第 67 页。约翰 · 塞纳将军得到道格拉斯的汇报，为他的书撰写了一份附录。道格拉斯还安排我去采访塞纳。

随着军控的发展，米罗诺夫吸纳了另一位顶尖的骗局策划者，他就是萨温金（N. I. Savinkin）。随后，作为行政部副长官的他开始监督军控协议的进展状况，不仅要确保该协议符合苏联的根本目标，还要确定其能够发挥积极的作用。由于这项任务需要知道苏联的哪些军事和弹道导弹设备已经被美国侦察到，他任命原来负责 GUSM 的奥加尔科夫（N. V. Ogarkov）将军（后来成为元帅）为限制战略武器会谈的苏联首席军事谈判代表。[1] 这次任命为奥加尔科夫提供了一个非常便利的职位，可以让他确认美国从军控协议中得到的消息是否能被美国通过对苏联的摄影和电子侦察进行证实。

军控同时也是一条有效的双向通道：苏联战略家可以借助它了解到美国对苏联战略的主流看法；苏联谈判代表也可以通过它准确地知道美国是如何理解苏联的武器、战略和目标的——如果与苏联的想法不一致，可以在与莫斯科方面磋商后予以更正。

限制战略武器会谈的谈判代表认为这条双向通道有助于形成一种针对以下问题的通用语言，比如威慑、第一次打击能力、移动导弹等等。还可以帮助苏联骗局策划者们完善他们的虚假情报，使之更符合美国谈判代表的预设。

随着军控协议的日益开展，美国对苏联的依赖也逐渐增多。因此在谈判过程中，苏联相应地增加了一些信息刺激，让美国谈判代表相信他们的苏联对手是有诚意谈判的，否则美国人就会认为自己现在完全是在浪费时间。美国想让苏联以口头承诺或者实际行动证明他们的诚意，尤其是通过后者，因为这可以直接由美国卫星拍摄到。苏联本身也想确定究竟什么样的语言和行动才能显示出他们的诚意。换言之，双方的谈判代表都想证明这种诚意，二者在这个问题上有一种默契。因此，根据与会者的说法，美国要求苏联提供更多的证据来获取白宫、国会和美国媒体对苏联军控的信任。而苏联通过此举也可以得到更多的反馈。[2]

---

[1] 原注：参见威廉·R. 哈里斯《苏联伪装和军控核查》第 24 页。

[2] 原注：参见罗杰·斯塔（Roger F. Staar）《相互均衡裁军的骗局：一种案例研究》

为了提升美苏之间的这种默契，苏联不断强化这样一个讯息：在苏联外交部的鸽派和苏联军队的鹰派之间存在内部斗争。正如 1971 年苏联大使阿纳托利·多勃雷宁（Anatoli Dobrynin）告诉美国国务卿亨利·基辛格的那样，美国应该在限制战略武器会谈中采取特定措施从而暗中支持鸽派。基辛格意识到苏联的建议显然与事实不符。他在自传中曾这样写道："苏联内部在对外开放问题上存在争论这一观点很巧妙地契合了美国的先入之见，即苏联政府里的鸽派应该和鹰派勇敢地战斗。"[1]

美国的先入之见经过军控得到了进一步强化，其影响已经大大超过导弹部署。尼克松总统在 1972 年的国会报告中认为，苏联加入军控的意愿"表明了其在政治和战略领域的建设性意愿"；报告还指出，"军控方面的进展能够推动国际关系这一更广阔层面上的进展。"[2] 这番话就表明了美国对苏联战后政策的逆转：不再对苏联继续进行政治、军事和经济加压，而是努力缓和双方的紧张关系；不再质疑苏联对东欧统治的合法性，而是认可苏联和东欧各国共产党的"有机统一"——基辛格的副手海尔米特·索南费尔特（Helmet Sonnenfeldt）就表示，从长远来看，共产党的团结而非分裂更加符合美国的利益；美军不再和苏联搞对立，而是从越南等冲突地区逐渐撤军；也不再试图孤立苏联，而是提供更多的西方信贷、科技和市场，甚至包括一些"最惠国"条款。尽管美国曾经试图在苏联内部调拨民众对经济的不满情绪，但现在它却直接向苏联出口小麦以帮助其政府满足人民的需求。

截至 1980 年，勃列日涅夫已经给美国商人带来了十倍的贸易增长，阿曼德也因此得到了一些大型资本主义企业对美苏关系缓和的支持。他的西方石油公司也在苏联签订了高达 280 亿美元的合作项目。（但多数项目都没有得到落实或者最终没有获得什么收益。）

（"Deception at MBFR: A Case Study"，presented at the U.S. Navy Postgraduate College, September 1985, Monterey, Calif.）。

[1] 原注：参见亨利·基辛格《动乱年代》（*Years of Upheaval* [Boston: Little, Brown, 1982]）第 269 页。

[2] 原注：参见小约瑟夫·D. 道格拉斯《为什么苏联违反军控条约》卷 1，第 123 页。

除了美苏贸易合作之外，苏联还表现出允许东欧社会主义国家和西方资本主义国家建立独立贸易伙伴关系，并实施他们自己的公开化改革的意愿。以罗马尼亚为例，该国宣称自己是西方想与之做生意的社会主义国家。此说法来源于佩斯巴（Pacepa），此人在1978年叛逃美国之前曾是罗马尼亚情报机构的主管，也是尼古拉·齐奥塞斯库（Nicolae Ceausescu）总统的私人顾问。他说："为了向西方证明罗马尼亚正日益变成一个以西方为主导、逐步脱离苏联控制的独立国家，齐奥塞斯库采取了一系列措施，包括他本人公开抨击苏联、揭露前任总统滥用职权、允许媒体批评执政党、赞同虚拟经济的分散经营、为地方选举设立双候选人，以及发起反酗酒、反贪污和反腐败运动。"1975年，美国已经认定罗马尼亚的"最惠国待遇"，而且三年之内西方向罗马尼亚提供的信贷增加至200亿美元（人均约合1000美元）。1978年，佩斯巴在叛逃后揭发罗马尼亚先前的一切措施都是情报机构在他的领导下联合上演的假象。在一次采访中他说："齐奥塞斯库的公开化改革就是一次……公关操作。"[1]

勃列日涅夫还高调宣称要在欧洲实行单方面裁军，随后俄罗斯第六坦克保卫师约10000名装甲兵从东德的维滕贝格撤军。但事实上，根据西方情报机构的估算，1981年撤军的部队又把自己的坦克等设备分散到了德国的其他苏军前线部队；尽管表面上是撤军，暗地里却是改头换面以另一个名字在波兰边境重新组建起来，还得到了全新的装备。所谓的"撤军"，实质增强而非降低了苏联在欧洲的进攻能力。[2]

这种撤军伎俩在1973年的越南初见成效。基辛格当时坚信美苏合作可以防止北越打破巴黎协定[3]，因此该协定能让美国保存颜面地从北越撤走

[1] 原注：参见迈克尔·A. 莱丁（Michael A. Ledeen）对佩斯巴的采访，载于（《国际政治》（[*Politique International*]，1988年10月刊）第12页。迈克尔·莱丁为我提供了采访内容。

[2] 原注：参见《华尔街日报》，1988年12月12日，A9版。

[3] 译注：巴黎协定（Paris Accords），1954年10月23日，美、英、法等北大西洋公约组织成员国同德意志联邦共和国在巴黎签订的一系列文件的总称。文件包括终止联邦德国占领制度、西欧联盟、北大西洋公约组织以及法国和联邦德国间的双边协定等。

最后一支军队。根据基辛格的会议，勃列日涅夫向尼克松保证苏联不会再向“北越派兵”。[1] 失去苏联支援的北越军队将不再会出兵南越。勃列日涅夫还进一步强调：“南北越中间也许还有小规模冲突，但不是什么问题，我们会督促（北越方面）遵守巴黎协定。”得到苏联承诺的基辛格说：“美方……为了谋求缓和已经不再支援河内（Hanoi）并从南越撤军。”[2]

事实证明美国错了。苏联无视双方达成的和平局面，继续向北越提供坦克、弹药和电子情报，支援了 1975 年春天北越针对南越的闪电战。占领南越后，北越军队继续攻下了老挝和柬埔寨的大部分地区。而苏联也从这些胜利中得到了它想要的，取代美国得到了越南金兰湾（Cam Ranh Bay）的大型空军和海军基地，这极大地扩张了苏联海军的势力范围。

1976 年，一份有关苏联战略的秘密评估开始怀疑勃列日涅夫的公开化改革，以及之前美国对苏联各项活动的结论。这次评估主要是由中情局预计的苏联针对美国的洲际导弹的数量与实际不符引发的。中情局的估算是不足 100 枚，而截至 1973 年苏联实际部署了超过 1000 个弹头。1974 年，阿尔伯特·沃尔斯泰特（Albert Wohlstetter）在他一系列有影响力的文章中指出，中情局对苏联导弹部署的长期低估，不是由于缺乏关于苏联导弹发射井建设的真实图片情报，而是因为中情局分析家们的思维定式和先入之见——他们从一开始就不自觉地相信苏联拥有和美国相同的威慑策略。[3]

美国对苏联威慑力的错误判断主要来自之前的军控协议，因为按照协议，核武器的唯一合法用途就是威慑作用，而不是实际参战。因此苏联也像美国一样，只会建造和部署极少量的导弹以发挥威慑作用——警告潜在的攻击者“相互保证毁灭”[4]。照此逻辑，理论上苏联的城市摧毁导弹

[1] 原注：参见亨利·基辛格《动乱年代》第 295 页。

[2] 原注：参见亨利·基辛格《动乱年代》第 1030 页。

[3] 原注：参见阿尔伯特·沃尔斯泰特《战略军备竞赛传奇》（*Legends of the Strategic Arms Race* [Washington, D.C.: U.S. Strategic Institute, 1975]）。

[4] 编注：相互保证毁灭（mutually assured destruction），简称为 MAD 战略，亦称共同毁灭原则，是一种“俱皆毁灭”性质的军事战略思想。

（city-destroying missiles）不应该超过可以确保美国不敢轻易对苏发起核战争的数量。由于苏联既不需要核武器数量上的优势，也不需要针对美国导弹发射井的高精度导弹，中情局判定美国没有必要再如此警戒苏联了。因此，60年代后期，美国拦截的情报也受到这种先见的影响，更加强化了美国对苏联威慑力的低估。

美国的低估在总统国外情报顾问委员会（President's Foreign Intelligence Advisory Board，简称为PFIAB）上引发了争议。出席会议的是当时军事技术领域最权威的专家，而委员会主席就是乔治·W.安德森（George W. Anderson）上将，他曾建议尼克松总统应该指派一支独立的专家组重新检查美方截获的苏联情报。但这个建议遭到了中情局的强烈抗议，而总统本人在水门事件[1]后可能面临辞职的巨大压力下，也拒绝了这个提案。1974年，杰拉尔德·福特（Gerald Ford）接任尼克松成为新一任美国总统。他命令中情局提交一份报告，写明过去几十年里中情局对苏联实力的评估情况。根据总统国外情报顾问委员会的执行秘书莱昂内尔·奥尔默（Lionel Olmer）的说法，接下来提交的报告"让中情局过去的表现备受谴责，几乎没有任何辩驳的机会"。[2]安德森上将这时重提他先前的建议，认为有必要派出两组专家对苏联情报重新进行分析。A组由中情局的专家组成；B组由总统国外情报顾问委员会根据中情局局长乔治·布什建议挑选的外部人员组成。其主要目的是看看两组人员对同样的数据是否会产生不同的结论——而且如果真的如此，原因又是什么。1976年7月，福特总统批准了安德森的提议，认为两组独立的分析数据有助于重新认识苏

[1] 译注：水门事件（Water Gate），美国政治丑闻，共和党总统竞选连任委员会于1972年6月17日派人潜入水门大厦民主党总部安装窃听器，此事暴露后导致尼克松总统辞职。

[2] 原注：参见《通信和情报指挥控制研讨会文集》（*Seminar on Command Control Communications and Intelligence* [Cambridge, Mass.: Center for Information Policy Research, Harvard University, 1980]）第179—180页中莱昂内尔·奥尔默的《监管情报》（"Watchdogging Intelligence"）。

联策略。哈佛的俄罗斯史教授理查德·派普斯（Richard Pipes）被选为B组的组长。[1]

派普斯的小组成员都是军事武器和战略问题上的顶尖专家。按照派普斯本人的说法，B组的第一项工作就是“对苏联战略政策和计划进行广泛而深入的调查”，其目的就在于验证——苏联核武器战略和美国的“相互保证毁灭”战略相一致——这个结论的可靠性。它考察了苏联导弹的精确性、瞄准点、部署模式和重载能力等多项因素，还仔细分析了苏联杂志上相关的军事学文章。最后得出结论：美国的相互保证毁灭理论与他们观察到的苏联火箭力量的发展现状严重不符。相关论据主要来自B组的两个技术小队，他们认为中情局低估了苏联新式导弹的精确性，而且由于这个判断上的错误，苏联导弹就没有被正确地视作相互保证毁灭战略威慑力的一部分，而是被看作旨在摧毁美国导弹发射井的、附带损害极小的常规武器。换言之，中情局把这些苏联导弹误认为了作战武器而非威慑力量。另一个论据就是，从苏联陆基导弹的位置完全可以推断出这些导弹主要针对的根本不是美国城市（虽然美国的相互保证毁灭战略一直认为苏联的目标就是城市），而是美国的军事目标。此外，B组的技术小队拦截的数据也表明苏联正在研制或部署至少11个新型导弹系统，这和美国“苏联的策略就是以不变应万变”的结论非常矛盾。

但在B组看来，这些数据和苏联宣称的“军事任务是受政治任务的驱动，而不是其他”完全一致。据称，如果美国分析专家能够避免对苏联的低估或者得出“苏联的战略和美国一样”这样的错误结论，那么所有信息和情报就只能导致一个结论：苏联领导人不仅没有遵守美国的相互保证毁灭战略，反而和部署其他武器一样，为了达到国家目的而部署了核武器。派普斯说，“苏联的核战略要在一个大背景下来进行理解。”[2]

[1] 原注：参见理查德·派普斯《B组：神话背后的真相》（“*Team B: The Reality Behind the Myth*”，载于《评论》1986年10月刊，第25页及其以后）。

[2] 原注：参见理查德·派普斯《B组：神话背后的真相》第33页。

派普斯的小组得出的是和中情局那一组截然相反的结论。中情局小组认为苏联领导人深知不可能在美苏对抗中取得胜利，因此他们发展核力量主要就是威慑美国、抵御攻击；而且苏联的核武器完全是基于相互保证毁灭战略，因此未来苏联的核部署将只是对美国核部署的呼应。

两组针对同一组数据的不同结论虽然没达到中世纪欧洲宗教争论的程度，但还是于 1976 年 11 月 5 日在弗吉尼亚州兰利的中情局总部引发了一场冲突。当时出席会议的有总统国外情报顾问委员会的 14 名成员和中情局局长。双方进行了大量争论，而 A 组根本无法从相互保证毁灭战略的角度解释苏联最近的导弹部署，因此不得不或多或少地放弃了它的狡辩。随后在 B 组的同意下 A 组修正了结论，认为苏联导弹部署的观察结果并不能支持苏联核武器是威慑力量，或者本质上是防御力量的结论。修正后的结论得到了总统国外情报顾问委员会和中情局局长乔治·布什的认可，因此成了美国对苏联战略的官方结论，写进了 1977 年的《国家情报评估》（NIE-11 3/8）中。这一结论与美苏寻求关系缓和的基本原则完全矛盾——因为双方本应该致力于维持现状而不是暗中部署军备。

这一矛盾在美国新总统卡特上任后得到解决，因为新一任政府不仅否定 B 组的结论，还推翻了整个官方结论。而中情局的新任领导集体在特纳上将的领导下，对 B 组发起了一次舆论上的人身攻击。它拒不承认 B 组结论已经得到 A 组和总统国外情报顾问委员会的认可，反而紧紧抓住 B 组的人员组成，质疑其成员的完整性，表明其成员仅仅是以调查之名，行“发表自己对苏联战略的偏见”之实。这种说法的主要叫嚣者是中情局官员约翰·佩斯利（John Paisley），曾是中情局派到 B 组的联络人——尽管根据派普斯的说法，他的工作只不过是替中情局监管和控制 B 组工作。1978 年佩斯利本人被发现死于切萨皮克湾（Chesapeake Bay），身上绑着链条并悬挂重物，死亡原因是枪杀。[1]

---

[1] 原注：安格尔顿对佩斯利的离奇死亡表示怀疑。他认为如果死亡原因不是由于身上捆缚的重物，就只能是表面看到的那样——自杀。因为中情局任命佩斯利为 B 组的

1979年，苏联对国内异见分子实施大规模抓捕行动，被逮捕的人员包括赫尔辛基观察委员会的成员；苏联还关闭了地下报刊，恢复了苏联的境外秘密行动，出兵阿富汗，全面否定了此次公开化改革。

第六阶段：戈尔巴乔夫改革

(The Gorbachev Revolution，1983—?)

1981年苏共二十六大通过了一项和平倡议，从此，一个灾难性的错误开始了。当时新任秘书长尤里·安德罗波夫（Yuri Andropov）凭借其高大、稳重、喜欢品酒、热爱爵士、会说英语、思维敏捷的特点，成为苏共的媒体代言人，因为他显然十分符合西方模式下自由主义者的形象。但他刚上任不久便查出身患绝症，1984年2月去世。[1]1985年，苏联不得不为这次的公开化改革重新寻找了一位代言人，他就是米哈伊尔·戈尔巴乔夫(Mikhail Gorbachev)。

戈尔巴乔夫没有用过多的时间来宣布这次极易让人联想起新经济政策的改革，而是像他的前任一样，重点强调按照当今社会的实用主义原则，苏联的体系必须要从根本上重建：它需要生产更多的消费品以满足人民的需求，需要进口更多的技术来实现工业现代化，需要自由的市场刺激才能提供农业和工业出口，还需要改革政府从而防止官僚主义的盛行。

戈尔巴乔夫认为这次大规模的经济重建对苏联提出了以下要求：工业从供应军需转换到满足民用，以信贷和自由贸易的形式与西方寻求合作，采取利益驱动和个人自由的形式作为工人的驱动机制。为了使国内经济建

联络员，让他有机会接触关于美国评估苏联战略的所有渠道，安格尔顿因此推断他所知道的东西对克格勃非常重要，如果苏联确实从他那里得到了想要的情报又为了不让美国发现，就只能杀人灭口。

[1] 原注：参见《安德罗波夫档案》（"The Andropov File"，载于《新共和》[*New Republic*]，1983年2月7日，第18页）。

设更有成效，苏联公民被允许组建合作企业，农民对小块土地的拥有权至少可达 50 年。

为了吸引全世界对此次改革的注意力，过去的所有公开化改革都被解释为这次改革的序曲。审查制度被部分废除，拥有西方追随者的苏联作家、艺术家和音乐家的作品也得到了应有的认可和地位。像曾作为苏联主要镇压对象的安德烈·萨哈罗夫（Andrei Sakharov）这种著名的异见分子也结束了国内流放和监禁，被释放出来。被限制出境者也被允许移民以色列。报纸也可以公开发表对政府低效行政的批评。同时，苏联批准了约 25 份非官方刊物的出版发行。尽管这些出版物的印刷、纸张、融资和发行在很大程度上还是依赖政府提供的渠道，但它们至少宣称获得了观点上的独立。其中的《克罗尼卡快报》（*Ekspress-Khronica*）就向西方新闻媒体提供了大量的像政府声明、政策实施计划和公开宣传手册等介绍苏联改革的材料。[1]

尽管戈尔巴乔夫的改革没有比以前的数次改革更快地让人民享受到被许诺的公民自由，也没有比以前的改革带来更多的所有权、激励制度和经济关系上的实质性转变，但它还是极富成效地改变了苏联的国家形象，而这主要得益于苏联在外国媒体和学术界面前的伪装。和前几次改革不同的是，戈尔巴乔夫改革居然让国外专家相信苏联政府控制下的各个机构都有相对独立的权力。

甚至一向保守的《华尔街日报》也相信了，它在头版以《公开化的影响》（*Glasnost's Impact*）为标题对此作了专题报道，重点关注了苏联政府的国家性报纸《消息报》（*Izvestia*）[2]，并写道“苏共中央委员会显然不再强制什么可以发表、什么不可以发表”。但《华尔街日报》对《消息报》独立性的相当高的评价并不是基于他们考察了《消息报》本身的组织结构。《消息报》是一家政府所有和经营的刊物，它的编辑都是共产党员，严格遵守党的纪律，比如说支持党的路线等等。因此，即使《消息报》想要公

[1] 原注：参见《纽约时报》，1988 年 1 月 12 日，第 1 版。

[2] 原注：参见《华尔街日报》，1988 年 8 月 8 日，第 1 版。

开背离苏共，在没有政治局特别委员会批准的情况下，也是不可能的；因为政治局委员会每天都要监察他们的工作，也只有管好了报纸，这些委员们的职位才能保住。因此，《华尔街日报》关于《消息报》拥有编辑自由的结论来自它的内容，或者更具体点说，来自它刊登的抱怨政府服务的信件。换言之，公开化改革中最前沿的内容——对自我批评的允许——被西方当成了出版自由的象征。

在戈尔巴乔夫改革之前，国外新闻媒体一直把苏联政府所有的媒体仅仅当作政府宣传的窗口，同意接受采访的政府发言人给媒体所提供的也不过是提前整理好的简报，而且苏联公民也受到相关法律的限制——他们不得向任何媒体透漏任何有新闻价值的消息。现在，新改革使得这些媒体反而更加依赖于之前备受质疑的这些消息源（苏联公民）。

这种变化不仅让莫斯科的美国记者的工作变简单了很多，也提高了他们作为苏联问题专家的地位。他们可以重写他们在苏联媒体上找到的故事(这种情况在允许出版自由的国家里很常见)，甚至在住宿的宾馆里就能收到以每日新闻的形式发表在非官方报纸上的英文版的改革信息。他们当然也可以采访那些操着流利英语、能自由回答他们对苏联政策的理解的政府发言人。此外，苏联的大学、智库和准学术研究机构的可信度也相应地获得了提升，这就为国外的记者和访问学者理解苏联及苏联政策提供了更多的渠道。

值得一提的是，1986年，甚至“公开化”这个词都被苏联通讯社——俄新社重新翻译了，其词义由原来的“公开化”意义变成了“透明度”意义。[1] 语义学的改变更加强化了这样一种观念：新改革下的媒体和学术机构不再只是政府的传声筒，也可以像他们西方的同行一样，监督政府使其政务更加透明。

为了寻求合适的控制手段在报刊上讨论诸如环境问题、核安全等敏感话题，苏联雇佣了美国的公关公司，专门负责以新闻的形式在美国宣传苏

[1] 原注：参见米哈伊尔·海勒《苏联人的组成》第13页。

联政策；同时为苏联提供关于公开化政策下美国对各种专门用来测试舆论反应的言论的反应。

此次改革也让苏联的合作伙伴里根政府受惠颇多，因为他们终于可以不用再质疑美国媒体收到的苏联新闻了。里根总统在第一个任期里曾形容苏联为“邪恶帝国”（evil empire），把苏联武器谈判称为有系统、有预谋的“欺骗”，把苏联首脑会议称为“宣传练习”。而里根在第二个任期中不仅形容苏联是一个具有潜力的“合作伙伴”，还签署了军控协议，把首脑会议常规化。为了使他的以上政策转变更加合理化，里根宣称是苏联本身已经变成了一个开放社会——这种评价显然是苏联改革者们所期待的。

由此可见，美国政府不仅接受了苏联的改革路线，还为其提供资金用于资助文化、学术、媒体上的各项改革，从而强化了观念：苏联已经实现了巨变。像比利·乔（Billy Joel）这样的美国著名摇滚歌手也去了苏联，还在演唱会上被人拍到。西方电视上的苏联电影还向西方观众传达了苏联的自由氛围。国务院正式鼓励美国电视网络和苏联同行交换电视节目，进一步强化了“苏联的政府和美国的政府差不多”这样的幻象。美国广播公司的《夜线》就播出了美国国会和最高苏维埃的一次长达三小时的会谈，表明两者的政治地位是平等的。尽管事实上，后者不过是一个一年开两次会、没有什么立法权力的象征性机构。

除此之外，阿曼德辛勤耕耘了 65 年的美苏贸易之路也发展成了两国的一项重大事业，美国扩大了对苏联的信贷规模和贸易优惠，并组建了美苏贸易和经济委员会（U.S.-Soviet Trade and Economic Council）。它和里根政府的联系是通过 1987 年的一次任命完成的，当时该理事会前会长 C. 威廉·韦里提（C. William Verity）被任命为商务部部长。

1988 年，美国贸易和经济委员会（United States Trade and Economic Council，简称为 USTEC）在阿曼德·哈默的协助下，组织超过 400 名美国企业领袖去莫斯科参加会议，会后享用了苏联领导人准备的晚宴，并且享受汽车全程接送，还有一系列在资本主义国家轻易享受不到的隆重待遇。[1]

除了这些重大活动，美国的企业家们还获得了一系列的贸易优惠。阿曼德再次充当了当年在新经济政策中扮演的角色，在组织国际财团投资俄罗斯化工、工业、采矿等方面发挥了领导作用。美国贸易和经济委员会还推动了美苏企业间的合作，声称苏联市场能够占到美国出口份额的25%。事实上，1988年这个数据只有1%。在贸易方面，委员会安排了上百位苏联企业高管访问美国，并在美国公司接受管理艺术上的培训。

这些商业渠道强化了军控和公开性的核心信息，即苏联正在极速变革。阿曼德宣称西方石油公司正在和苏联达成一项60亿美元的合作项目，要在里海附近联合开采石油。随后他又不断放话说其他美国企业也在和苏联进行合作。这一系列的说法似乎证实了，苏联确实部分甚至全部地放弃了共产主义教条。为什么其他的美国企业也要在苏联投资呢？每一次合作消息的传出都刺激着那些想要为自己的产品开拓新市场的欧洲、亚洲和美国的其他资本家，这些企业对苏联优惠政策的竞争让美国政府更有理由实现两国关系的正常化——尤其是当美国政府愿意对企业的呼声做出积极回应的时候。双方的贸易渠道让美苏政府都越来越难以阻止苏联加入主要国际金融机构的脚步，比如国际货币基金组织、关税与贸易总协定和国际清算银行。苏联的加入进一步提升了它作为资本主义的伙伴而非敌人的形象。

第六次改革令人印象深刻，但苏联的基本控制结构并没有实质性的改变。《保密法》仍然禁止民众和外国人讨论国家政策；新闻媒体仍然是国有，或是完全依靠国家来实现印刷和发行许可，当然除了是秘密发行的地下报纸；像阿尔巴托夫研究所之类的研究机构依然受到苏共的监管；政府机构仍然是共产党的天下；异见集团还是受到克格勃的电子监控。如果硬要说有什么进步的话，那就只有在情报搜集技术方面，使用了可以查找关

[1] 原注：参见拙文《里根的锻造》（"*Hammerization of Reagan*," Manhattan, Inc. [May 1988]）。另见皮特·冈贝尔（Peter Gumbel）《苏联，美国公司同意了》（"Soviet, U.S. Firms Agree"，载于《华尔街日报》，1988年6月2日，第2版）。

键词、数据和图片的计算机以及可以实现长距离窃听的监听设备。

尽管苏联对外树立了自由和民主的国家形象，人民实际上并没有享受到比原来更多的行动自由。苏联公民在国内城市间的流动需要得到官方批准，也不可以随意变换住址和工作，甚至在没有允许的情况下不能拥有电话。作为一种对政治犯的威慑力量和终极控制机制，集中营和精神病院依旧存在。

此外，空中摄像和信号拦截等美国用以评估苏联发展的手段所显示的信息与改革后从苏联传出的故事、简报和其他数据十分矛盾。例如，空中摄像和信号拦截表明苏联并没有缩小监狱的规模，也没有减少对本国公民和电话系统的电子监视。

但这些数据表明了“1983 年至 1988 年期间苏共控制不是在放松而是在加紧”，它们要么作为异常信息被美国暂时搁置、稍后解释，要么被当作技术误差完全驳回。

第六次改革因此成功营造出了一个良好的合作氛围。在这样的氛围下，美国的常规情报搜集工作完全被苏联借助媒体和学术机构释放的信息给覆盖了。中情局的信息都是由乔治·阿尔巴托夫研究所和其他新认可的来源提供的，这样中情局的报告就等于全部被苏联掌握。苏联的成功还在于将它的对外宣传渠道从自己的外交和情报机构转移到一些表面上独立的媒体机构。

苏联表面上给予媒体各种独立地位，实则是要为改革提供必要的信誉，从而更好地宣传苏联“开放社会”的国家形象。这次改革也为苏联领导人向欧洲和日本展示其经济吸引力和军事无威胁搭建了一个平台，让这些国家除了和美国订立安全协定之外还可以寻求其他选择。

1989 年，苏共几乎没有做出任何牺牲就通过这次改革获得了数百亿美元的信贷，满足了它的工业和军事需求，还成功营造了一个毫不强势的国家形象——不管西德的民意调查机构采取什么评价标准，西方眼中的苏联都是一个相比于美国更不具威胁性的国家。

[后　记]

安格尔顿提出的13个问题

1983 年 11 月，我在电话答录机上收到安格尔顿的留言，他建议我下次到华盛顿去的时候联系他。第二周，我就在华盛顿见到了他。

这已经是安格尔顿离开中情局的第 8 个年头，但他对情报和阴谋的浓厚兴趣仍没有减退，当他专注于正在描述的细节时，眼神会变得像鹰一样敏锐。他要跟我讲的是最近 17 位韩国官员在缅甸进行国事访问期间遭到暗杀的事件。

1983 年 10 月 9 日，韩国总统全斗焕（Chun Doo Hwan）和部分内阁成员在仰光郊外一处烈士陵园参加敬献花圈仪式的时候，4 枚重型炸弹被远程引爆了。它们被藏在神社的屋顶上，韩国官员和缅甸安保人员都没有发现。

尽管全斗焕总统由于行程延误逃过一劫，但这次爆炸导致 13 位高级副官和 4 位内阁部长死亡。单凭这一场精心策划的政变，韩国政府就遭到了致命的打击。

暗杀者在第二天试图逃离缅甸时遭到逮捕。在缅甸警方的追捕过程中，这三个人还试图引爆炸弹自尽，最终三人中一死两伤。在审讯中，两名暗杀者承认他们是朝鲜军事情报机构中一个专门负责秘密行动的精英小队的队长。他们还供认 9 月 22 日他们用朝鲜伪造的外交护照进入了缅甸。整个计划包括了如何实施暗杀的具体步骤——通过使馆邮袋拿到塑胶炸弹，然后用两周时间安放炸弹，期间他们一直住在朝鲜大使馆参赞的家中。随后警方的调查也证实了他们的供述。

他们的个人资料都是在大使馆指导下经过专业伪造的，手头还握有韩国和缅甸政府的秘密通信许可证明，这些情报只有顶级的情报机构才能拦截到。至于塑胶炸弹则是在东欧制造的，专为安放在神社屋顶上设计的，遥控雷管用的是最先进的电子元件。对朝鲜大使馆所有监控的再次检查发现此次暗杀得到了朝鲜驻仰光大使馆官员的协助和保护。

所有证据都毫无疑问地说明，此次暗杀是朝鲜指使、其情报机构执行的。安格尔顿很微妙地表示："很少能找出一个有关国家行为的这么明显的例子。"通常政治暗杀不仅涉及对在职官员的谋杀，还有对其职位继任者的恐吓。后一项任务主要是通过向他们证明——他们随时面临暗杀的危险。他指出在这个例子中，朝鲜向韩国人明确表明，他们可以提前几周得到韩国领导人的行程安排，也能够突破他的私人安保，神不知鬼不觉地在他的行程路线中安放致命炸弹。总之，朝鲜展示了它的"绝对实力"。就像马里奥·普佐[1]的《教父》(*The Godfather*）一书中，黑手党党首在一个反抗他的电影制作人的床上放了一颗马头以示恐吓，这次暗杀的主要目的也不在于惩罚那些在爆炸中失去生命的韩国人，而是恐吓继任的韩国官员在未来应该和朝鲜进行合作。

很明显，安格尔顿的用意不在于单纯描述缅甸发生的这起事件或者接下来韩国应该做什么，而是在于展示社会主义国家的政治手腕。他的关注点永远都是他所谓的"关系"这个老生常谈的话题。

"稍微有点政治头脑就能想到社会主义国家的情报机构在操作上是独

[1] 译注：马里奥·普佐（Mario Puzo，1920—1999)，出生于纽约，第一代意大利裔美国人。二战时加入美军赴欧洲作战，战后进入哥伦比亚大学学习社会学。1963 年成为自由撰稿人，着手创作有关西西里黑手党的小说。1969 年《教父》的出版，奠定了他在文坛的地位。他的其他作品，如《西西里人》和《拒绝作证》等也都登上了《纽约时报》畅销书排行榜。《家族》为其临终遗作。

立于苏联的，尤其是在暗杀这种事情上。但我们不能确定，换句话说我们想知道，究竟克格勃和其他社会主义国家的情报机构之间是什么关系。”安格尔顿指出对这个问题不能断然下结论。戈利岑和其他苏联的叛逃者都说过，这些情报机构之间存在着不一般的合作关系，克格勃第二总局曾系统性地向其他社会主义国家的情报机构的高层渗透了大量的苏联特工。这些卫星情报机构的一个重要作用就是在有暴露可能的行动中为苏联提供掩护和帮腔。这次暗杀事件中，苏联情报机构为朝鲜情报机构提供了人员、培训和物质上的协助。此外，利用“钡实验”（barium test）——制造虚假情报，在各个情报机构传递情报的过程中使其被敌方追踪——中情局可以发现：利用太平洋信号卫星拦截的美国驻扎在韩国水域的舰艇位置的情报，正在被苏联传递给朝鲜。根据安格尔顿的线报，苏朝之间的这类合作一直延续到缅甸爆炸事件之前。他说：“记住，朝鲜需要而且确实得到了非常准确的通信情报。”

接着，安格尔顿突然把话题转向了前中情局官员埃德温·威尔逊(Edwin Wilson)，他曾因为向利比亚出卖美国技术而被逮捕。起初我觉得这和刚才谈论的话题没有任何关系，但随后我才意识到，这不是一个题外话。

威尔逊受到数千万美元的诱惑，在70年代初期开始为利比亚人工作。他的主要任务是协助利比亚情报机构组织秘密行动。最终，他用自己在中情局的人脉购买了暗杀所需的武器，包括中情局的特制混合塑胶炸药“C–4”、中情局使用的迷你定时器和从特种部队军火库里偷来的未登记武器，再把它们偷运到利比亚。他甚至引进了一整间精密炸弹制造厂，之前中情局享有对它的独家使用权，主要用于制造一种内含武器的烟灰缸，可以被安放在桌子上长达数月，一旦目标接近，就会被远程引爆。他还聘请了中情局的专业杀手、炸弹专家和信使来利比亚协助他，并让这些人误以为自己仍在为中情局工作，而事实上他们是在为利比亚情报机构做贡献。威尔逊暗杀的前三个目标就是生活在埃及和法国的利比亚流亡者。

“他的手法还真是高明。”安格尔顿也不禁对这位对手大加赞赏。威尔逊利用中情局的幌子掩盖利比亚情报机构的真身，而后者会付给他报酬。但不知道威尔逊是否意识到，利比亚背后的那只手却是克格勃的卡尔·哈恩斯克（Karl Hanesch）。随后安格尔顿向我详细介绍了这个人。哈恩斯克在过去的四分之一个世纪里都在为克格勃筹划骗局，尤其擅长在德国组织政治上栽赃他国的暗杀活动。1966 年卡扎菲上台，哈恩斯克从东德的情报机构被调到利比亚，在那里成为了他们至关重要的安全顾问。美国拦截的情报显示，向利比亚提供情报援助其实是以苏联为首的社会主义阵营的一个策略。哈恩斯克没过多久就找到了威尔逊并成功地把他打造成一个迷惑美国情报机构的可靠的"幌子"。他招募的第一个帮手是中情局顶级分析专家沃尔多·H. 达博斯坦（Waldo H. Dubberstein），后来被调到国防情报局，负责为国防部长准备每天的情报简讯。达博斯坦向威尔逊出售过一些机密文件，是备受苏联和利比亚重视的人物。但是 1980 年行迹败露后达博斯坦选择了自杀，这就进一步向美国证明了克格勃和利比亚情报机构之间的关系。后来，哈恩斯克借助威尔逊得到了中情局的人力和物力支持，从而为暗杀行动做好了各项准备。

但他们为什么要冒险从美国往利比亚偷运武器呢？这些从东德、捷克斯洛伐克或者苏联都能以更便宜的价格买到，而且还更加便利。安格尔顿说这么做只有一个目的："把脏水泼到中情局门口。"威尔逊的 C–4 炸药、计时器、雷管和烟灰缸都是脏水，很容易在行迹败露后把调查者引到这些暗杀武器的来源地——中情局。此外，在达博斯坦被捕之后，调查人员还可以进一步怀疑中情局（尤其是因为这些被威尔逊雇佣的人还误以为他们是在为中情局工作）。因此一旦相关调查被公之于众，中情局将百口莫辩。即使中情局可以出示证据表明它被诬陷从而脱身，它也必须解释为什么要制作携带炸药的烟灰缸并雇佣自由杀手，这也同样会令中情局陷入尴尬。

安格尔顿对这起复杂案件的兴趣在于威尔逊事件并不全是利比亚的功劳，而是克格勃、东德安全机构和卡扎菲的情报机构三家精心策划、密切合作的结果。在他看来，这种合作的实质是苏联利用狂野、血性的利比亚人作为他们暗杀行动的挡箭牌。

至此，安格尔顿的意图已经相当明显。他说了这么多莫非是在暗示以上内容和缅甸爆炸案有关？他的反情报人员是否能够通过钡实验、标记卡、双重间谍或其他手段呈现爆炸案和苏联的关系？

他并没有直接回答，反而隐晦地说："这个问题讲起来就很复杂了。"这是他谈论某个话题所惯常使用的开场方式。但令我惊讶的是，他后来居然声音颇带疲倦地说："真不敢相信你居然不知道答案。"我花了好一会儿才明白他的意思，他是指早在 1976 年他口授给我的询问诺申科的问题里就包含答案了。

第二天我回到纽约，又找到了他当时提的 13 个问题。它们被潦草地写在我记录诺申科资料的三五张卡片上。我记得当时安格尔顿在喝了很多白兰地之后一口气就说出了这些问题，而且那时它们看起来没有什么意义。现在，当我重新审视这些问题，我能够清晰地看到贯穿所有问题的主线。

关于诺申科的13个关键性问题

1. 1959 年当朗姆扬斯特（Rumyanstev）试图叛变、逃往美国时发生了什么？为什么你在 1964 年的审讯简报中删除了这一段？

2. 克格勃第一总局和第二总局之间有没有什么矛盾？

3. 第二总局在多大程度上了解第一总局第十三部的具体操作？

4. 第十三部对奥斯瓦尔德的叛变了解多少？罗丹将军知道吗？

5. 第二总局雇佣了一个后来返回欧洲的特工，当时发生了什么？这名特工是受两方控制的吗？

6. 第二总局是否雇佣过一名很重要的特工，但准备把他交给陌生人处置？是不是所有双重特工都是这种结局？

7. 第一总局和第二总局在多大程度上协调对外事务局的活动？

8. 为什么一个名叫沙塔夫（Shitov）的克格勃官员被化名为阿列克谢耶夫（Alexiev）送往古巴担任第一任苏联驻古巴大使？

9. 阿列克谢耶夫在协调苏联和古巴情报机构中的角色是什么？

10. 奥斯瓦尔德回美国后得到哈瓦那（Havana）颁发的古巴通行证，这是否需要第二总局的授权和批准？

11. 如果需要，那具体发生地点是在莫斯科还是哈瓦那？如果是在哈瓦那，第二总局官员是否需要参加？

12. 艾吉（Philip Agee）在写书期间以假名潜入古巴四次，他在莫斯科有看到任何苏联情报吗？这些会见是否有克格勃的协调？为什么在乌拉圭（Uruguay）见过艾吉的谢苗诺夫（Semenov）上校在艾吉出行期间也在那儿？

13. 1961 年科罗温（Korovin）在伦敦做了什么？

第 1 个问题只是一个陷阱问题。朗姆扬斯特曾是第二总局的成员，1959 年时在美国莫斯科的一个展览会上试图叛逃至中情局，但后来被抓，主要是因为他在展览上接近了一个操着流利英语的克格勃官员并误把他当作美国官员。1960 年他被处死（尽管中情局是在 1963 年从另一个叛逃者口中得知这个中途“夭折”的叛逃的）。由于诺申科声称他 1959 年还在克格勃第二总局的一个很小的专案组处理奥斯瓦尔德的案子，那么他就应该很清楚当时发生在朗姆扬斯特身上的事情。然而他在 1962 年或 1964 年的任何一次审讯中都没有向中情局提过这件事。安格尔顿想知道诺申科怎么解释这个矛盾。

第 2 个问题的答案我是从戈利岑那里知道的。如果奥斯瓦尔德接近第一总局和第二总局的任何一名官员，第一总局第十三部就要和诺申科的第二总局按照程序进行商议。诺申科说，毕竟他的部门从一开始就负责奥斯瓦尔德的案子。肯尼迪总统遇刺两个月后，中情局拦截到一个来自墨西哥城（Mexico City，墨西哥首都）的电话，电话里奥斯瓦尔德联系了第一总局第十三部的谢尔盖·科斯季科夫（Sergei Kostikov）。安格尔顿的问题就是专门要诺申科承认他和他的部门早就知道这些关系，因为奥斯瓦尔德案是由两局共同办理的。

接下来的 3 个问题主要针对第十三部，尤其是暗杀的问题。斯蒂芬·德莫布雷在伦敦向我解释过，一个来自第十三部的叛逃者告诉英国情报机构：第十三部的工作就是执行暗杀和破坏活动。自从中情局科技分局的炸弹专家追踪到 1961 年炸毁了联合国秘书长达格·哈马舍尔德（Dag Hammarskjold）将军乘坐的从非洲飞往东德的飞机上的炸弹后，安格尔顿一直都对克格勃组织暗杀的能力很感兴趣。

第 6 个问题是直接关涉安格尔顿最关心的“关系”问题。在奥斯瓦尔德联系苏联大使馆之前和之后，他都联系过墨西哥的古巴大使馆官员，后者被认为是所谓的“陌生人”。戈利岑坚持认为，如果奥斯瓦尔德已经被第二总局招募，尤其是作为一个发挥意识形态作用的特工，他们是不会把他轻易交给古巴的“陌生人”的——除非古巴也参与了这个事情。

安格尔顿坚信奥斯瓦尔德在墨西哥城的古巴使馆和苏联使馆之间的随意穿梭是需要他人协助的，尤其是因为奥斯瓦尔德最后还接到了哈瓦那的古巴外交部电传的通行证。安格尔顿的前 5 个问题都是意在挖掘克格勃和古巴情报机构对此所采取的一切必要协作。

第 12 个问题显然是要引导诺申科说出苏联对各社会主义国家的情报机构之间的协调统筹。安格尔顿在另一场合就曾跟我说，他认为艾吉是一个很明显的例子。在他看来，艾吉最初被克格勃招募是他在乌拉圭首都蒙得维的亚为中情局工作时。他的招募官是苏联驻乌拉圭的谢苗诺夫上校。艾吉被赶出中情局后，克格勃将这一切公之于众好好地羞辱了中情局一把。安格尔顿说，克格勃为了不引火上身，很多工作都是由古巴情报机构情报指导总局[1]完成的。即便如此，当艾吉访问哈瓦那的情报指导总局时，谢苗诺夫还是被克格勃派往哈瓦那监视双方的合作。

安格尔顿的最后一个关于 1961 年“科罗温”事件的问题也和第 12 题

[1] 编注：英文全称为 Directorate General of Intelligence，简称为 DGI。

是同样的用意。“科罗温”是罗丹将军在60年代初到英国办事期间外交通行证上的假名。罗丹是克格勃第一总局第十三部驻伦敦办事处的长官，直接负责墨西哥科斯季科夫的案子，因此是他向科斯季科夫授权和奥斯瓦尔德联系的。而且诺申科也声称，在1963年奥斯瓦尔德联系科斯季科夫之后已经检查了相关的文件。安格尔顿显然对罗丹的伦敦办事处很感兴趣。根据1971年一个叛逃者的说法，罗丹通过用保加利亚情报机构和其他协作情报机构作为挡箭牌来具体执行暗杀活动，成功地让苏联免于遭受英国和德国的谴责。安格尔顿无疑想通过这个问题引导诺申科说出第十三部是如何安排不同的情报机构间的相互合作的。

这些问题困扰了我将近一个星期。我逐字逐句地体会每一个问题的意思之后给安格尔顿打了个电话。和以前一样，他还是拒绝谈论奥斯瓦尔德。但当我开始告诉他我对这些问题的理解时，他却突然叫我闭嘴，还说这些问题是“难收的覆水”，我应该“忘记它们”——就好像我能说忘就忘似的。我一直不明白他的这些问题到底是针对诺申科的还是用来难为我的，或者它们也许仅仅是醉酒后的胡话？

当我再次见到安格尔顿时，隔了将近一年时间。我们在亚当斯甘草酒店吃午餐，我开始尽量避免提起有关社会主义阵营中各个情报机构之间的“关系”的问题。但奇怪的是，他自己竟然主动开始谈这个话题，就好像这次谈话跟上次并没有隔多久一样。这次他的谈话态度很有学者范儿，一副超然世外的样子，很像当初他和我来讨论兰花授粉时的样子。他说：“孙子早在2000年前就能和现代人一样言简意赅地解释这种策略。”安格尔顿指出，就像一家大公司经常以不同的名字在不同国家设立子公司一样，情报机构也是这样组织他们的工作，而且发现把自己划分成彼此独立，甚至相互竞争的单位呈现给外界是对自己非常有利的。有时美国政府会发现这一假象，即东欧的情报机构并不是真的独立于克格勃，因为克格勃会允许中情局指责古巴、利比亚、阿富汗、保加利亚和东德的情报组织，而不是和中情局当面对峙。

“但我们是怎么知道这些情报机构真的有相互勾结呢？”我反问他。

他说：“他们的对手之间有什么样的关系，这些情报机构就会建立什么样的关系。”他指出自1948年以来，中情局和它英国、法国、西德的情报盟友们就一直在监视苏联、保加利亚、东德、利比亚、古巴、匈牙利、罗马尼亚和波兰驻北约成员国大使馆的情报官员，也偷看了他们的邮件、拦截了他们的通信，甚至跟踪了他们的金钱和设备的流动情况，“我们发现了充足的证据表明他们为了满足甚至是他们的怀疑者，建立了长期的协作关系。”

就在安格尔顿试图把这个概念由情报机构运用到政府事务上时，他却陷入了自相矛盾。他提出的理论是苏联和中国为了欺骗西方世界曾假装不和，而事实恰好相反。尽管如此，他还是坚持并顽固地认为苏联通过宣布中苏和解比美国早一步争取到了中国的支持。那些攻击安格尔顿的人就是用这种错误分析来怀疑和嘲笑他的。

对安格尔顿最后的讽刺在他死后反而愈加明显，那就是他关于“分裂是暂时的”判断比这个判断的前提要正确很多。1988年，在苏联技术人员重回中国并重启中苏军事合作后，戈尔巴乔夫宣布了他1989年为结束中苏分裂而召开最高首脑会议的计划，证明了美国基于“中苏关系的破裂是不可调和的”预言而制定的策略是错误的。

[附　录]

《德黑兰档案》

叛变者曾从美国驻德黑兰大使馆中寻获了一批档案资料，以下文件是中情局的秘密备忘录的复印件。

DISPATCH

SECRET RYBAT

TO: Chiefs of Station and Base

FROM: Chief, SB Division

SUBJECT: RYBAT REDTOP
Turning Around REDTOP Walk-ins

ACTION: Read and Retain for Reference

1. In recent months a number of REDTOP nationals have walked into LNBUZZ installations seeking political asylum. Most have eventually been processed as refugees or defectors and many of the latter have provided useful information. A substantial number have been persuaded to return to their homelands to work on our behalf and most of these are now of very great value as long-term in-place agents. In some cases, Stations have handled REDTOP walk-ins well; in others, extremely valuable opportunities have been lost. These losses have generally resulted from misunderstandings in field Stations about KUMACK co[illegible], priorities and capabilities and from difficulty in commun[illegible]ing with the walk-in. This dispatch and its attachments are designed to clarify our aims, to acquaint field Stations with BAHERALD abilities to exploit REDTOP walk-ins, and to enable officers to obtain essential information from REDTOP nationals with whom they have no common language.

2. Putting aside the question o[illegible] LNBUZZ responsibilities for asylum seekers and for assistance to refugees, which have been covered elsewhere in dispatches and airgrams, we are here concerned only with individuals of intelligence interest. While defectors can and do provide critical information, there are very few cases in which the same individual would not have been of greater value if he had returned to his post and remained in place, at least for a reasonable period. "Turn-around" therefore should remain the first goal in handling a well-placed walk-in. In addition, normally with Headquarters guidance, an attempt should sometimes be made to turn around an individual who appears to be promising

E2 IMPDET
CL BY 054581

(Con't)

DISPATCH SYMBOL AND NUMBER: Book Dispatch 8737

DATE: 9 January 1973

CLASSIFICATION: SECRET RYBAT

CONTINUATION OF DISPATCH | CLASSIFICATION SECRET RYBAT | DISPATCH SYMBOL AND NUMBER Book Dispatch 8737

Page

agent material even if, at the moment, he does not enjoy good access. If a young and personable walk-in with strong motivation but without immediate apparent access should walk in, we are prepared to guide and assist him in his career, running him in place until he develops the access we need. Most such walk-ins would qualify only as refugees, not defectors, which fact can be used as an argument in favor of turning around.

3. When we speak of turning the walk-in around to "work in place," we usually mean working in place after his return to his home country. Obviously, if a REDTOP official stationed in your area can be turned around, we would hope to exploit his position for intelligence purposes as long as he remains stationed outside REDTOP. Other than in exceptional cases, however, our ultimate objective is to have the walk-in return to his home country and continue his agent relationship while working inside.

4. BKHERALD can and does run many resident agents inside the REDTOP countries. We have the capability to mount and support such operations over an indefinite period, and we are currently able to exfiltrate agents, in most cases with their families, from the REDTOP countries when it is time for them to leave. To enable us successfully to turn walk-ins into resident REDTOP agents, however, ~~it is essential that~~ all BKHERALD officers ~~who are likely to interview such~~ persons should have some familiarity with our procedures; and it is equally essential that all field Stations have on hand the operational tools to obtain information necessary to Headquarters to enable us to recommend courses of action. In virtually all walk-in cases, the time available is extremely limited; unless the case officer obtains at least the minimum information necessary, unless Headquarters is notified immediately, and unless Headquarters can respond quickly with guidance, we may find that time has robbed us of the opportunity to turn the walk-in around. Field Stations must, therefore, be prepared to handle walk-in cases in which there ~~may be~~ no immediate opportunity of ~~meeting again with the potential~~ agent, as well as those in which planning may be somewhat more leisurely.

5. General procedures used in "turn-arounds" are perhaps best illustrated by outlining how typical cases have been handled recently when time available is relatively limited:

a. In the initial meeting the individual is debriefed by the Station or Base as to his motives, for biographic data and for necessary ■■. If time permits, additional questions relating to areas of particular Station or Base interest could be included in this or subsequent debriefings prior to his departure.

b. Headquarters is informed of the situation and provided with all pertinent details by ~~Immediate or Flash~~ NIACT cable precedence. In this respect a series of short cables will frequently be more efficient than one, more lengthy, cable.

c. Headquarters responds with guidance for both the Station or Base and the walk-in, including assignment of a particular SW receiving system. The walk-in is instructed in recovery of this SW system and an SW indicator is established. The walk-in is then told to return to his country and expect a letter (mailed

FORM 53a USE PREVIOUS EDITION | CLASSIFICATION SECRET RYBAT | ☒ CONTINUED | PAGE NO. 2

29

CONTINUATION OF DISPATCH	CLASSIFICATION RYBAT	DISPATCH SYMBOL AND NUMBER Book Dispatch 8737

securely in his own country by a BKHERALD officer) containing an SW message with instructions approximately two to three months after his return.

d. Headquarters then assembles a package containing covert communications materials, reporting requirements and other instructions, which is deaddropped or otherwise securely delivered to the agent in his homeland.

e. An SW message is subsequently mailed internally to the walk-in giving him directions on how to retrieve the ops package.

6. The precise operational planning will vary, of course, with the situation; e.g., are the identity and access of the walk-in established, or is he an unknown quantity? Is this a crash operation in which our time with the walk-in is severely limited, or is there sufficient time to evolve a more sophisticated and efficient operational plan? The answers to these questions will help determine such questions as whether to handle him initially via indirect, non-personal communications, or whether to move him immediately into a communications plan involving more risky commitment of our REDTOP area staffers. If time permits and the replies to our questions so indicate, some turn-arounds may even be issued materials for preparing SW messages before they return to their homeland.

7. The most important single requirement to keep in mind in the crash situation is that we must have the walk-in's mailing address in his homeland. By that we mean an address at which he can securely receive internally posted mail; i.e., mail posted within his country. This might be his home address or the address of a friend or relative who would not be made suspicious by the arrival of mail for him. The most efficient method of acquiring this information is to have him address a sample envelope to himself in his own language, assuring him that this is merely an exemplar which will not itself be used. We also need to establish with the walk-in an SW indicator, perhaps a name or a phrase within the body of the open text, which will tell him that the letter contains SW. In its initial response, Headquarters will normally indicate if SW is authorized, and which of the SW receiving systems is to be issued. If there is insufficient time for consultation with Headquarters, do not hesitate to issue the pouch or water developed system to any promising walk-in. Under such circumstances, should a walk-in not be willing to accept either of these two systems, or if for any other reason they are not suitable, the station may also issue the microdot receiving system without prior approval from Headquarters.

8. In the case of the walk-in where circumstances give Headquarters more time to provide guidance and expertise, the handling will be somewhat different. If we have enough time and the individual has sufficient promise, we will probably dispatch a staff officer experienced in the communications systems we use in the REDTOP area to train him directly for these highly disciplined communications. In this case, we might do away completely with the initial letter mailed inside the REDTOP area to the agent and put him directly on personal communications. Where we have enough time, but are dealing with an unknown quantity, we would probably be inclined to take that time to probe his motivations and his suitability as agent material. This could be done through cabled communications with Headquarters, or might be handled through a dispatch of a TDY officer from Headquarters.

FORM 53a USE PREVIOUS EDITION.	CLASSIFICATION SECRET RYBAT	[x] CONTINUED	PAGE NO. 3

CONTINUATION OF DISPATCH	CLASSIFICATION SECRET RYBAT	DISPATCH SYMBOL AND NUMBER Book Dispatch 8737

Page 4

9. To facilitate walk-in debriefing in both the crash and less hurried situations, Attachment "A" contains copies of a questionnaire in English and the various REDTOP languages. A walk-in should be asked to complete this questionnaire in his own handwriting, printing the answers in capital letters. A transliteration table to Latin letters is provided for the UKPOLAR, VSVOKI and YKBANK alphabets to allow accurate cabled reporting in his native language of an individual's responses. If desired, cables can be keyed to the attachment's numeration, by referring to this Dispatch. The questionnaire is divided into two Sections. Section I relates to the walk-in's current situation, status and biographic history. Section II requests basic OI information which would assist in clandestine communications planning. If time is available, the walk-in should be asked to fill out Section II only after Section I had been completed and Headquarters has authorized the Station to proceed. In promising situations, however, where time is short, stations are authorized to proceed with Section II on their own initiatives. The value of these questionnaires is that all necessary information may be obtained by an officer not fluent in the walk-in's native language. Further, it assures that the most pertinent questions will be asked even if the available time is limited and that, by virtue of the walk-in providing written answers to the questions, ambiguities and inaccuracies are considerably reduced.

10. **Attachment "B"** contains forms in English and the REDTOP languages to assist in the establishment of communication with the walk-in. Included are questions concerning the individual's mailing address in his homeland and the type of mail he receives there, the establishment of an SW indicator, sets of instructions for the development or reading of several different agent SW receiving systems (including microdot) which do not require a specific developer, and SW carbon writing instructions. The agent-receiving instructions are accompanied by exemplars of developed messages and prepared messages which will enable the walk-in to practice developing if time and circumstances permit. Microdot receiving instructions include bullet lenses and exemplars of buried microdots. Practice SW carbons are provided with the SW carbon writing instructions. The foreign language versions are provided in two forms: on standard stationery, and in reduced printing on water soluble paper. The latter may be given the walk-in for subsequent study at his leisure; however, in no instance should he attempt to return to his country with these instructions.

11. The Attachment "B" instructions are more detailed than the standard WOLOCK forms intended for use primarily in conjunction with actual training by an SW technician. These expanded versions presuppose situations in which the attending case officer can provide little or no instructional assistance to the walk-in. However, it should be clearly understood that while these instructions are as comprehensive as possible their use cannot approach the effectiveness of training by a qualified SW instructor. In most cases where time and circumstances permit, we would prefer that a WOLOCK technician be called in to train the individual. By the same token, Chiefs of Station or Base should avail themselves of the opportunity, when a WOLOCK/CCB technician visits, to have case officers thoroughly trained in the use of the systems provided so that they can competently perform training if the need arises. As a minimum, all officers who might handle a walk-in should experiment with exemplars provided in Attachment "B". Additional copies for this purpose will be provided on request. All field operations officers should be completely familiar with these basic techniques.

FORM 53a USE PREVIOUS EDITION	CLASSIFICATION SECRET RYBAT	CONTINUED	PAGE NO. 4

CONTINUATION OF DISPATCH	CLASSIFICATION CRET RYBAT	DISPATCH SYMBOL AND NUMBER Book Dispatch 8737

Page 5

12. Analysis of REDTOP walk-ins in recent years clearly indicates that REDTOP services have not been using sophisticated and serious walk-ins as a provocation technique. However, fear of provocation has been more responsible for bad handling of walk-ins than any other cause. We have concluded that we do ourselves a real disservice if we shy away from promising cases because of fear of provocation. We are willing to run any apparently useful case for a reasonable period and can do so in such a way that little or no harm will be done if the case should turn out to be controlled. We are confident that we are capable of determining whether or not a producing agent is supplying bona fide information.

13. A legal matter involving "turn-around" inducement requires special comment. Many walk-ins and defectors appear to be adamant in their insistence on guaranteed resettlement in WODUAL; Stations are not authorized to make such promises on their own; and Headquarters is traditionally reluctant to grant such authority. In fact this problem is more apparent than real. An agent who serves us loyally "inside" for a reasonable period of time (normally several years) will obviously be well taken care of when he wishes to "retire" and competent field operations officers will normally be able to make this clear without specific promise of resettlement in WODUAL. "The West" or "a friendly country" are acceptable. As a last resort, however, Headquarters will consider making a commitment to WODUAL resettlement when a walk-in's value appears to justify it. However, Stations should make every possible effort to turn around all walk-ins without such a commitment.

14. One final problem which has caused some difficulty is the fact that traffic relating to a walk-in is not always received by interested Headquarters elements on a timely basis. To expedite handling, as well as to insure security, cable traffic should be slugged "RYBAT PLAERONAUT" and sent by at least Immediate precedence. Use of a higher precedence may be dictated by time considerations. At least during the initial exchanges, the cable should not carry the LIBASTINE indicator nor should there be any formal involvement with MONICK until approved by Headquarters. The PLAERONAUT slug will usually be used at least until all reasonable hope of turn-around is abandoned.

Robert P. Tacey

Robert P. TACEY

Attachments:
As stated

32

以下是《德黑兰档案》复印件的译文。

级　别：秘密 RYBAT
时　间：1973 年 1 月 9 日
收件人：中情局各机构和基地负责人
寄件人：中情局特别情报部长官
主　题：代号 RYBAT REDTOP
　　　　改造红顶
行　动：阅读并保留供参考

1. 近几个月来，已有数名红顶向 LNBUZZ 安全据点寻求政治避难。其中大部分人最终以难民或叛逃者的名义得到安置，而后者也着实提供了一些有效的情报。相当一部分红顶也被劝说返回自己的国家为美国工作，现在他们中的绝大多数都在我们的长期驻外代理机构发挥着重要作用。有时我们能够很好地利用这些不请自来的叛变者，但有时也会错失良机，而后一种情况一般源于我们的专业基地对他们的 WOMACE 目标、优先性和能力的误判以及沟通上的困难。因此，本快件及其附件旨在阐明我们的目的，使我们的专业基地掌握应对和利用红顶的 BK 信使技能，从而保证我方官员能从这些非英语国家的红顶身上获得重要信息。

2. 关于 LNBUZZ 安全据点在提供政治庇护和帮助难民上具有责任的问题，我们已经在其他快件和普通信件中报道了，此处不再赘述，我们在此仅仅关注具有情报价值的个人。那些叛逃者们尽管能够也确实提供了关键情报，但只在极少数情况下，倘若他们回到原来的工作岗位，或至少在一定合理时期内继续工作，还不会对我们有很大的价值。因此在对待那些已被我们妥善安置的红顶时，如何让他们回去当是我们首要的目标。此外，对于那些具有潜在情报价值的人员，即使他们没有很好的信息渠道，在总部的指导下，我们有时也应当尝试对他们进行策反。一旦有年轻、有素养、具有强烈动机但缺乏及时明确的信息渠道的叛变者联系我们，我们将准备指导并协助其在苏联政府内的工作，直至其能够发展出我们需要的情报获取渠道。绝大多数这样的叛变者都应被认定为难民而非叛逃者，这将被用作有利于我们策反他们的说辞。

3. 当谈及让不请自来者“投入工作”时，我们通常指的是在其返回其国家后投入工作。显然，如果一个红顶官员在我们这样的红顶国外部地区被策反，只要他一直在红顶国外部工作，我们就能寄希望于从他的工作岗位上获取更多情报。然而除了极个别例子，我们的最终目标就是使这些不请自来的叛变者返回其祖国，继续他在红顶国内部的工作，并作为我们的内应、保持与我们的特工关系。

4. BK 信使能够并且确实管理了很多居住在红顶国家内的特工。我们有能力无限期地安排并支持此类行动，而且目前能够帮助“红顶”，甚至大多数情况下连其家人，在需要离开的时候及时地逃出其原所在国家。然而，为了保证我方能够成功地将不请自来者转化成为我们工作的特工，负责和他们联络的 BK 信使工作人员必须熟悉我们的程序；同样重要的是，所有的专业基地手边必须具备一定的运转工具来为总部获取必要的信息，由此我们才能采取相应的行动。事实上，在处理每一个不请自来者的案件上我们的时间都相当有限，如果案件的负责人没能获取至少是最基本、最必需的信息，如果总部没能被及时地告知并在相关指导下快速做出反馈，我们策反和利用其的机会也终究会在时间的流逝中溜走。因而专业基地务必时刻准备，以处理各种前来投诚的情况，有些情况下可能没有机会马上再次见到这些人，而另一些情况则可能没有如此紧迫。

5. 在一些情况下，如果时间相对紧迫，用于策反投诚者的一般策略或许就最充分地体现在以下对最近处理过的典型案例的概述中：

a. 在首次会面时，前来投诚的个人需要接受我方机构或者基地对其动机的质询，以便搜集其个人履历的数据和必要的身份信息。如果时间允许，在其离开之前，在本次或随后的质询中也应包含机构或基地感兴趣的其他特定问题。

b. 可通过 NIACT 或快速电报优先传送向总部告知具体情况，并提供相关细节。就此而言，一系列短电报将比一则长电报更加高效。

c. 总部需向机构、基地和不请自来者反馈指导意见，包括特定 SW 接收系统的分配。这些不请自来者应按指示恢复该 SW 系统，并建立一个 SW 暗号。他们随后会被告知返回其国家并得到一封含有 SW 信息的信件（由 BK 信使工作人员从其本国内安全寄出），该信件会对他返回其国家后两到三个月内的工作做出指示。

d. 总部就此可以集成一个含有秘密通信材料、报告要求和其他指示的信息包，该信息包将会在其祖国秘密传送至该特工。

e. 一则 SW 信息继而会被内部邮寄至该特工，以指示其如何取回信息包。

6. 当然，具体的操作计划会依据不同情况而变化。例如，不请自来者的身份和接头是否确定，或者说他是否是某种未知变量？情况是否会由于时间的有限而变得很棘手，抑或是否有充足的时间来策划并施行一个更加精细有效的行动计划？这些问题的答案将有助于决定以下的问题：与那些不请自来者的首次接触是否需要通过间接的、非个人的联络方式，或者是否有必要将其立即纳入一个联络计划？在该计划中，我们在红顶地区的工作人员需要做出更具风险的承诺。如果时间允许且上述问题得到答复，在他们回到祖国之前，一些被劝说返回其国家的不请自来者或许甚至会接收到用以准备 SW 信息的材料。

7. 在紧急情况下我们也必须牢记于心，我们必须记下不请自来者在其本国的邮寄地址，这是最重要的要求。这要求他提供的地址是一个可以让他安全接收到内部邮寄的，即从他本国寄出的所有信件的地点。该地址可以是他的家庭住址或者他的朋友、亲人的住址，只要他们不会对他收到的信件产生怀疑即可。想要验证他的地址是否安全，最有效的方法莫过于让他用母语自己寄给自己一封样板信，还要让他自己相信这封信只是一个样例，并不会被真正使用。我们还需为不请自来者配备一个 SW 暗号，也许是一个名字，也许是一个短语，放在公开的文本的正文里，用来暗示他这封信里含有 SW 情报。在第一封暗号信中，总部一般将会表明，如果 SW 情报已被授权，SW 情报接收系统也就会被发送。如果我方特工和司令部商议的时间有限，请务必即刻向有望投诚的人员发送干扰系统。这种情况下，投诚人员将不会接收任何一个系统。或者如果由于其他不安全的因素，我方机构可不经总部批准发送微粒接收系统。

8. 如果司令部有充足时间为不请自来的叛变者提供指导和专业技能，整个工作流程又会与上述有所不同。如果我方拥有足够的时间并且得到该叛变者坚定的承诺，我方可能将会派遣一位对于我们在红顶地区所使用的联络系统具有丰富经验的工作人员对其进行直接培训，以使其尽快掌握这些高度专业化的联络系统。这种情况下，我们或许完全无须按在其国家向该特工邮寄的第一封暗号信说的那样做，直接与其建立个人联系。在那些情况下，尽管我们时间充裕，但该叛变者身份未知，我方将倾向于利用这些时间刺探他的动机和他为我方所用的适用性。这些工作将通过他和总部的电报通讯完成，或是由总部直接派遣一位 TDY 官员进行审查。

9. 为了在紧急和非紧急情况下尽快完成对投诚者的审查工作，附件 A 包括了英语版本以及各种红顶国语言版本的调查问卷复本。任何一个投诚者都必须手写该问卷，并以大写字母作答。附件还为 CKPOLAR，VSYOKE 和 YKBAND 等字母表提供了一份翻译表格，使得电报发送的、用其母语写就的问卷答案更加精准。问卷被划分为两部分。第一部分关于他们的现状、阶层和履历。第二部分则涉及那些有助于制定秘密联络计划的个人基本身份信息。如果时间允许，这些人必须在第一部分问卷填写完毕之后才能填写第二部分，对此总部已授权我方相关机构予以具体操作和监管。针对那些极有可能被我方利用但时间有限的叛变者，我方机构可以被授权直接进行第二部分问卷的调查。这些问卷的价值在于我方人员虽可能获得所有必要信息，但他们并不能熟练使用被调查者的本土语言。进一步地，这就保证了即使在时间有限的情况下，最紧要的问题可以单独拿出来询问；同时这些投诚者以手写的方式提供答案，也在相当程度上减低答案的模糊性与不准确性。

10. 附件 B 包含了英语版本和各红顶国语言版本的表格以协助我方人员和投诚者之间建立联络。表格中包含的问题涉及他们在本国的个人邮寄地址和接收信件的类型、SW 暗号的设立以及一套指导教程。该教程是为了不同特工之间 SW 接收系统（包括微粒接收系统）的建立和读取，而该接收系统无须某个特定的发送器或者 SW 碳写教程。该指导教程还附有已建立的和已备好的信息的样本，以确保投诚者在时间和条件允许的情况下加以练习。微粒接收教程包括目标镜片和已掩埋的微粒样本。另外，SW 的碳写教程也会提供练习用材料。外语版本的教程也有两种形式：一个是标准的静态形式，一个是水溶纸上的易销毁形式。后者可供他们在日后闲暇时研究，然而无论如何这些人在返回本国时都不得携带以上教程。

11. 附件 B 的教程比标准 WOLOCK 的表格更加详细，WOLOCK 表格的设计首先是用于 SW 技术人员的实际训练。而附件 B 的教程是其扩展版本，用以预定以下情形：我方的工作人员几乎不能或者完全不能为这些不请自来的叛变者提供任何指导和协助。但需要注意的是，附件 B 中的教程尽管已经尽可能地综合全面，其作用仍无法达到与一个资深 SW 教导员的培训相提并论的程度。多数情况下，只要时间和条件允许，我们还是优先选择由一位 WOLOCK 技术人员对这些人直接进行培训。运气好的话，我方的长官、机构或者基地或许可以得到 WOLOCK/CCB 技术人员莅临指导的机会，从而让我们的每一个工作人员都能彻底地经过培训，掌握我们提供的联络系统的使用方法，从而圆满地完成更高难度的训练要求。至少，所有处理叛变者的工作人员都应该熟悉附件 B 提供的样本。额外的复本也已经按要求提供了。所有的在地工作人员理应完全熟悉这些基本技能。

12. 近年来对“红顶”的分析表明，“红顶”机构没有正式利用老练、重要的叛变者作为刺激手段。然而，相比于其他原因，未能对他们做出妥善安置大部分都要归因于对刺激的担心。我们的结论是——如果出于对苏联刺激手段的恐惧而从富有希望的案子中退缩逃避，只能对我们自身造成损害。我们愿意在合理的时期内使用任何具有明显效用的叛变者，并且能够以如下方式做到这点：如果该叛变者最终还是处于控制之下，我们所受的伤害必须保证是微乎其微的。我们有信心、有能力判断出我们招募的特工是否能为我们提供值得信任的情报。

13. 用以策反投诚者的诱因的合法性问题需要此处专门的说明。很多投诚者和叛逃者似乎都在我方确保的 WODUAL 的再安置问题上持有很强硬的态度；我方的机构并未授权允许自行做出这些承诺；总部也一贯抵触做出此种授权。事实上，一位在一段时期内（一般而言是若干年）为我们在敌人内部“尽忠尽职”服务的投诚者，在他想要“退休”之时显然应该被给予很好的照料。对于这点，在无须特别承诺和安置的情况下，具有办事能力的我方在地特工一般都能办到。他们在退休后想要去往所谓的“西方国家”或者“友好国家”都是可以接受的。然而作为保留手段，如果一个投诚者确实出色地完成了其应有的任务，总部将会考虑制定一个 WODUAL 再安置承诺书。但是，我方机构应尽量在不使用该承诺书的情况下实现对其的策反。

14. 我们最后想要说明的问题，即与投诚者的通信问题并非总能及时到达对此深感兴趣的总部手里，而这已经造成了一些困难。为了加速我们对投诚者的安置，同时确保安全，我们的电报通信应该被标以“RYBAT PLAERONAUT”，并且至少按照及时优先原则予以发送。出于时间上的考虑，或许有些情形下会使用较高的优先原则。至少在初次信息交换时，电报中不应携带 EIRASTIME 暗号，也不应该包含任何涉及 WONICK 的正式信息，直至得到总部批准。除非所有策反的可能性都被放弃，否则 PLAERONAUT 标记一般会得到持续的使用。

罗伯特·P. TACEY（代号）

致 谢

首先，向书中提到的相关领域的各位专家及资深人士——阿麦隆·卡茨、安吉洛·科德维拉、菲利普·德沃若利、约翰·塞纳、威廉·哈里斯等表示感激，是他们为我提供了完成本书所必需的背景知识，也是我走进情报世界的引路人。

其次，我要感谢麻省理工学院、哈佛大学和胡佛研究所，它们组织并召开的学术会议，让我有机会接触到情报领域的重要人物——罗伯特·康奎斯特（Robert Conquest）、米尔顿·弗里德曼（Miltion Friedman）、阿诺德·贝克曼（Arnold Beichman）、爱德华·班菲尔德（Edward Banfield）、彼得·罗莎（Peter Lupsha）等。

丽贝卡·弗雷泽（Rebecca Fraser）在组织调查、填写《信息自由法案》申请和整理简报方面对我帮助颇多，在此深表感谢，遗憾的是此书付梓时她未能赶回伦敦。另外还要感谢对书中观点给予必要指正的研究人员。

最后，对编辑和校订人员的辛勤工作，我要表示感谢，是他们让拙作以尽可能完善的形式出现在读者面前。

英汉术语对照

Army Security Agency 陆军安全局

Central Intelligence Agency（CIA）中央情报局

Central Intelligence Group 中央情报组

Chemical-Biological Weapon（CBW）生化武器

Church Committee 丘奇委员会

CIA's National Warning Office 中情局国家预警办公室

CIA's Office of Security 中情局安全办公室

counterintelligence 反情报

counterintelligence program（Cointellpro）反情报计划

Defense Intelligence Agency（DIA）国防情报局

Destalinization 去斯大林化

Director of Central Intelligence（DCI）中央情报总监

Directorate General of Intelligence（DGI）(古巴）情报指导总局

disinformation 虚假信息

Disinformation Service 虚假情报部

dispatched agent 外派特工

Documents from the U. S. Espionage Den《美国谍报活动记录》

electronic intelligence 电子情报

“eyes only” operation “无痕” 行动

Federal Bureau of Investigation（FBI） 联邦调查局

Fourth U. S. Army Group（FUSAG）美国第四集团军群

Freedom of Information Act《信息自由法案》

German High Command 德国国防军最高统帅部（德语为 Oberkommando der Wehrmacht，简称为 OKW）

Glasnost 公开化 / 公开性

Iron Curtain 铁幕

Joint Chiefs of Staff 参谋长联席会议

Joint Intelligence Objectives Agency 联合情报调查局

KGB's First Chief Directorate 克格勃第一总局

KGB's Second Chief Directorate 克格勃第二总局

Komitet Gosudarstvennoy Bezopasnosti（KGB）（苏联）国家安全委员会（克格勃）

land-based missile 陆基导弹

London Coordinating Committee 伦敦协调委员会

Luftwaffe High Command 德国空军最高指挥部

Military Intelligence 5（MI5）（英国）军情五处

Military Intelligence 6（MI6）（英国）军情六处

Mossad Merkazi le-Modiin U-letafkidim Meyuhadim （以色列）中央情报安全研究所（摩萨德）

National Foreign Assessment Center 中情局国家外事评估中心

National Intelligence Program 国家情报计划

National Reconnaissance Office 国家侦察办公室

National Security Agency（NSA）国家安全局

National Security Council（NSC）（美国）国家安全委员会

New Economic Policy（NEP）新经济政策

NOCONTRACT 不可向合作者公开（情报级别）

NOFORN 不可向国外公开（情报级别）

North Atlantic Treaty Organization（NATO） 北大西洋公约组织

notional agents 虚拟特工

Office of Policy Coordination 政策协调办公室

Office of Strategic Services（OSS）战略情报局

Official Secrets Act《官方保密法》

Office of the Secretary of Defense 国防部长办公室

Operation Kama 卡马行动

ORCON 有机可控（情报级别）

President's Foreign Intelligence Advisory Board（PFIAB） 总统国外情报顾问委员会

President's Special Review Board 总统特别审查委员会

REDTOPS"红顶"

Research and Development Corporation（RAND）兰德公司

SECRET 机密（情报级别）

Senate Intelligence Committee 参议院情报委员会

Senate Select Committee on Intelligence 参议院情报特别委员会

Service de Documentation Extérieure et de Contre-Espionnage（SDECE）（法国）对外情报与反谍报署

signals intelligence satellites 信号情报卫星

space-based intelligence 天基情报

Strategic Arms Limitation Talks（SALT）限制战略武器会谈

The Pentagon 五角大楼

The Trust"信任"组织

TOP SECRET 绝密（情报级别）

U.S.-Soviet Trade and Economic Council 美苏贸易和经济委员会

United States Trade and Economic Council（USTEC） 美国贸易和经济委员会

war of the moles “肃鼠行动”

Warren Commission 沃伦委员会

XXth Party Congress（苏共）第二十次全国代表大会

XXVIth Congress of the Communist Party（苏共）第二十六次全国代表大会

金城出版社
国家安全与保密参考书目

《斯诺登档案：世界最大泄密事件内幕揭秘》

全球首部详细介绍和解读“斯诺登事件”的权威著作

[英]卢克 · 哈丁 著 何星 周仁华 等译 高金虎 审校

ISBN 978-7-5155-1023-1 定价：35.00 元

简介：本书对“斯诺登事件”进行了全面介绍和解读。它详细追踪了斯诺登的泄密动机、获取机密文件的方式、媒体的报道过程及事件的后续发展，讲述了事件背后媒体与政府的博弈较量、各国的攻防策略，披露了美英等国监控全球的手段和规模。作为该事件的全球首部权威著作，本书不仅曝光了西方国家的安全战略秘密，而且还披露了他们怎样监控中国的内幕。无论个人、企业和国家，都可从书中获得启迪和警示。

《情报术：间谍大师杜勒斯论情报的搜集处理》

中情局情报官书架推荐图书 国家安全研究必读经典著作

[美]艾伦·杜勒斯 著 陈秋慧 译 ISBN 978-7-5155-0822-1 定价：58.00 元

简介：本书作者以第一人称的视角展开，着重阐述了情报的实用技巧——情报如何搜集和处理，以及形成的结果怎样为制定国家政策服务。本书是“间谍大师”、中情局任期最长局长、美国现代情报系统缔造者杜勒斯的收官之作。凭借美国战略情报局与中情局的独特任职优势，作者娴熟地将情报学知识、亲身经历和各种间谍事件与趣闻轶事有机融为一体，具备极高的可读性。

《谁来监管泄密者？:国家安全与新闻自由的冲突》

互联网信息时代普及国家安全意识必备读本

[美]盖里·罗斯 著 巩丽娟 译 ISBN 978-7-5155-0794-1 定价：49.80 元

简介：2010 年“维基揭秘事件”，2013 年“斯诺登泄密事件”……据统计，近年媒体泄密在所有未授权信息泄露中比例最高，对国家安全和利益影响也最甚。通过美国政府历史上重大的泄密案例和事件，作者探讨了未授权信息泄露背后的动机、代价、法律困境和解决之道，以期望提醒全美情报系统：对手是如何获取美国情报的，对手获得情报后会取得怎样的优势。本书是未授权信息泄露最新研究权威著作，书中实际案例丰富，理论和实用并举，内容具有较强的时代性。

《情报分析：以目标为中心的方法》

情报研究必读图书 国家安全前沿力作

[美]罗伯特·克拉克 著 马忠元 译 ISBN 978-7-5155-0795-8 定价：78.00 元

简介：针对美国情报界在“9·11 事件”和伊拉克战争中的情报失误，作者创造性地提出运用“以目标为中心”的情报分析方法，完善情报分析的逻辑过程，形成“确定目标—问题分解—建立模型—评估数据—填充模型—进行预测”的情报分析流程。全书涵盖了情报分析中的各类关键问题，如情报周期、反情报、情报分类、征候与预警、情报模型、情报来源、情报搜集、情报评估、拒止与欺骗、预测方法、团队互动，等等，称得上是一部名副其实的情报分析教科书。

《战略情报：为美国世界政策服务》

战略情报奠基之作 美国情报思想源泉

[美]谢尔曼·肯特 著 刘微 肖皓元 译 ISBN 978-7-5155-0316-5 定价：39.80 元

简介：本书一直是美国情报分析人员必读教材、美国大学情报研究课程核心书目，对美国情报工作实践产生了深远影响。书中结合国际关系史实案例，创造性地阐述了战略情报的定义、战略情报的分析、情报体制建设、情报与决策关系等问题，破除了之前一直笼罩着情报的神秘面纱，为情报研究从单纯军事应用转为社会科学化奠定了基础。

《无声的战争：认识情报世界》

情报研究经典之作 美国官员必修教材

[美]艾布拉姆·舒尔斯基 加里·斯密特 著 罗明安 肖皓元 译 ISBN 978-7-80251-741-7 定价：46.00 元

简介：本书结合美英等主要大国的情报工作实践，全面介绍情报理论和情报实践发展前沿，涉及情报理论、情报搜集、情报分析、隐蔽行动、间谍和反间谍等，对我国的保密工作、安全工作有一定的启示意义，对我国的情报研究领域也有替补空白的学术价值。原书再版 3 次，是美国政府官员和高校的权威情报学教材。